専修大学社会科学研究所 社会科学研究叢書 27

パンデミックが映し出す経済と社会

徐 一睿・宮嵜晃臣 編

専修大学出版局

まえがき

　2020年初頭から世界を襲った新型コロナウイルスのパンデミックは，私たちの生活様式や社会システムを根底から変容させた。感染症との闘いは，医療体制の脆弱性を露呈させただけでなく，経済格差の拡大，コミュニティの分断，そして既存の社会保障制度の限界を浮き彫りにした。

　本書は，専修大学社会科学研究所特別研究助成「ポスト・コロナ時代における経済社会の変容」（2020〜2022年度）の研究成果をまとめたものである。研究プロジェクトは，まさにパンデミックの渦中でスタートし，私たちは感染症が社会にもたらす影響をリアルタイムで観察・分析する機会を得た。

　本研究プロジェクト活動の一環として，2021年8月に埼玉大学の宮崎雅人教授より「コロナ禍と地域衰退」をテーマに講演いただいた。また，同年10月には，東京多摩いのちの電話や特定非営利活動法人はなへのヒアリングを通じて，パンデミック下での市民社会の対応や社会的弱者への支援の実態を調査した。さらに，オンラインでの授業を余儀なくされた大学や小中学校の教育現場へのヒアリングを通じて，デジタル化への対応や学習環境の変化がもたらした影響についても調査を行った。

　2022年9月には沖縄県での現地調査を実施し，感染拡大下における米軍基地問題や地域医療の現状について，第一線で活動する方々から貴重な証言を得ることができた。米中対立が深まる中での基地問題や，医療現場の逼迫状況など，パンデミックが既存の社会課題をいかに深刻化させたかを明らかにしている。

　本研究プロジェクトの意義は，単にコロナ禍の影響を記録するだけでなく，パンデミックを通じて可視化された社会の構造的問題を分析し，ポスト

コロナ時代における持続可能な社会システムの在り方を探究することにある。感染症は，グローバル化した現代社会の脆弱性を明らかにすると同時に，人々の連帯や相互扶助の重要性を再認識させる契機ともなった。

　そして，本研究の集大成として，2023年1月には日本を代表する研究者である金子勝立教大学大学院経済学研究科特任教授と児玉龍彦東京大学先端科学技術研究センター名誉教授を招き，「コロナ期における医療崩壊と社会が求めるセーフティーネットの未来像」をテーマとした特別講演会を実施した。両氏は，それぞれ経済学と医学の観点から，パンデミックが浮き彫りにした日本社会の課題と今後の展望について，深い洞察に基づく議論を展開した。

　本研究プロジェクトの研究成果としての本書が，パンデミックの経験を踏まえた新しい社会システムの構築に向けた議論の一助となれば幸いである。

　最後に，本書の執筆を快くお引き受けくださった先生方，そして本書の刊行にあたり多大なご支援とご助言をいただいた専修大学出版局の真下恵美子氏に，心より感謝申し上げる。

　2024年11月

専修大学経済学部教授　徐　一睿

目　次

序章
新自由主義とパンデミック
——社会の再評価

徐 一睿

　新自由主義は，1970年代の世界的な経済危機を背景として台頭し，1980年代以降，世界経済を支配してきた政治経済理論である。1970年代の石油危機とスタグフレーションは，それまでの福祉国家体制とケインズ主義的な経済運営に対する信頼を大きく揺るがせた。その中から台頭してきた新自由主義の中核をなすのは，個人の自由と市場の力を最大限に尊重し，政府の介入を最小限に抑えるという考え方である。これは，「社会なるものは存在しない。あるのは個人と家族だけだ」と言い放ったイギリスの元首相マーガレット・サッチャーの言葉に象徴される。新自由主義の下では，私的所有権が絶対視され，自由な市場競争が称賛され，福祉や規制は個人の自由と経済の効率性を妨げるものとして忌避された。

　新自由主義の理論的支柱となったのは，オーストリア学派の経済学者フリードリヒ・ハイエクや，シカゴ学派のミルトン・フリードマンらである。彼らは，市場メカニズムこそが資源配分の最も効率的な方法であり，政府の介入は必然的に非効率と歪みをもたらすと主張した。特にハイエクは，中央集権的な計画経済の失敗を指摘し，分権的な市場システムの優位性を強調した。フリードマンは，金融政策の重要性を説き，インフレーション抑制のための金融引き締めを提唱した。この考え方は，1980年代に英米で台頭したサッチャーとレーガンによって大胆に実践に移され，その後，世界銀行やIMF（国際通貨基金）の構造調整プログラムを通じて，発展途上国を含む世界中に広まっていった。

　サッチャーは，この新自由主義の理念を最も忠実に実行に移した政治家として知られる。彼女は，国営企業の徹底的な民営化を推進し，労働組合の力を弱め，福祉を大幅に削減するなど，「小さな政府」を目指す改革を断行した。当時のイギリスは「ヨーロッパの病人」と呼ばれ，労働組合の強い発言力，非効率な国営企業の存在，高インフレなどの問題を抱えていた。サッチャーの改革は，こうした状況を打開し，一時的にはイギリス経済の活性化と成長率の上昇をもたらした。しかし，その一方で，格差の拡大や社会的排除といった深刻な問題も生み出していった。炭鉱の閉鎖に象徴される産業構造の急激な転換は，多くのコミュニティを崩壊させ，社会の安全網の弱体化は，弱者の置き去りを加速させた。サッチャーの改革は，新自由主義の理念を如実に体現するものであったが，同時に，その負の側面をも鮮明に浮き彫りにするものであった。

　新自由主義は，市場の力を絶対視し，個人の自由と責任を最大限に尊重する一方で，社会的な連帯や公共性といった価値を著しく軽視する傾向がある。「社会なるものは存在しない」というサッチャーの言葉は，この新自由主義の本質を端的に表している。新自由主義にとって，社会とは個人の集合体に過ぎず，個人の自由な選択の結果として自然に生まれるものでしかない。社会的な絆や連帯，公共の利益といった概念は，個人の自由な経済活動を制約する障害物として否定的にとらえられるのだ。この考え方は，1990年代以降のグローバリゼーションの進展とともに，世界的な影響力をもつようになっていった。

　新自由主義は，グローバリゼーションの推進力ともなってきた。国境を越えた自由な貿易や投資の拡大，グローバルなサプライチェーンの構築は，新自由主義の重要な目標の一つであった。特に1990年代以降，情報技術の発達とともに，企業活動のグローバル化は加速し，世界経済の相互依存関係は深化していった。しかし，パンデミックは，このグローバリゼーションの脆弱性をも容赦なく浮き彫りにした。国際的なサプライチェーンの寸断は，医療物資や半導体を始めとする重要物資の供給不足を引き起こし，世界経済に

大きな混乱をもたらした。また、パンデミックへの対応をめぐっては、WHO を中心とした国際的な協調の限界が露呈し、むしろ自国中心主義的な対応が目立った。ワクチンや医療資源の確保をめぐる争奪戦は、グローバルな連帯の欠如と、国際協力体制の脆さを如実に示すものであった。

　また、新自由主義は、社会的な不平等の拡大をもたらしてきたと強く批判されてきた。新自由主義的な改革は、富裕層や大企業に有利に働く一方で、労働者や中間層、社会的弱者の立場を著しく悪化させてきたのである。日本においても、1990 年代以降の規制緩和や労働市場の流動化は、非正規雇用の増加や所得格差の拡大をもたらしてきた。パンデミックは、こうした社会的な亀裂をさらに深刻化させた。低所得者層や非正規労働者は、パンデミックによる経済的打撃を真っ先に受け、生活の基盤を大きく脅かされた。在宅勤務や遠隔教育への移行は、デジタルデバイドの問題を顕在化させ、既存の社会経済的格差をさらに拡大させる結果となった。こうした社会的な分断と不平等の拡大は、感染症対策の実効性をも損なう要因となったのである。

　さらに、パンデミックは、新自由主義が軽視してきた「社会的なもの」の決定的な重要性を改めて浮き彫りにした。新自由主義は、個人の自由と効率性を追求する一方で、社会的連帯や公共の利益といった価値を周縁化してきた。しかし、パンデミック下では、医療従事者への敬意や支援、地域コミュニティにおける相互扶助、社会的弱者への配慮といった社会的価値が極めて重要な意味をもつことが明らかになった。日本各地で見られた医療従事者への支援活動や、地域における助け合いの取り組みは、効率性や競争力だけでは測れない、社会の絆の本質的な価値を示すものであった。

　ミルトン・フリードマンの「企業の社会的責任は利潤の追求である」という言葉に象徴されるように、新自由主義は企業の社会的役割をも極めて狭く限定してきた。しかし、パンデミック下では、多くの企業が社会的責任を果たすことの重要性を強く認識せざるを得なくなった。医療物資の生産体制への転換、従業員の雇用維持と健康管理、地域社会への支援活動など、企業に期待される役割は従来の利潤追求の枠を大きく越えるものとなった。特に日

4

本企業の場合，終身雇用や企業内福祉といった伝統的な雇用慣行が，危機下における従業員保護の重要な基盤となった。パンデミックは，企業と社会の関係を根本的に問い直し，企業の存在意義そのものを再定義する契機ともなったのである。

この未曾有の経験は，新自由主義を超えた新しい社会のビジョンを求める声を確実に高めている。それは，効率性や競争力だけでなく，社会的包摂や持続可能性，そしてレジリエンス（強靱性）といった価値を重視する社会である。市場万能主義から脱却し，公と私のバランスのとれた経済システムを構築することが強く求められている。また，気候変動や感染症といったグローバルな課題に対しては，国際的な連帯と協調に基づいた取り組みが不可欠となっている。パンデミックは，こうした新しい社会像を具体的に模索する重要な契機となったのだ。

本書は，このようなパンデミックの経験を通じて，新自由主義を根本から問い直し，より良い社会のビジョンを提示することを目的とする。その際，単なる新自由主義批判に終始するのではなく，実証的な分析に基づいて，具体的な政策提言と制度設計の方向性を示すことを重視している。

第Ⅰ部では，パンデミックが財政・経済システムに与えた影響を多角的に分析する。具体的には，コロナ禍における緊急財政出動の実態と地方創生との政策的相克，現代貨幣理論（MMT）の視点からみたパンデミック財政の特徴と持続可能性，国際秩序と通商・産業政策の構造的変容，そして現代資本主義の質的変化について詳細な検討を行う。特に注目すべきは，各国で実施された大規模な財政出動が，従来の財政規律の考え方に根本的な変化をもたらした点である。また，グローバル・サプライチェーンの再編成や，国家の役割の再定義といった構造的変化についても分析を深める。これらの多面的な分析を通じて，新自由主義的な経済運営の本質的限界と，ポストコロナ時代における新たな経済システムの可能性を探究する。

第Ⅱ部では，危機管理体制と社会変容の実態に焦点を当てる。まず，近現代日本における感染症対応体制の歴史的変遷を詳細に検討し，今回のパンデ

ミック対応における制度的限界の背景を明らかにする。続いて，医療現場における専門性の揺らぎと医療提供体制の課題，教育行政の対応とデジタル化の進展，子どもの生活実態の変化と教育格差の問題，そして沖縄県という地域特性における感染症対策の展開について，具体的な事例に基づいた実証的な考察を行う。特に重要なのは，これらの分析が単なる現状診断に留まらず，新たな制度設計への示唆を含んでいる点である。これらの分析を通じて，パンデミックが既存の社会システムに投げかけた根本的な課題と，それに対する制度的対応の可能性を具体的に提示する。

　パンデミックは，私たちに計り知れない苦難をもたらしたが，同時に，社会のあり方を根本から問い直す歴史的な契機ともなった。新自由主義の限界と矛盾が明確に露呈された今こそ，より強靱で包摂的な社会を築くための英知を結集すべきときである。それは，市場と政府，個人と社会，効率性と公平性，グローバル化とローカル化といった，これまで対立的にとらえられてきた価値を，より高次な次元で統合する試みでもある。本書が，そうした新しい社会像を描く上での重要な一助となることを強く願うものである。私たちには，より良い社会を築いていく歴史的な責務がある。パンデミックの貴重な経験を無駄にすることなく，希望ある未来を切り拓いていかなければならないのだ。

第 I 部

パンデミックと財政・経済システム

第1章
緊急財政出動と制度的対応
——感染症対策と地方創生の政策的相克

徐 一睿

はじめに

2019年末，中国の武漢で発見された新型コロナウイルス（SARS-CoV-2）は，瞬く間に世界的なパンデミックへと発展し，人類社会に甚大な影響を及ぼすこととなった。日本においても，2020年1月15日に国内初の感染例が確認され，その後クルーズ船ダイヤモンド・プリンセス号での大規模な集団感染を経て，市中感染が急速に拡大した。この初期段階での水際対策の課題は，その後の感染対策のあり方に大きな示唆を与えることとなった。

感染の波は第1波から始まり，2024年現在までに複数の変異株の出現とともに，感染拡大と収束を繰り返してきた。当初のアルファ株からデルタ株，そしてオミクロン株とその亜種へと変異を重ねながら，日本の累計感染者数は2024年までに3300万人を超え，死者数も7万人以上を記録する未曾有の健康危機となった。この感染状況は，医療体制への深刻な負荷をもたらすとともに，社会経済活動全般に多大な影響を与え続けている。

新型コロナウイルスの感染拡大は，従来の自然災害とは本質的に異なる特徴をもつ。第一に，地震や台風などの自然災害が地域限定的であるのに対し，コロナ禍による「被害」は特定地域に限定されない。感染者数や医療体制の状況には地域差が生じるものの，人々の移動や接触を通じて感染が広がる特性ゆえ，感染防止の観点から全国的な対応が必要となった。これは従来の災

害対策とは異なる，新たな政策的対応を要する事態となった。

　第二に，従来型の自然災害が一時的で被害規模が把握しやすく復旧計画が立てやすいのに対し，新型コロナウイルスは収束時期の予測が困難で，目に見えない健康被害や社会経済活動への影響が長期化した。さらに，従来型の災害復興とは異なり，感染抑制と経済活動の両立という困難な課題に直面することとなった。この両立の難しさは，「命か，経済か」という二者択一的な議論を引き起こし，政策決定の複雑さを一層増大させることとなった。

　本章では，このような特徴をもつコロナ禍における国と地方政府の財政運営に着目し，特に以下の3点について詳細な分析を行う。第一に，複数の政策目的が並存する中での補正予算の規模拡大と財政運営の実態および問題点を明らかにする。具体的には，感染症対策と経済対策という異なる性質をもつ政策目的がどのように予算配分に反映されたのかを検証する。第二に，新型コロナウイルス感染症対応地方創生臨時交付金の配分方式と感染症対策との関係性を検証する。特に，感染状況と財政力指数という異なる要素がどのように配分に影響を与えたのかを分析する。第三に，緊急的な財源措置が必要とされる際の財政調整基金の役割について，東京都の事例を用いて確認する。これは，地方自治体の危機対応における財政的な準備態勢の重要性を示す事例として注目に値する。

　これらの分析を通じて，未曾有の健康危機に対する財政対応の実態と課題を明らかにし，今後起こりうる新たな危機に対する財政運営のあり方について，具体的な示唆を得ることを目指す。また，本研究の知見は，将来的な感染症対策や災害対応における政府間財政関係の制度設計にも重要な示唆を与えるものと考えられる。

1．感染拡大下の大規模財政出動
——国際比較からみた日本の特徴

　2020年1月の国内初感染確認以降，日本における新型コロナウイルスの感染状況は複数の波を経て推移してきた。図1-1が示すように，2020年4

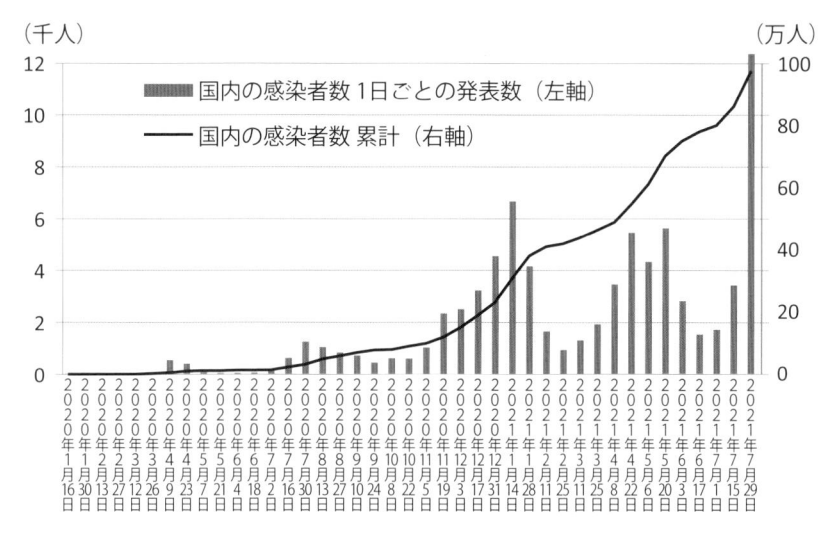

図1-1　日本国内の感染状況の変化

出所：NHK 特設サイト「新型コロナウイルス」により筆者作成。

月の第1波から始まり，その後も感染拡大と収束を繰り返し，21年7月末時点で第5波を迎え，1日の新規感染者数は1万2340人，累計感染者数は92万6402人に達した。この感染拡大への対応は，日本の財政政策に重大な転換点をもたらすこととなった。

　これらの感染状況を国際的な文脈で見ると，図1-2に示されるように，日本の感染状況はG7諸国の中では比較的抑制的であった。人口100万人当たりの感染者数で見ると，アメリカの10万人超，フランスの9万人超，イギリスの9万人弱に対し，日本は7514人と相対的に低い水準を維持していた。この抑制的な感染状況は，日本の医療体制や公衆衛生対策の有効性を示す一方で，経済活動への制約という代償をともなうものでもあった。

　しかし注目すべきは，図1-3が示すように，感染者数の相対的な低さにもかかわらず，日本の財政出動は主要国と同等かそれ以上の規模となった点である。2020年のプライマリーバランスで見た財政赤字の対GDP比は

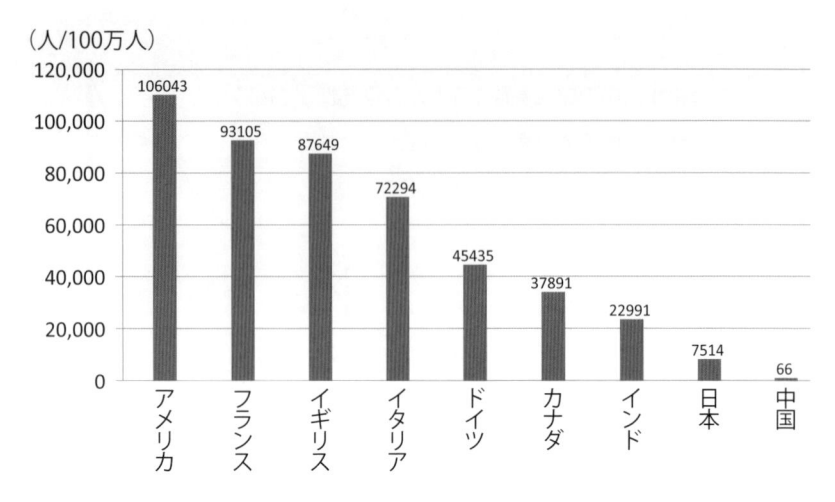

図1-2　新型コロナウイルス感染者数（100万人当たり）の国際比較

注：各国の感染累計数は2021年8月3日のデータを用いている。
出所：NHK特設サイト「新型コロナウイルス」と International Monetary Fund, World Economic Outlook Database, April 2021により筆者作成。

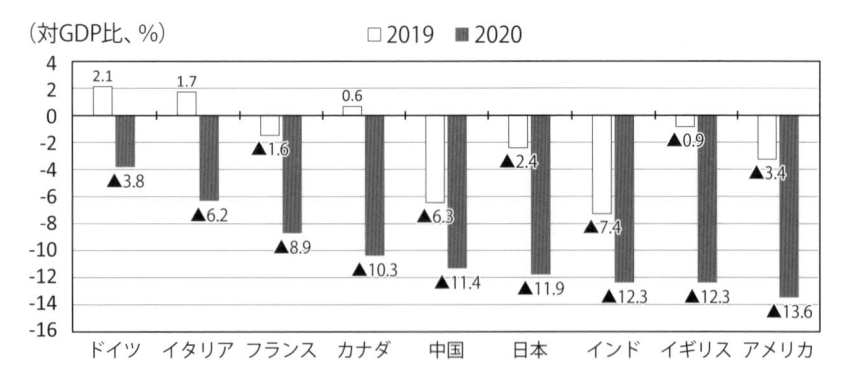

図1-3　プライマリーバランスで見た主要各国の財政収支

注1：フランス，日本，アメリカ，中国の値は IMF の予想値である。
注2：プライマリーバランスとは，税収・税外収入と，国債費（国債の元本返済や利子の支払いにあてられる費用）を除く歳出との収支のことである。
出所：International Monetary Fund, World Economic Outlook Database, April 2021より筆者作成。

−11.9％と，アメリカ（−13.6％），イギリス（−12.3％）に次ぐ規模となっている。2019年の−2.4％から大幅に悪化しており，感染者数の多い国々と匹敵する財政出動を行った特異性が確認できる。この急激な財政悪化について，池上［2020］が指摘するように，「いまは『緊急経済対策』の予算を組んで，その資金を使うことに一生懸命であり，『この債務をどうやって返済するのか』という問題には誰も答えていない。しかし，これは避けて通れない途である」。この指摘は，緊急対応と財政規律のバランスという根本的な課題を提起している。

　この大規模な財政出動は，2020年度の3度にわたる補正予算として具体化された。図1-4に示されるように，2020年度の当初予算総額102.7兆円は，3度の補正を経て175.7兆円まで膨張した。特に顕著なのは公債金収入の増加であり，当初の32.6兆円から112.6兆円へと急増している。この急増は，将来世代への負担転嫁という観点から深刻な問題を提起している。

　補正予算の内容を詳しく見ると，表1-1が示すように，2020年度の2度

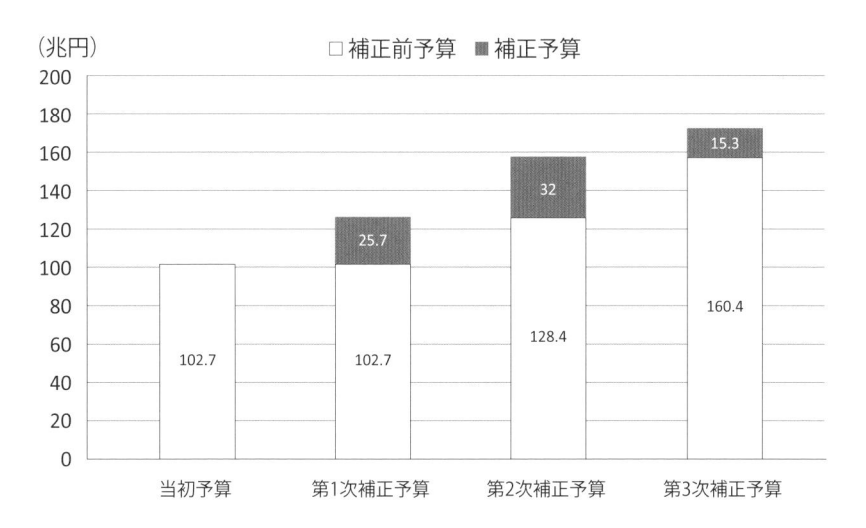

図1-4　2020年度当初予算と補正予算の変化

出所：財務省データにより筆者作成。

表1-1　2020年度2度の補正予算等による事業規模

	事業規模	財政支出	うち国費	うち財政投融資
第1次補正予算	117.1兆円程度	48.4兆円程度	33.9兆円程度 うち第1次補正 27.5兆円程度	12.5兆円程度 うち第1次補正 10.1兆円程度
第2次補正予算	117.1兆円程度	72.7兆円程度	33.2兆円程度	39.3兆円程度
合計	233.9兆円程度	120.8兆円程度	66.8兆円程度	51.9兆円程度

資料出所：「令和2年度第2次補正予算について」（経済財政諮問会議［2020.5.29］, 麻生太郎議員「財務大臣」提出資料）。

　の補正予算による事業規模は233.9兆円に上る。ただし，この全てが実際の財政支出ではなく，国費支出が66.8兆円，財政投融資が51.9兆円で，残りは租税・社会保険料の猶予や民間債務の補償など，直接的な支出をともなわない措置であった。この構造は，見かけの事業規模と実際の財政負担との間に大きな乖離があることを示している。

　財政投融資の内訳は表1-2に示されるとおりであり，特に事業者の資金繰り支援において重要な役割を果たした。日本政策金融公庫等を通じて約50兆円の財政投融資が計上され，コロナ対策における重要な政策手段となった。この規模の財政投融資は平時では考えられない異例の対応であり，危機対応における政策金融の重要性を示している。

　実際の融資状況を見ると，表1-3に示されるように，平時と比較してコロナ下での融資には顕著な特徴が見られる。中小企業事業向けの新規顧客の割合が47.8%と平時の24.5%から大幅に上昇し，平均貸付金額も104百万円と平時の78百万円から増加，平均貸付期間も9.5年と平時の8.2年から長期化している。また，業種別では飲食・宿泊業やサービス業の割合が平時より約5%ポイント上昇しており，コロナ禍で特に影響を受けた業種への支援が強化されたことがわかる。この傾向は，パンデミックが特定産業に与えた非対称的な影響を反映している。

　この大規模な財政出動における特筆すべき点は，緊急性を重視するあま

表1-2　2020（令和2）年度から2021（令和3）年度にかけての財投計画計上額

（単位：億円）

		当初計画	1次補正追加額	2次補正追加額	弾力追加額	2021年度当初計画
国民	財政投融資	20,340	17,000	123,630	－	93,013
	財政融資	20,300	17,000	121,130	－	90,500
	産業投資	40	－	－	－	13
	政府保証	－	－	2,500	－	2,500
中小	財政投融資	9,454	14,000	99,000	－	49,354
	財政融資	9,280	14,000	96,500	－	46,830
	産業投資	174	－	－	－	24
	政府保証	－	－	2,500	－	2,500
危機	財政投融資	990	60,000	150,000	－	100,990
	財政融資	990	60,000	90,000	－	100,990
	産業投資					
	政府保証	－	－	60,000	－	－
農林	財政投融資	5,200	2,700	3,180	－	7,000
	財政融資	5,200	2,700	3,180	－	7,000
沖縄	財政投融資	1,266	2,436	4,146	－	5,159
	財政融資	1,248	2,436	4,146	－	5,137
	産業投資	18	－	－	－	22
福祉	財政投融資	2,594	1,250	13,200	7,930	16,898
	財政融資	2,594	1,250	13,200	7,930	16,898
小　計		39,844	97,386	393,156	7,930	272,414

注1：各行冒頭の国民，中小，危機，農林，沖縄，福祉は，それぞれ日本公庫の国民生活事業，同・中小企業事業，同・危機対応円滑化業務，同・農林水産事業，沖縄公庫，福祉医療機構を指す。

注2：2020年度当初計画には新型コロナ融資等の財源は含まれていない。1次補正，2次補正および弾力追加は全て新型コロナ融資等の財源である。

注3：2021年度当初計画については，上記計数のうち，危機対応円滑化業務については10兆円，福祉医療機構については1兆4026億円が新型コロナ融資等の財源に相当する。日本公庫（国民，中小，農林），沖縄公庫については新型コロナ融資等の財源を通常融資分と区分することはできない。

資料出所：小澤［2021］より筆者作成。

り，増大する公債発行にともなう将来世代の負担について十分な議論がなされないまま，財政支出が決定された点である。公債金収入の急増は，将来の財政規律や世代間公平性の観点から重要な課題を提起している。これは，民主主義的な意思決定プロセスにおける緊急時の対応のあり方という根本的な問題にも関わっている。

　さらに，この財政出動は単なる緊急対応策としてだけでなく，「新しい生活様式」への対応やデジタル化の促進など，ポストコロナを見据えた投資と

表1-3　日本政策金融公庫の平時とコロナ下の融資比較

	国民生活事業		中小企業事業	
	平時	コロナ下	平時	コロナ下
新規割合（件数）	32.1%	43.1%	24.5%	47.8%
新規割合（金額）	26.9%	34.8%	20.9%	45.6%
平均融資金額	8百万円	12百万円	78百万円	104百万円
平均融資期間	6.4年	9.1年	8.2年	9.5年
融資先業種 （括弧内は割合）	卸売・小売 (21.5%) サービス (18.6%) 建設 (18.2%) 飲食・宿泊 (10.9%)	サービス (20.8%) 飲食・宿泊 (18.9%) 卸売・小売 (18.4%) 建設 (15.3%)	製造 (46.6%) 卸売・小売 (17.2%) サービス (9.4%) 建設 (6.2%) 飲食・宿泊 (5.0%)	製造 (32.3%) 卸売・小売 (22.3%) サービス (15.0%) 飲食・宿泊 (10.5%) 建設 (8.9%)

注：「平時」は2018（平成30）年度，「コロナ下」は2020（令和2）年2月〜12月の実績。
資料出所：小澤［2021］より筆者作成。

しての性格も併せ持っていた。この二面性は，緊急対応と構造改革という異なる政策目的の両立を図ろうとした当時の政策判断を反映している。しかしながら，この投資的側面が真に効果的であったかどうかの検証は，今後の重要な研究課題として残されている。

2．臨時交付金の配分構造
——感染対策と地方創生の相克

補正予算による「新型コロナウイルス感染症緊急経済対策」の事業規模は極めて大きく，地方税の減収と事業の地方負担増額により，地方財政に多大な影響を与えた。地方自治体の財源補塡と負担軽減を図るため，補正予算通過前に総務省は各地方自治体の財政部局に事務連絡を出し，具体的な措置内容を提示した。第1次補正予算通過前の4月7日の事務連絡では，地方税の特例措置にともなう減収について，徴収猶予による一時的減収に対する地方債発行の許可，環境性能割の臨時的軽減延長による減収の地方特例交付金による全額補塡，固定資産税等の軽減措置等による減収の国費による全額補塡が示された。また補正予算による追加経費に係る地方負担の増大については，地方創生交付金により措置することとした。

　「新型コロナウイルス感染症対応地方創生臨時交付金」は，感染拡大防止や地域経済・住民生活支援，事業継続・雇用維持等への対応，「新しい生活様式」を踏まえた地域経済活性化等を図ることを目的とし，3回の補正予算で合計4.5兆円が計上された。表1-4が示すように，内閣府の公表データに

表1-4　2020年度新型コロナウイルス感染症対応地方創生臨時交付金の実施計画状況

		合計	都道府県	市町村
（1）地方公共団体数		1,788団体	47団体	1,741団体
	第1回提出分	1,788団体	47団体	1,741団体
	第2回提出分	1,788団体	47団体	1,741団体
	第3回提出分	1,788団体	47団体	1,741団体
（2）事業数[※1]　　第3回提出後の合計分		89,371事業	9,015事業	80,356事業
	第1回提出分	23,595事業	2,224事業	21,371事業
	第2回提出分（増分）	43,806事業	3,758事業	40,048事業
	第3回提出分（増分）	21,970事業	3,033事業	18,937事業
（3）交付金関連事業費[※2※3]　第3回提出後の合計分		43,263億円	21,320億円	21,943億円
	第1回提出分	13,441億円	6,345億円	7,096億円
	第2回提出分（増分）	19,273億円	8,095億円	11,178億円
	第3回提出分（増分）	10,549億円	6,880億円	3,669億円
（4）交付（予定）額[※4]　第3回提出後の合計分		31,322億円	14,364億円	16,957億円
	第1回提出分	6,995億円	3,477億円	3,519億円
	第2回提出分（増分）	18,960億円	8,358億円	10,601億円
	第3回提出分（増分）	5,367億円	2,530億円	2,837億円
（5）内閣府繰越額（見込）[※5]		11,178億円	—	—

注：※1うち，地方単独事業分は7万8,426事業（87.8％），地方負担分に臨時交付金を充てる国庫補助事業は1万945事業（12.2％）。
　　※2うち，地方単独事業分は4兆1,641億円（96.3％），国庫補助事業の地方負担分は1,622億円（3.7％）。
　　※3地方公共団体ごとに定められた交付限度額を超える額の事業を記載している団体があることから，交付額より大きくなる。
　　※4交付限度額は総額3兆8,910億円（うち都道府県1兆8,255億円，市町村2兆655億円）。
　　※5うち，地方公共団体に通知済の交付限度額内の繰越額（見込）は，7,589億円（都道府県3,891億円，市町村3,698億円）。
出所：内閣府の地方創生サイトより筆者作成（https://www.chisou.go.jp/tiiki/rinjikoufukin/index.html）。

よれば，1788の地方公共団体に対し，合計8万9371の事業，交付金関連事業費4兆3263億円，交付（予定）額3兆1322億円が計上された。市町村の交付事業数が非常に多いものの，交付額は都道府県と市町村で大きな差は見られなかった。

　緊急経済対策の項目別推移を示した表1-5を見ると，第1回提出では感染拡大防止策（項目Ⅰ）と雇用維持・事業継続（項目Ⅱ）がほぼ同数だったが，交付対象経費では項目Ⅱが69％を占めた。第2回以降は感染防止策の割合が上昇し，地域経済活性化やデジタル・トランスフォーメーション加速等の項目も増加した。

　臨時交付金の単独事業分について，表1-6に示す都道府県と市町村それぞれに設定された交付限度額の算定方式では，財政力による割落とし，人口密度による割落とし，過疎地域等に対する乗率などが採用され，感染症対応よりも地方創生の性格が強くなっている。武田［2021］が指摘するように，感染拡大地域にとってかなり不利な配分となり，「地方創生」と「新型コロナウイルス感染症対応」との綱引きが見られる結果となった。

　図1-5と図1-6は，第1次と第2次補正における各都道府県の人口当たり交付限度額と感染者数の相関関係を示している。両図から明確な逆相関関係が読み取れる。特に第1次配分時において，東京都は人口100万人当たりの感染者数が374人と最も多かったにもかかわらず，一人当たりの交付限度額は1848円と極めて低く設定された。この点について，平岡・森［2020］が行った緊急アンケート調査で，東京都は「東京は，全国で累計感染者数が最も多く，直近の感染者数が再び増加に転じるなど，感染症対策に係る財政需要が大きいことから，今後の財政支援にあたっては，財政力による調整を行わず，実情に踏まえたものとして欲しい」と訴えている。一方，三角他［2020.9］は第201回国会における会議録より，「財政力の差異によって対応能力に大きな違いが生じないよう，その差異を緩和するため，算定に当たり財政力の要素を加味することは必要である」旨の政府側答弁を紹介している。

表1-5　地方創生臨時交付金による緊急経済対策の項目別集計

（単位：個，億円）

項　　　目	第1回提出 事業数		第1回提出 交付対象経費		第2回提出 事業数		第2回提出 交付対象経費		第3回提出後の合計分 事業数		第3回提出後の合計分 交付対象経費	
Ⅰ．感染拡大防止策と医療提供体制の整備及び治療薬の開発	9,368	(39.7%)	1,790	(13.3%)	20,006	(45.7%)	4,709	(24.4%)	42,197	(47.2%)	9,599	(22.2%)
1．マスク・消毒液等の確保	5,333	(22.6%)	580	(4.3%)	11,075	(25.3%)	1,644	(8.5%)	23,030	(25.8%)	3,097	(7.2%)
2．検査体制の強化と感染の早期発見	539	(2.3%)	94	(0.7%)	1,028	(2.3%)	259	(1.3%)	2,454	(2.7%)	668	(1.5%)
3．医療提供体制の強化	974	(4.1%)	716	(5.3%)	1,890	(4.3%)	1,004	(5.2%)	3,972	(4.4%)	3,140	(7.3%)
4．ワクチン接種体制の整備，治療薬の開発等	4	(0.0%)	1	(0.0%)	5	(0.0%)	1	(0.0%)	49	(0.1%)	12	(0.0%)
5．帰国者等の受入れ体制の強化	43	(0.2%)	8	(0.1%)	56	(0.1%)	45	(0.2%)	101	(0.1%)	18	(0.0%)
6．情報発信の充実	599	(2.5%)	43	(0.3%)	1,205	(2.8%)	140	(0.7%)	2,238	(2.5%)	216	(0.5%)
7．感染国等への緊急支援に対する拠出等の国際協力	0	(0.0%)	0	(0.0%)	0	(0.0%)	0	(0.0%)	7	(0.0%)	0	(0.0%)
8．学校の臨時休業等を円滑に進めるための環境整備	1,876	(8.0%)	348	(2.6%)	4,742	(10.8%)	1,617	(8.4%)	10,175	(11.4%)	2,425	(5.6%)
9．知見に基づく感染防止対策の徹底									171	(0.2%)	23	(0.1%)
Ⅱ．雇用の維持と事業の継続	9,436	(40.0%)	9,280	(69.0%)	9,531	(21.8%)	7,300	(37.9%)	22,741	(25.4%)	22,502	(52.0%)
1．雇用の維持	757	(3.2%)	349	(2.6%)	801	(1.8%)	251	(1.3%)	1,812	(2.0%)	565	(1.3%)
2．資金繰り対策	918	(3.9%)	1,866	(13.9%)	558	(1.3%)	2,059	(10.7%)	1,612	(1.8%)	4,735	(10.9%)
3．事業継続に困っている中小・小規模事業者等への支援	4,708	(20.0%)	6,042	(45.0%)	4,272	(9.8%)	3,558	(18.5%)	11,001	(12.3%)	14,494	(33.5%)
4．生活に困っている世帯や個人への支援	3,044	(12.9%)	1,023	(7.6%)	3,868	(8.8%)	1,430	(7.4%)	8,253	(9.2%)	2,704	(6.2%)
5．税制措置	9	(0.0%)	1	(0.0%)	32	(0.1%)	2	(0.0%)	63	(0.1%)	4	(0.0%)
Ⅲ．次の段階としての官民を挙げた経済活動の回復	3,340	(14.2%)	1,539	(11.5%)	8,050	(18.4%)	4,833	(25.1%)	13,797	(15.4%)	7,196	(16.6%)
1．観光・運輸業，飲食業，イベント・エンターテインメント事業等に対する支援	1,227	(5.2%)	580	(4.3%)	3,415	(7.8%)	1,480	(7.7%)	5,493	(6.1%)	2,364	(5.5%)
2．地域経済の活性化	2,113	(9.0%)	959	(7.1%)	4,635	(10.6%)	3,354	(17.4%)	8,304	(9.3%)	4,832	(11.2%)
Ⅳ．強靱な経済構造の構築	1,451	(6.1%)	832	(6.2%)	6,219	(14.2%)	2,431	(12.6%)	10,636	(11.9%)	3,966	(9.2%)
1．サプライチェーン改革	22	(0.1%)	20	(0.1%)	65	(0.1%)	94	(0.5%)	91	(0.1%)	115	(0.3%)
2．海外展開企業の事業の円滑化，農林水産物・食品の輸出力の維持・強化及び国内供給力の強化支援	125	(0.5%)	33	(0.2%)	223	(0.5%)	79	(0.4%)	423	(0.5%)	138	(0.3%)
3．リモート化等によるデジタル・トランスフォーメーションの加速	1,252	(5.3%)	770	(5.7%)	4,751	(10.8%)	1,952	(10.1%)	8,464	(9.5%)	3,358	(7.8%)
4．公共投資の早期執行等	52	(0.2%)	10	(0.1%)	1,180	(2.7%)	306	(1.6%)	1,636	(1.8%)	349	(0.8%)
5．グリーン社会の実現									11	(0.0%)	4	(0.0%)
6．イノベーションの促進									11	(0.0%)	3	(0.0%)
合　　　計	23,595	(100.0%)	13,441	(100.0%)	43,806	(100.0%)	19,273	(100.0%)	89,371	(100.0%)	43,263	(100.0%)

出所：内閣府の地方創生サイトより筆者作成（https://www.chisou.go.jp/tiiki/rinjikoufukin/index.html）。

表1-6　単独事業に関する臨時交付金の交付上限額の算定方法

第1次配分		
都道府県分		4800円×人口×（0.5×A×B×α＋0.5×C×β）×D
市町村分		4800円×人口×（0.3×A×B×α＋0.7×C×β）×D
	A	感染拡大状況に関する係数
	B	感染拡大時の医療需要に関する係数(市町村は保健所設置の有無)
	C	段階補正に準じた人口関連係数
	D	財政力による割落とし係数
第2次配分		
①家賃支援を含む事業継続や雇用維持等への対応分		
都道府県分		2400円×（人口＋事業所数×α）×A×B×β
市町村分		2400円×（人口＋事業所数×α）×A×B×C×β
	A	感染拡大状況に関する係数
	B	財政力による割落とし係数
	C	保健所設置の有無による係数
②「新しい生活様式」を踏まえた地域経済の活性化等への対応分		
都道府県分		5300円×人口×A×B×C×α
市町村分		7200円×人口×A×B×C×D×E×α
	A	段階補正に準じた人口関連係数
	B	年少人口割合・高齢者人口割合に関する係数
	C	財政力による割落とし係数
	D	人口密度による割落とし
	E	過疎地域等に対する乗率
第3次配分		
①新型コロナウイルス感染症対応分		
都道府県分		1400円×（人口＋事業所数×α）×A×B×β
市町村分		1100円×（人口＋事業所数×α）×A×B×β
	A	感染拡大状況に関する係数
	B	財政力による割落とし係数
②地域経済対応分		
都道府県分		2700円×人口×A×B×C×α
市町村分		3600円×人口×A×B×C×D×E×α
	A	段階補正に準じた人口関連係数
	B	年少人口割合・高齢者人口割合に関する係数
	C	財政力による割落とし係数
	D	人口密度による割落とし
	E	過疎地域等に対する乗率

注：α，βは総額との関係で定める乗率。
出所：「新型コロナウイルス感染症対応地方創生臨時交付金制度要綱」より筆者作成。

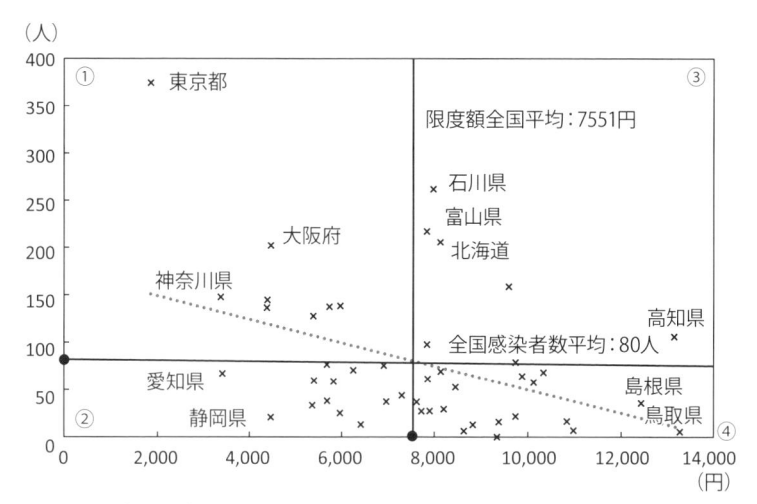

図1-5　各都道府県臨時交付金の限度額と感染者数の相関関係（第1次補正）

注：横軸は一人当たり臨時交付金交付限度額，縦軸は人口100万人当たり感染者数，第1次交付の
　　申請締切は2020年5月29日であるため，感染者数情報は5月29日のデータを用いた。
注：図中の①〜④は表1-7の①〜④に対応。
出所：内閣府総合サイト「地方創生」により筆者作成。

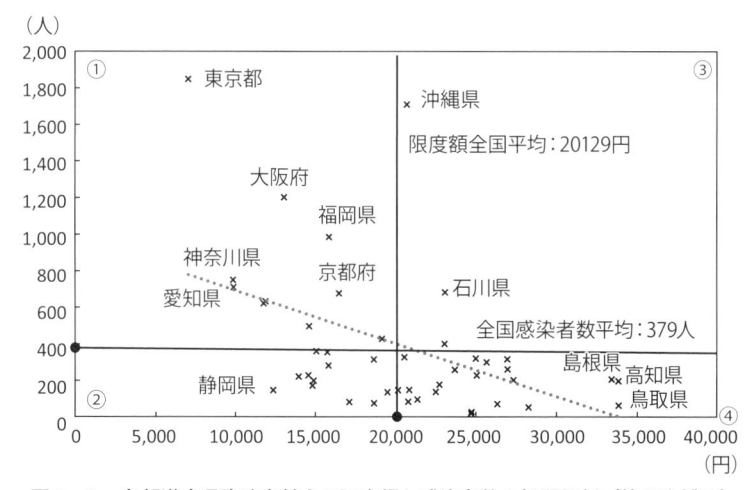

図1-6　各都道府県臨時交付金の限度額と感染者数の相関関係（第2次補正）

注：横軸は一人当たり臨時交付金交付限度額，縦軸は人口100万人当たり感染者数，第2次交付の
　　申請締切は2020年9月30日であるため，感染者数情報は9月30日のデータを用いた。
出所：内閣府総合サイト「地方創生」により筆者作成。

　この配分方式について，武田［2021］は「人口・財政力双方の割落とし を考えれば，感染拡大地域にとってかなり不利な配分であり，この点にも『地 方創生』と『新型コロナウイルス感染症対応』との綱引きを見出すことがで きる」と指摘している。さらに，表 1 - 6 に示された算定方式からわかるよ うに，第 2 次配分と第 3 次配分は第 1 次配分と異なり，「新しい生活様式」 を踏まえた地域経済の活性化等への対応などを含めて，その配分方式におい て，財政力による割落とし，人口密度による割落とし，過疎地域等に対する 乗率などを用いることで，感染症対応よりも「地方創生」の性格がより一層 強くなった。

　これらの状況は図 1 - 5 ，図 1 - 6 の分布にも表れており，感染者数が人口 100万人当たり 5 人に過ぎなかった鳥取県では，一人当たり限度額が 1 万 3263円と全国最高となった。第 2 次配分でもこの傾向は継続し，東京都の 感染者数は人口100万人当たり1848人にまで増加したものの，一人当たり の交付限度額は7032円と依然として最低水準であった。一方，鳥取県は感 染者数が人口100万人当たり65人と全国平均（379人）を大きく下回る中で， 一人当たり交付限度額は 3 万3852円と最高額となった。

　この配分状況をより体系的に理解するため，表 1 - 7 では各都道府県を 4 つのグループに分類している。この分類は人口当たりの交付限度額と感染者 数の全国平均値を基準として行われた。第 1 グループ（交付限度額低・感染 者数多）には東京都や大阪府など大都市圏をもつ自治体が集中し，第 4 グ ループ（交付限度額高・感染者数少）には鳥取県など財政力の弱い地方自治 体が多く含まれる。特筆すべきは第 3 グループに属する沖縄県と北海道の状 況である。たとえば沖縄県は第 2 次配分時点で人口100万人当たり1711人 と東京都に次ぐ感染者数を記録し，2020年 8 月には人口比で全国ワースト となったにもかかわらず，交付限度額は全国平均ギリギリの水準に据え置か れた。この分類は，交付金配分が感染状況よりも財政力を重視する仕組みと なっていたことを如実に示している。

　表 1 - 8 と表 1 - 9 は，各自治体の第 1 次・第 2 次事業分の交付計画と国が

表1-7　都道府県別グループ分け

第 1 次配分				第 2 次配分			
①	②	③	④	①	②	③	④
11 埼玉県	04 宮城県	01 北海道	02 青森県	11 埼玉県	04 宮城県	01 北海道	02 青森県
12 千葉県	07 福島県	16 富山県	03 岩手県	12 千葉県	07 福島県	16 富山県	03 岩手県
13 東京都	08 茨城県	17 石川県	05 秋田県	13 東京都	08 茨城県	17 石川県	05 秋田県
14 神奈川県	09 栃木県	18 福井県	06 山形県	14 神奈川県	09 栃木県	19 山梨県	06 山形県
26 京都府	10 群馬県	39 高知県	19 山梨県	23 愛知県	10 群馬県	47 沖縄県	18 福井県
27 大阪府	15 新潟県	47 沖縄県	20 長野県	26 京都府	15 新潟県		20 長野県
28 兵庫県	21 岐阜県		29 奈良県	27 大阪府	21 岐阜県		30 和歌山県
40 福岡県	22 静岡県		30 和歌山県	28 兵庫県	22 静岡県		31 鳥取県
	23 愛知県		31 鳥取県	29 奈良県	24 三重県		32 島根県
	24 三重県		32 島根県	40 福岡県	25 滋賀県		35 山口県
	25 滋賀県		36 徳島県		33 岡山県		36 徳島県
	33 岡山県		37 香川県		34 広島県		37 香川県
	34 広島県		38 愛媛県				38 愛媛県
	35 山口県		41 佐賀県				39 高知県
			42 長崎県				41 佐賀県
			43 熊本県				42 長崎県
			44 大分県				43 熊本県
			45 宮崎県				44 大分県
			46 鹿児島県				45 宮崎県
							46 鹿児島県

注：表中の①〜④のグループは図1-5，図1-6に対応。
出所：図1-5，図1-6に同じ。

定めた交付限度額の詳細な比較を示している。特に注目すべきは北海道の積極的な事業計画である。第 1 次事業分において，北海道は都道府県分として25のプロジェクト，市町村分として1991のプロジェクトを計画し，総額1715.7億円の申請を行った。これは交付限度額426.5億円を大きく上回り，その差額は1289.2億円に達した。この背景には，北海道が 2 月14日に札幌市で最初の感染者を確認後，2 月28日には全国に先駆けて独自の緊急事態宣言を発令するなど，早期から積極的な感染対策を実施してきた経緯がある。

　第 2 次事業分では，北海道の取り組みはさらに拡大し，市町村レベルで6349件のプロジェクト，総額3131.8億円の申請を行った。しかし交付限度額は1211.7億円に留まり，その差額は1920億円に拡大している。第 2 次事

表1-8　臨時交付金第1次交付計画と交付限度額

都道府県	地方計画						交付限度額			差額
	プロジェクト数（個）			金額（億円）			金額（億円）			
	都道府県	市町村	合計	都道府県	市町村	合計	都道府県	市町村	合計	
01 北海道	25	1991	2016	206.1	1509.6	1715.7	186.0	240.5	426.5	1289.2
02 青森県	50	375	425	90.8	115.9	206.8	60.5	60.9	121.4	85.4
03 岩手県	68	412	480	84.0	73.2	157.2	58.9	55.7	114.7	42.5
04 宮城県	2	413	415	88.9	175.5	264.4	61.2	69.7	130.9	133.4
05 秋田県	47	245	292	79.0	78.7	157.6	57.3	47.3	104.6	53.0
06 山形県	62	572	634	50.3	108.1	158.3	55.7	50.7	106.5	51.9
07 福島県	18	722	740	77.4	158.9	236.3	60.0	74.7	134.6	101.7
08 茨城県	35	624	659	82.5	132.0	214.4	79.9	86.5	166.4	48.0
09 栃木県	33	308	341	87.5	89.3	176.8	52.9	50.7	103.6	73.2
10 群馬県	0	357	357	0.0	124.7	124.7	53.4	56.8	110.2	14.5
11 埼玉県	26	650	676	225.3	538.0	763.3	157.2	164.1	321.3	441.9
12 千葉県	12	688	700	209.3	262.8	472.1	135.5	139.1	274.5	197.6
13 東京都	5	384	389	991.4	556.7	1548.2	103.5	153.8	257.3	1290.9
14 神奈川県	33	194	227	286.7	201.0	487.7	154.3	156.1	310.5	177.3
15 新潟県	53	450	503	61.5	129.3	190.8	76.0	78.7	154.8	36.1
16 富山県	38	260	298	79.7	51.6	131.3	48.7	33.1	81.8	49.6
17 石川県	23	249	272	154.7	80.6	235.3	51.3	39.4	90.7	144.6
18 福井県	46	144	190	52.9	73.5	126.4	46.6	27.0	73.7	52.8
19 山梨県	49	224	273	36.3	62.6	98.9	46.1	32.9	79.0	20.0
20 長野県	40	381	421	41.7	75.2	116.9	66.7	89.3	156.0	−39.1
21 岐阜県	43	452	495	103.7	140.5	244.1	67.3	70.0	137.3	106.9
22 静岡県	4	285	289	145.5	164.3	309.7	82.5	80.1	162.5	147.2
23 愛知県	11	441	452	198.9	450.3	649.2	123.9	133.5	257.4	391.8
24 三重県	63	320	383	113.2	113.9	227.2	53.3	52.8	106.1	121.0
25 滋賀県	52	145	197	61.9	97.3	159.2	47.9	40.5	88.4	70.9
26 京都府	47	338	385	149.3	122.6	271.9	79.8	74.3	154.1	117.8
27 大阪府	3	399	402	425.1	681.0	1106.1	183.1	209.9	393.0	713.1
28 兵庫県	25	672	697	196.0	284.1	480.1	147.4	146.4	293.8	186.3
29 奈良県	11	516	527	43.5	69.5	113.0	56.4	51.8	108.2	4.9
30 和歌山県	22	214	236	55.1	72.8	127.9	54.2	41.4	95.5	32.3
31 鳥取県	85	357	442	50.2	46.0	96.2	46.7	27.0	73.7	22.4
32 島根県	99	235	334	54.1	48.1	102.2	51.4	32.4	83.8	18.5
33 岡山県	19	292	311	68.5	122.7	191.2	61.0	60.2	121.1	70.1
34 広島県	41	276	317	139.5	110.2	249.7	74.7	76.6	151.3	98.4
35 山口県	67	234	301	114.3	117.3	231.6	57.3	47.4	104.8	126.8
36 徳島県	106	297	403	95.4	49.1	144.5	49.3	30.6	79.9	64.7
37 香川県	41	122	163	56.7	74.3	131.1	45.9	32.4	78.4	52.7
38 愛媛県	17	301	318	37.3	82.8	120.1	57.0	48.1	105.2	14.9
39 高知県	23	475	498	19.6	70.9	90.5	53.5	38.2	91.7	−1.2
40 福岡県	50	590	640	241.1	298.4	539.6	135.7	156.8	292.4	247.1
41 佐賀県	77	109	186	61.2	42.8	104.0	49.1	33.4	82.5	21.5
42 長崎県	44	185	229	109.1	122.0	231.1	62.3	54.7	117.0	114.1
43 熊本県	41	424	465	96.5	104.6	201.1	65.9	72.1	138.0	63.1
44 大分県	51	214	265	100.8	87.4	188.1	54.8	41.0	95.9	92.3
45 宮崎県	76	382	458	52.0	97.0	149.0	55.7	45.0	100.7	48.3
46 鹿児島県	55	427	482	59.9	133.6	193.5	67.4	70.7	138.1	55.3
47 沖縄県	54	205	259	114.8	51.1	166.0	58.4	55.4	113.9	52.1
合計	1892	18550	20442	5949.1	8451.9	14401.1	3553.7	3530.0	7083.7	7317.4

出所：新型コロナウイルス感染症対応地方創生臨時交付金地方公共団体別事業一覧（第1次事業分ver1.10）より筆者作成。

表1-9　臨時交付金第2次交付計画と交付限度額

都道府県	地方計画						交付限度			差額
	プロジェクト数(個)			金額（億円）			金額（億円）			
	都道府県	市町村	合計	都道府県	市町村	合計	都道府県	市町村	合計	
01 北海道	71	6278	6349	672.6	2459.1	3131.8	448.7	763.0	1211.7	1920.0
02 青森県	144	1122	1266	227.9	322.3	550.2	131.8	176.6	308.4	241.8
03 岩手県	145	1488	1633	175.2	327.8	503.0	131.0	172.2	303.2	199.8
04 宮城県	90	1337	1427	110.1	378.5	488.6	140.9	200.9	341.9	146.7
05 秋田県	155	779	934	170.2	251.5	421.7	125.8	147.4	273.3	148.4
06 山形県	150	1496	1646	126.1	281.6	407.7	127.5	156.8	284.2	123.5
07 福島県	99	2296	2395	164.9	420.7	585.6	137.9	222.5	360.5	225.2
08 茨城県	59	1683	1742	121.5	400.8	522.2	184.1	232.4	416.6	105.6
09 栃木県	134	905	1039	221.1	253.4	474.5	124.6	145.5	270.0	204.5
10 群馬県	30	974	1004	220.7	300.6	521.3	127.6	164.9	292.5	228.8
11 埼玉県	55	2305	2360	424.9	1062.3	1487.2	397.7	476.0	873.7	613.5
12 千葉県	44	2128	2172	488.3	759.7	1248.0	334.4	401.8	736.3	511.8
13 東京都	5	1366	1371	991.4	1461.8	2453.2	468.9	510.1	979.0	1474.3
14 神奈川県	194	968	1162	763.4	823.0	1586.4	407.4	498.7	906.0	680.4
15 新潟県	185	1377	1562	212.6	385.5	598.1	174.0	241.2	415.2	182.9
16 富山県	100	861	961	124.9	182.1	306.9	127.0	113.9	240.9	66.0
17 石川県	27	703	730	260.8	244.2	504.9	129.4	133.7	263.0	241.9
18 福井県	182	487	669	195.1	146.2	341.2	117.3	89.9	207.2	134.0
19 山梨県	158	605	763	129.5	191.9	321.4	106.0	97.2	203.3	118.1
20 長野県	129	2425	2554	200.7	510.9	711.5	158.3	269.5	427.8	283.8
21 岐阜県	188	1497	1685	277.1	399.8	676.9	160.9	210.1	371.0	305.9
22 静岡県	122	992	1114	316.3	481.0	797.3	204.6	246.1	450.7	346.6
23 愛知県	123	1365	1488	459.5	805.5	1265.0	335.9	410.7	746.5	518.5
24 三重県	256	1042	1298	258.7	323.1	581.8	124.2	157.9	282.1	299.8
25 滋賀県	216	621	837	183.1	190.6	373.7	110.3	112.5	222.9	150.8
26 京都府	92	856	948	277.1	368.1	645.1	192.8	233.2	426.1	219.0
27 大阪府	26	1385	1411	995.1	1314.2	2309.4	496.3	652.9	1149.1	1160.2
28 兵庫県	122	1999	2121	468.5	795.3	1263.8	356.1	442.8	798.9	464.9
29 奈良県	73	1377	1450	563.8	237.0	800.8	120.8	134.3	255.0	545.8
30 和歌山県	53	791	844	179.9	207.9	387.8	123.6	126.1	249.7	138.2
31 鳥取県	127	935	1062	198.0	140.5	338.5	107.6	80.6	188.2	150.3
32 島根県	221	691	912	204.3	181.0	385.4	120.1	105.2	225.2	160.1
33 岡山県	86	852	938	240.4	310.5	551.0	138.7	185.3	324.0	227.0
34 広島県	86	863	949	294.7	383.2	677.9	177.9	239.7	417.6	260.3
35 山口県	137	752	889	189.7	266.2	455.9	128.8	145.3	274.1	181.9
36 徳島県	158	693	851	208.4	151.5	359.9	110.7	88.5	199.2	160.8
37 香川県	107	433	540	136.6	150.0	286.7	107.0	97.5	204.6	82.1
38 愛媛県	36	795	831	205.6	250.0	455.6	129.2	149.6	278.8	176.8
39 高知県	136	1211	1347	212.1	197.3	409.3	118.0	118.2	236.2	173.1
40 福岡県	142	1879	2021	422.0	2810.1	3232.1	337.3	472.2	809.5	2422.6
41 佐賀県	114	589	703	144.5	179.6	324.1	114.4	94.8	209.3	114.8
42 長崎県	137	878	1015	229.7	278.4	508.1	140.7	161.3	302.0	206.1
43 熊本県	111	1575	1686	232.2	379.4	611.7	147.4	212.3	359.7	252.0
44 大分県	97	864	961	209.2	245.7	454.9	125.0	130.8	255.7	199.2
45 宮崎県	187	1138	1325	203.9	263.3	467.2	129.7	138.6	268.3	198.9
46 鹿児島県	153	1393	1546	185.0	364.2	549.2	153.7	226.2	379.9	169.3
47 沖縄県	91	1181	1272	258.7	252.6	511.3	138.3	162.8	301.1	210.2
合計	5553	60230	65783	13756.0	23090.1	36846.2	8750.0	10750.0	19500.0	17346.2

出所：新型コロナウイルス感染症対応地方創生臨時交付金地方公共団体別事業一覧（第2次実施計画分ver1.1）より筆者作成。

業分で最大の申請額を示したのは福岡県で，3232.1億円の申請に対し交付
限度額は809.5億円，差額は2422.6億円と全都道府県中最大となった。一方
で，第 1 次事業分において長野県と高知県は例外的に，申請額が交付限度額
を下回る結果となった。

　これらの実施計画の状況は，各自治体がコロナ対策に必要と考える事業規
模と，国が設定した交付限度額との間に大きな乖離が存在したことを示して
いる。特に感染拡大の初期段階から対策を講じた自治体ほど，より多くの事
業計画を立案する傾向が見られ，それに対応する財源確保の課題が浮き彫り
となった。

　金井 [2021] は，この臨時交付金について「ショック・ドクトリン」と
呼び，クライン [2011] は「惨事便乗型資本主義」と表現した。このように，
臨時交付金は地方自治体の新型コロナ対策に重要な役割を果たしたものの，
その配分方式は感染状況よりも財政力を重視する傾向が見られた。また，感
染防止対策よりも経済対策や地方創生的な性格が強くなっており，その実態
については今後より詳細な分析が必要である。

3．初動対応における財政調整基金の役割
——東京都を事例として

　新型コロナウイルスの襲来は，人々の想定をはるかに超えるスピードで進
んできた。図 1 - 1 で確認できるように，2020年 1 月以降，日本は2021年
7 月末までに 5 波の感染拡大期を経験してきた。金井 [2021] が指摘する
ように，災害時の方策は，中央司令塔による統制経済・物資動員・国民動員
が，また，自治体・指定公共機関などの現場組織への統制・指示が，法制上
は想定されている。しかし，現実には，司令塔である内閣に，物流管理・販
売配給する能力はなく，現場で実働する能力もなく，現場に指揮命令する能
力もなく，民間企業・自治体・指定公共機関などの自律的協力に依存するし
かない。このような状況下で，国ができることといえば，いち早く地方の財
政的負担を軽減するための財源確保とその財源を素早く地方に配分すること

であり，その実効性が問われることとなった。

　基金とは「国から交付された補助金等を原資として，特定の用途に充てるため，他の財産と区分して保有する金銭」とされている。財政運営上の大原則である「単年度主義」原則に反するものであるが，弾力的運用が求められる事業や中長期的な事業を遂行するために制度化されたものである。ただし，その反面に，運用，管理，使途などの面で規律が働きにくくなるおそれをともなっている。この点は，特に緊急時における基金の運用において重要な課題となる可能性がある。地方自治体の基金については，一般的に積立基金と運用基金という2種類に大別されるが，地方自治体が抱えているほとんどの基金は積立基金である。積立基金はさらに財政調整基金，減債基金，その他特定目的基金の3つに分類される。財政調整基金は，年度間の財源不均衡を調整するための基金である。簡単にいえば，財政調整基金は地方自治体が緊急時に備えるための貯金であり，今回のような予期せぬ危機への対応において重要な役割を果たすことになる。

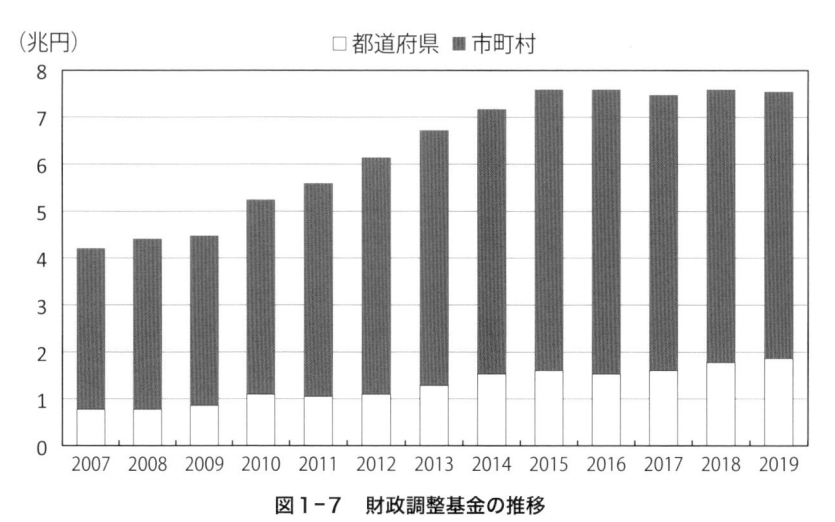

図1-7　財政調整基金の推移

出所：総務省「地方財政状況調査関係資料基金残高等一覧」により筆者作成。

　　総務省が行った「地方公共団体の基金の積立状況等に関する調査結果のポイント及び分析」によると，ほとんどの都道府県や市町村の基金積立の目的は将来への備えであった。これは，地方自治体が将来の不測の事態に対する財政的な準備を重視していることを示している。図1-7に示されているように，2007年以降，都道府県と市町村の財政調整基金が順調に伸びてきた。2007年，都道府県の財政調整基金額は0.8兆円，市町村は3.4兆円，合計4.2兆円だったが，19年には，都道府県の財政調整基金額は1.9兆円，市町村は5.7兆円，合計7.5兆円に伸びている。この着実な増加は，地方自治体の危機管理意識の高まりを反映しているといえる。

　　財政調整基金が全体的に増えている中，特に拡大しているのは東京都であった。図1-8は東京都の財政調整基金残高の推移を示したものである。立岡［2019］は基金積み上がりの要因分析を行い，東京都については，国庫支出金を原資とする積立はあるものの，その規模は相対的に少ないと指摘

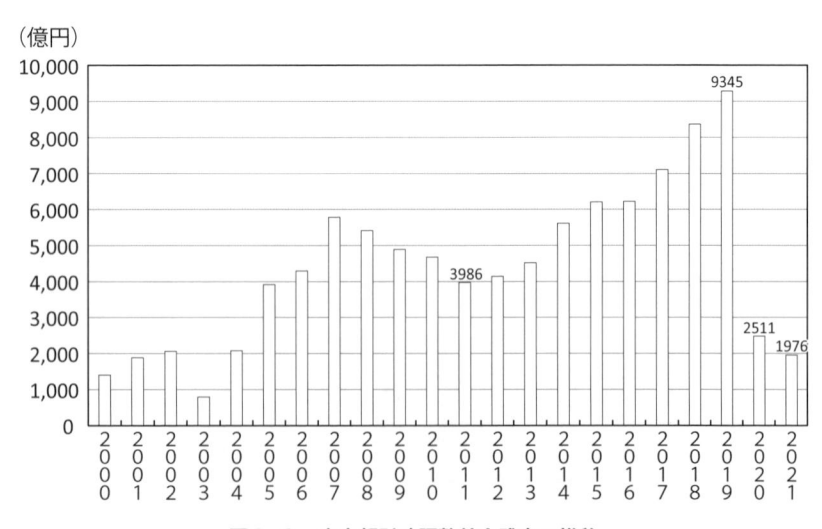

図1-8　東京都財政調整基金残高の推移

注：2021年のデータは予想値である。
出所：2019年までは，総務省「地方財政状況調査関係資料都道府県決算カード」により，2020年と2021年のデータは東京都財務局「東京都の財政」2021年4月より筆者作成。

している。都道府県で唯一の地方交付税の不交付団体であり，地方税・地方譲与税をはじめとする自主財源で財政需要を賄うことができる東京都では，基金残高の増減額と地方税等の税収とがパラレルに動く傾向がみられる。基金の主な原資は，地方税・地方譲与税である。この特徴は，東京都の財政的自立性の高さを示すと同時に，景気変動による税収の変化が基金残高に直接影響を与えやすい構造を示している。東京都の財政調整基金の残高は2011年の3986億円から19年の9345億円に急増した。この増加は，経済成長による税収増を背景としているが，同時に将来の危機に備えた計画的な積立の結果でもある。

　平岡・森［2020］が行った地方自治体に対するアンケート調査では，新型コロナ対策のため，多くの地方公共団体が2020年度補正予算（4月補正〜6月補正）において基金を取り崩しており，財政調整基金の取り崩しは都道府県の88％，政令市・中核市の86％が行っている。東京都が突出して多いという状況が紹介されている。この広範な基金の取り崩しは，コロナ禍という危機に対する地方自治体の迅速な対応を示すと同時に，平時からの基金積立の重要性を裏づけるものとなった。

　表1–10は2020年度の東京都補正予算とその財源を示している。2020年度東京都の当初予算は7兆3540億円だったが，幾度の補正予算を経て，最終予算は9兆6818億円となり，予算総額は2兆3276億円の増額となった。この大幅な予算増額は，コロナ対策の緊急性と規模の大きさを反映している。2020年1月に国内の第1号新型コロナ感染者が発見されてから，4月7日に7都府県に緊急事態宣言が発出されるまで，国では，コロナ対策を全国実施できるよう，「新型インフルエンザ対策特別措置法」改正法の策定を急ぐが，国の第1次補正予算は4月27日にやっと国会に提出された。この時間差は，地方自治体が独自の財源で対応せざるを得ない状況を生み出すことになった。

　東京都をはじめとする感染拡大が見られる地域において，平常と異なる行政サービスの素早い対応が求められていた。表1–10で見られるように，

表1-10　東京都2020年補正予算とその財源

（単位：億円）

項　　　目	補正予算総額	国庫支出金	財政調整基金	その他	補正後予算総額
令和2年当初予算					73,540
令和2年1月30日（都区財政調整協議）	18		18		73,558
令和2年2月18日（令和2年度補正予算（追加分））	335	0.7	333	1	73,893
令和2年4月6日（医療提供体制の強化等にかかる補正予算）	232	71	161		74,125
令和2年4月15日（令和2年度4月補正予算）	3,568	58	3,442	68	77,694
令和2年5月5日（緊急事態措置の延長等にかかる補正予算）	449	337	112		78,144
令和2年5月19日（令和2年第二回定例会補正予算）	5,826	875	4,474	477	83,970
令和2年7月9日（令和2年度7月補正予算）	3,101	3,112	−0.2	−10.8	87,070
令和2年7月31日（営業時間短縮の要請に伴う補正予算）	−119		−119		86,951
令和2年8月31日（営業時間短縮の要請の延長に伴う補正予算）	−211		−211		86,740
令和2年9月3日（令和2年度9月補正予算）	3,413	943	98	2372	90,154
令和2年9月24日（令和2年度9月補正予算（追加分））	23		23		90,176
令和2年11月25日（営業時間短縮の要請に伴う補正予算）	200	144	56		90,376
令和2年11月25日（令和2年第四回定例会補正予算）	2,308	1,813		495	92,685
令和2年12月14日（令和2年第四回定例会補正予算（案）（追加分））	470	360		110	93,155
令和3年1月7日（営業時間短縮の要請に伴う補正予算）	1,528	1,190	338		94,683
令和3年2月5日（営業時間短縮の要請の延長に伴う補正予算）	2,076	2,076			96,759
令和3年2月18日（令和2年度最終補正予算）	−2,742			−2,742	94,017
令和3年2月18日（令和2年度最終補正予算（案）（追加分））	1,253	1,854	−287	−314	95,270
令和3年3月5日（令和2年度最終補正予算（案）（追加分その2））	1,548	1,473	75		96,818
合　計	23,276	14,306.7	8,512.8	456.5	96,818

注：その他収入には，財政調整基金以外のその他の基金による繰入金，諸収入，都債，繰越金など
　　を含む。
出所：東京都財務局令和2年度予算より筆者作成。

2020年1月30日の1回目の補正予算から，5月19日の第6回補正予算まで，国から交付される国庫支出金というより，財政調整基金が主要な財源となった。特に，4月15日における4月補正では，国庫支出金が58億円しかないのに対して，財政調整基金から一気に3442億円の取り崩しが行われた。さらに，5月19日における第2回定例会補正予算では，国庫支出金が875億円に増額されるが，財政調整基金から4474億円が投入された。国が第1次補正予算を通過してから，財政調整基金の役割が次第に弱まった。通年で見た場合，補正予算の財源の区分を見ると，国庫支出金が1兆4307億円，財政調整基金の8513億円よりも高い金額であったが，緊急性の視点から見れば，財政調整基金は自治体の感染対策を講ずるための貴重な初期財源を供与した事実は否めない。この事例は，危機対応における財政調整基金の重要性を明

確に示すとともに，国と地方の財政的な役割分担のあり方について重要な示唆を与えるものとなった。

まとめ

　本章は，コロナ禍の財政運営に焦点をあて，特に臨時交付金制度と財政調整基金の役割を通じて，新型コロナ感染拡大下における政府間財政関係の特徴と課題を検証した。感染症という特殊な災害への対応において，従来の災害対策とは異なる新たな政策的枠組みが求められる中，財政面での対応がどのように行われ，どのような課題が生じたのかを明らかにすることを試みた。分析から得られた主要な知見は以下のとおりである。

　第一に，日本の感染状況は先進国の中では比較的抑制的であったにもかかわらず，財政出動の規模は主要国と同等以上となった。2020年度に3度にわたる補正予算を通じて大規模な国債発行による財源確保が行われたが，この将来世代への負担転嫁についての議論は十分になされないまま，緊急性を理由に予算が決定された。この点は，危機対応における財政規律のあり方という根本的な課題を提起している。特に，将来の危機への備えと，現在の危機への対応のバランスをどのように図るべきかという問題は，今後の重要な検討課題となるだろう。

　第二に，新型コロナウイルス感染症対応地方創生臨時交付金制度の運用において，本来の感染症対策という目的と地方創生という政策意図が混在し，その配分方式には大きな課題が残された。特に注目すべきは，交付限度額の算定において感染状況よりも財政力が重視された点である。その結果，東京都や大阪府など感染者数の多い大都市圏の自治体への配分が抑制される一方で，感染者数の少ない財政力の弱い地方自治体に手厚い配分がなされるという逆説的な状況が生まれた。さらに，第2次・第3次配分では「新しい生活様式」への対応や地域経済活性化等が強調され，感染症対策よりも地方創生的な性格が一層強まった。この政策的な重点の変化は，緊急対応として創設

された制度が，次第に構造改革的な性格を強めていく過程を示している。

　第三に，このような臨時交付金の性格変化と並行して，地方自治体，特に感染拡大地域における初期対応において財政調整基金が重要な役割を果たした。東京都の事例が示すように，国の補正予算成立前の段階で，財政調整基金は緊急的な感染症対策の重要な財源となった。この事実は，危機対応における自主財源確保の重要性を改めて浮き彫りにするとともに，平時からの基金積立の意義を裏付けるものとなった。特に，感染拡大初期における国からの財源移転と地方自治体の対策実施との間に生じる時間的なギャップを埋めるうえで，財政調整基金が果たした役割は注目に値する。

　これらの分析結果は，臨時交付金制度がもつ二面性，すなわち感染症対策という緊急措置と地方創生という構造改革的な性格の併存が，結果として感染状況に応じた効果的な資源配分を妨げた可能性を示唆している。特に，財政力による配分調整が感染状況への対応よりも優先された点は，危機対応における政策設計の本質的な課題を提起している。また，経済対策や地方創生的な要素が強調されたことで，本来の感染症対策という緊急的な政策目的が希薄化した可能性も否定できない。

　今後起こりうる新たな健康危機に備えて，緊急時における政府間財政関係の制度設計において，より感染状況に即応した配分方式の確立が求められる。同時に，地方自治体における財政調整基金の適切な積立と運用のあり方についても，一層の検討が必要であろう。これらの教訓を活かし，危機対応と財政規律のバランスを保ちながら，より効果的な政府間財政関係の構築を目指すことが重要である。

〔参考文献〕

池上岳彦［2020］「新型コロナウイルス感染症対策と地方財政（その1）国の補正予算と地方財政措置」『新潟自治』84号。

小澤研也［2021］「（補論）新型コロナ融資への財政投融資の対応」財務省広報誌『ファイナンス』令和3年2月号。

金井利之［2021］『コロナ対策禍の国と自治体――災害行政の迷走と閉塞』ちくま新書。

クライン，ナオミ［2011］『ショック・ドクトリン──惨事便乗型資本主義の正体を暴く』
　　上・下，幾島幸子・村上由見子訳，岩波書店。
武田公子［2021］「新型コロナ禍の下での自治体財政―危機対応と政府間財政関係―」『金
　　沢大学経済論集』41巻 2，pp.131-156。
立岡健二郎［2019］「地方自治体の基金はなぜ積み上がるのか―求められる地方財政制度
　　の改革―」JRI レビュー，Vol.5 No.66，pp.65-109。
平岡和久・森裕之［2020］『新型コロナ対策と自治体財政──緊急アンケートから考える』
　　自治体研究社。
三角政勝・近澤将生［2020.9］「地方税財政分野における新型コロナウイルス感染症への
　　対応：令和 2 年度第 1 次及び第 2 次補正予算関連の主な施策」『立法と調査』427号，
　　pp.60-77。

第2章
現代貨幣理論で読み解く
コロナパンデミック財政

佐藤　一光

はじめに

　2020年初頭から世界を席巻した新型コロナウイルス感染症（COVID-19）のパンデミックは，私たちの経済社会に多面的な衝撃を与えた。ロックダウンや人流制限，サプライチェーン寸断など，かつて経験したことのない事態が相次ぎ，各国政府は未曾有の規模で財政出動を迫られた。先進国はじめ多くの国が，困窮する家計・企業支援，失業防止，医療・公衆衛生強化などの緊急対応策を実施し，その結果，財政赤字は歴史的水準にまで膨らんだ。

　本来，これほどの巨額赤字は，債務増大による「財政破綻」や国債市場の混乱を招き，金利急騰や通貨価値下落といった深刻な事態を引き起こすと想定されていた。しかし，実際には，主要先進国の国債利回りは低水準で安定し，大きな市場不安も生じなかった。この「予想外の安定」は，従来の財政常識——「財政赤字は早晩，金融市場からペナルティを受け，金利上昇や債務不安をもたらす」という固定観念——を揺るがす出来事であった。

　今回の危機対応で際立ったのは，いわゆる「総需要管理政策」の限界であると考えられる。一般的には，失業抑制や物価統制は財政・金融政策を通じた総需要微調整によって可能であると信じられている。しかし，実際には，多くの国が巨大な財政支出を行い，中央銀行は量的緩和やゼロ金利政策を続けても，期待されたほどの成長とインフレは生まれず，むしろ低インフレや

構造的停滞が続いた。さらにコロナ後には，供給制約や地政学的リスクがインフレ要因として顕在化し，総需要刺激では説明できない物価上昇が観察されるようになった。これにより，従来の政策フレームワークは，現実をうまく説明・予測できないことが一層明確になったのである。

　こうした状況下，近年注目を集めているのが「現代貨幣理論（Modern Monetary Theory, MMT）」である。MMT からは，「自国通貨建て債務を発行できる主権国家にとって，財政破綻は金銭的な意味では起こらない」という結論が引き出され，政府支出の真の制約は資源不足といった実物的要因にあると説く。この見方によれば，これまで財政均衡や債務残高対 GDP 比などを金科玉条のように崇めてきた「財政規律」観は再考を迫られる。インフレを需要超過だけでなく資源・構造要因に求め，失業をインフレ調整の手段としない政策設計（例：ジョブギャランティ制度）を提示する MMT は，総需要管理政策の行き詰まりに対する新たな処方箋を示すものといえる。

　しかし，MMT は国内外で誤解や乱暴な解釈が少なくない。日本でも「インフレになるまで国債を刷れ」「政府は無制限にお金を発行できる」など極論的な解釈が広まり，一部の「積極財政派」や「（財政）リフレ派」が MMT を自説強化の都合の良い根拠として濫用する場面があった。その結果，MMT 自体が不当に批判されたり，過大な期待を寄せられたりして，冷静な評価が困難になる状況が生まれた。

　本章では，こうした混乱を整理し，MMT が本質的に示している政策的・理論的意義を改めて浮き彫りにしたい。MMT は決して「無制限な支出拡大」を勧める乱暴な理論ではなく，通貨主権を踏まえたうえで「財政支出と税制を分離し，必要な公共投資を行い，必要な行政サービスを提供し，適切な負担を設計する」戦略を提示するものである。この戦略は財政学の古典的原則（必要性・公正性に基づく公共支出）や財政社会学（民主的合意形成や租税抵抗問題）の知見とも親和性があると考えられる。

　さらに，ポストコロナ期には，供給制約や地政学リスク，気候変動対応など，従来の総需要管理では対処困難な課題が増大している。エネルギー価格

高騰やサプライチェーン再編によるコストプッシュ型インフレは，需要抑制では対応困難であり，実物資源制約や生産構造改革が必要不可欠である。MMT は，インフレを「資源制約の表れ」と位置づけ，需要を微調整するよりも実物的な政策手段——産業・雇用・税制改革，インフラ投資，気候対応——で経済構造を変え，インフレリスクを抑えつつ成長と雇用を追求する道を示す。この視点は，従来の「財源確保」の呪縛から解放され，社会的必要性に立脚した政策運営を実現する鍵となりうるのである。

　本章の目的は，以上のような観点を踏まえ，次の点を明らかにすることである。

　第一に，パンデミック下で大規模財政出動を行った日米の経験を検証し，国債市場や物価，失業率動向を分析する中で，MMT が提起する「財政破綻否定」「資源が唯一の本質的制約」という見解がどの程度現実と整合するかを考察する。第二に，従来理論（AS-AD モデル，フィリップス曲線的総需要管理観）と MMT とを対比し，総需要調整では説明困難な現代的インフレ・失業問題への手がかりを探る。第三に，アベノミクス期の量的・質的緩和（QQE）の限界を MMT 的視点から再評価し，金融緩和頼みの総需要管理がなぜ行き詰まったのかを明らかにする。第四に，MMT が示す政策的含意——ジョブギャランティ制度，ゼロ金利政策の恒久化，国債制度再考——と，古典的財政学・財政社会学との親和性を示し，ポストコロナ時代の財政政策論・経済政策論の新たな地平を提示する。

　以上を通じて，本章は，パンデミック期の大規模財政出動とその後の経済動向が，従来の財政政策常識をいかに揺さぶり，MMT が指摘する理論的主張を裏づけたり，再考させたりする契機となったかを論じる。単なる MMT 礼賛ではなく，経験的事実と理論的考察を行き来しながら，ポストパンデミック時代にふさわしいマクロ政策パラダイムの方向性を探る試みである。

1. 日米経済・財政の経験的検証

1.1　財政赤字の動向とその背景

　第1節では，2013年から23年までの約10年間を対象として，主権通貨国である日本とアメリカに着目し，財政赤字の拡大プロセスと市場反応を経験的に検証する。両国は経済規模が大きく，通貨発行権を有する点では共通するものの，財政制度，社会保障負担，景気局面や成長率，金融政策の運営手法には差異がある。このため，同じ時期に生じた巨額財政赤字がどのような市場影響をもたらしたのかを比較することで，国別特性や制度的背景の影響を浮き彫りにしつつ，MMTの含意との関連性を探ることが可能となる。

　2010年代初頭，世界経済はリーマンショック後の回復過程にあり，アメリカは大規模財政刺激と量的緩和によって徐々に景気を持ち直していた。日本は1990年代以降の長期停滞が続き，デフレや需要不足が深刻な課題であった。2013年から19年にかけ，アメリカでは景気拡大と失業率低下が進んだものの，財政赤字は減税措置や軍事支出拡大，医療費増大といった構造要因により依然として高水準を保ち続けていた。一方，日本は慢性化した財政赤字を抱えつつ，以前は公共事業によって発生していた財政赤字が，今度は社会保障費の増大によって景気循環に関わらず高位に張りついたままとなった。

　2020年に入り，世界はコロナパンデミックに直面する。感染拡大防止策による経済活動の急停止は，前例のない需要・供給同時ショックを引き起こした。これに対し，日米両国は大規模な財政措置を相次いで実施した。アメリカでは，失業給付拡大や直接給付金，企業支援，地方自治体支援など矢継ぎ早の刺激策が打たれ，2020年から21年にかけて財政赤字は異例の水準まで拡大した。日本でも，特別定額給付金や雇用調整助成金拡充，無利子融資，地方創生臨時交付金といった巨額措置が次々と講じられ，補正予算を何度も

編成して財政赤字をさらに拡大させた。

　注目すべきは，これほどの大規模赤字にもかかわらず，日米両国とも国債市場が混乱することはなかった点である。理論的には，巨額な国債発行は「借り手である政府による資金需要増大」を意味し，民間資金を圧迫して金利上昇（クラウディングアウト）や国債価格下落を引き起こすと考えられてきた。しかし，現実には，アメリカでも日本でも国債利回りは低位安定し，むしろ投資家は国債を安全資産として選好した。

　アメリカの場合，FRB が量的緩和を拡大し，国債買入れを通じて市場安定に寄与したことや，ドルが基軸通貨としての地位を維持していること，世界的なリスク回避局面で米国債が「駆け込み寺」となりやすいことなどが要因といえる。一方日本では，日銀による長期国債買入れが大規模かつ継続的に実施され，イールドカーブ・コントロール（YCC）を通じて長期金利を極めて低水準に抑制し，国内投資家が国債を安定的に吸収できる制度的枠組みが機能した。加えて，国内投資家が国債を「安全な貯蓄手段」として受け入れる文化的・歴史的背景や，デフレマインドによる国債需要の底堅さも国債市場安定に寄与した。

　この現実は，MMT の含意に合致する。MMT からは「主権通貨を有する政府には金銭的制約がない」と考えられるが，ここで言う「金銭的制約がない」とは，「債務不履行が自国通貨建てでは起こりえない」という意味であり，「財政赤字がいくらでも拡大して良い」という無制限論ではない。それでも，MMT 的視点からすれば，国債利回りの急騰や債務不安が生じず，むしろ国債が安全資産として選好される現象は予想外ではない。なぜなら，自国通貨発行権をもつ政府は，最悪の場合でも中央銀行を通じて流動性供給が可能であり，債務不履行リスクが事実上存在しないからである。市場は，長期的なインフレリスクや資源制約，経済成長率などを注視する必要はあるが，少なくとも「即時の金銭的破綻」を懸念する必要はない。

　ここで重要なのは，MMT は金利や国債市場を「問題にならない」と無条件で楽観視しているわけではない点である。MMT は，インフレこそが財政

拡大の本質的な資源制約の表出であるととらえるからである。つまり，債務不安による金利暴騰といった「市場からのペナルティ」ではなく，経済が供給能力を超えて支出された結果生じるインフレが真の懸念事項となる。今回の日米経験では，巨額財政赤字そのものが直接インフレを発生させることはなかった。むしろ，インフレ懸念が顕在化したのは，2021から23年にかけてのエネルギー価格高騰や物流停滞といった供給面の問題に起因するコストプッシュ型インフレであり，財政赤字＝需要過剰型インフレとは異質の事象である。

　この点は，財政赤字に関する伝統的な見方に再考を迫る。かつては，「大規模財政赤字＝財政破綻前兆」という図式が常識だったが，コロナ後の日米例は，大規模赤字でも金利上昇が起きず，市場混乱が回避できることが示された。図2-1はアメリカの，図2-2は日本の四半期財政収支（赤字）と毎月の失業率を示している。財政赤字の拡大は総需要の増加を意味して失業率

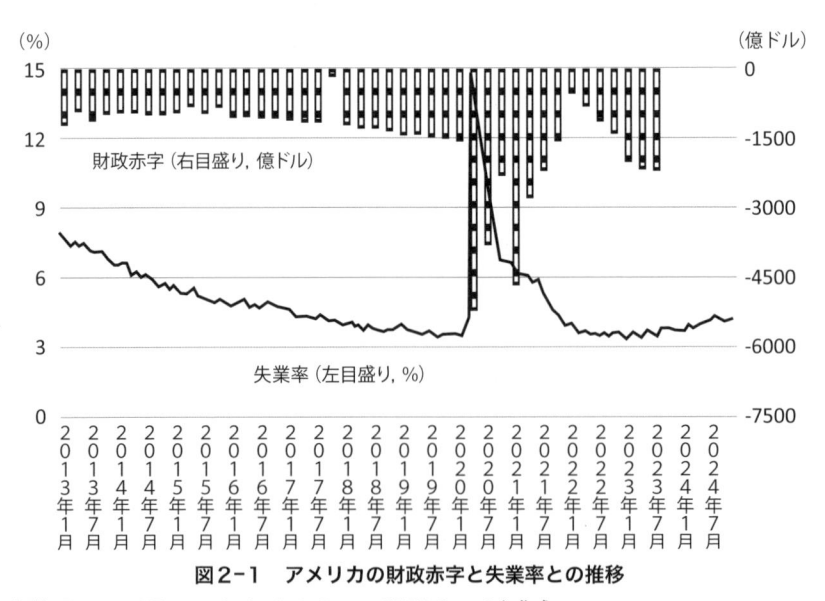

図2-1　アメリカの財政赤字と失業率との推移

出所：Bureau of Economic Analysis Data, OECD Stat. より作成。

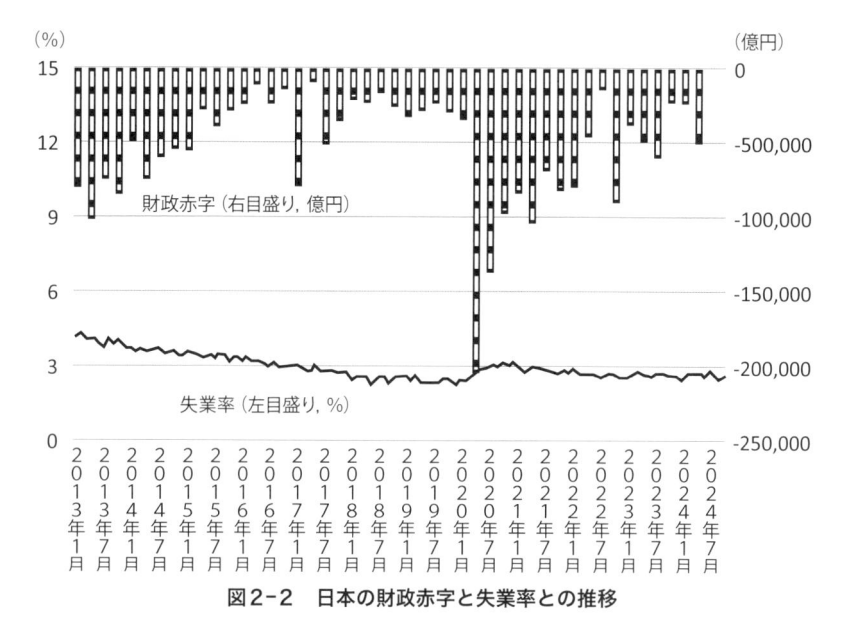

図2-2　日本の財政赤字と失業率との推移

出所：日本銀行「資金循環統計」，OECD Stat. より作成。

の減少を引き起こし，その結果としてインフレが引き起こされると考えられる。しかし，コロナ禍での急激な景気の冷え込みに対して対応した財政赤字は失業率を急激に引き下げたわけではなさそうだ。労働市場が流動化しているアメリカでは一時解雇などが行われた結果急激に失業率が上昇している一方で，長期的な雇用慣行によって特徴づけられる日本では失業率は高くならなかった。

　もちろん，アメリカは基軸通貨，日銀は大規模国債買入れを継続しているなど，特殊要因は存在する。しかし，それらを差し引いても，通貨主権を有する国が自国建て債務で債務危機に陥るメカニズムは単純ではないことがわかる。この経験は，MMT 的政策転換への糸口となる。MMT は，財政政策を「財源確保」論から解放し，「必要な支出は行い，インフレリスクが現れたら供給サイドの強化をする」という動的アプローチを提唱する。この観点

から，日米はパンデミック期に大胆な財政措置を講じ，失業急増や企業大量
倒産を回避できた。その間，国債市場は安定し，金利暴騰シナリオは回避さ
れた。この現実は，「財源がなければ支出できない」「赤字拡大は直ちに金利
暴騰を招く」という通説を相対化する根拠となる。

　まとめると，2013〜23年の経験，とりわけ2020年以降のパンデミック対
応は，日米両国で巨額財政赤字を生み出したが，伝統的理論が予測した「財
政破綻」や「金利急騰」が起きなかった点は注目すべきである。MMT 的視
点からは，これは当然ではないにせよ，理論的整合性がある現象といえる。
主権通貨国は財政出動を行う能力を有し，市場も即時債務危機を懸念しな
い。その結果，問題があるとすれば，財政赤字そのものではなく，将来的な
資源制約やインフレ対応であり，金融市場による強制的制裁よりも，経済構
造的な対応が必要になる。

　次項では，引き続き物価動向・需要項目デフレーターを検証し，財政赤字
拡大とインフレ発生メカニズムの関係を探る。これにより，MMT が強調す
る「実物的制約としてのインフレ」理解がより一層明確化され，総需要管理
政策の行き詰まりと MMT 的転換の必然性が浮かび上がることになる。

1.2　物価動向・需要項目デフレーターの比較

　前項で，日米両国はパンデミック期に史上例を見ない規模の財政出動を行
いながらも，市場金利の急騰や国債市場混乱を回避できたことを確認した。
だが，財政赤字拡大の最終的な制約は実物的制約であると MMT は指摘する。
つまり，巨額財政赤字そのものが問題になるのではなく，もしそれが実物資
源制約を超えた需要拡大をもたらせば，インフレが発生し，それが本質的な
限界を示すこととなる。ここで重要となるのが，物価動向や需要項目別デフ
レーターの分析である。

　まず2013年から19年，コロナ以前の時期を振り返ると，日米ともに「低
インフレ」基調が続いていた。アメリカは FRB の量的緩和とゼロ金利政策
が長期化し，一定の景気拡大が進んだものの，物価上昇は目標の 2 ％を大き

く上回ることはなかった。PCE デフレーターなどを用いたインフレ指標は，1〜2％程度で安定し，労働市場の引き締まりにもかかわらず顕著なインフレは生まれなかった。

　一方日本は，アベノミクス下で日銀が2％インフレ目標を掲げ，大規模な量的・質的金融緩和（QQE）を断行したにもかかわらず，物価上昇率は期待ほど伸びず，1％程度の水準でも足踏みが続いた。特定品目を除けばデフレ的圧力が根強く，需要刺激策で物価を引き上げることは困難であった。

　この低インフレ環境は，巨額の財政赤字や大規模な金融緩和によっては，直ちにインフレが起きないことを示唆する。つまり，金融緩和は即インフレという単純な貨幣数量説的連関は成立していない。ここには，MMT が指摘する「インフレは通貨量よりも実物資源制約が決定的」という論点が当てはまる。

　GDP の需要項目別デフレーターを見ると，家計消費支出デフレーターは，日米ともに緩やかで，顕著な上昇は見られなかった（図2-4，図2-6）。輸入デフレーターは為替レートや国際価格に左右されるため変動は激しく，日米間で差異はあるものの全体として低下傾向であったが日米ともに家計消費デフレーターまで影響を与えているようには見えない。この2013〜19年の低インフレ持続は，「総需要刺激が常にインフレをもたらす」という従来仮説を揺るがす。巨額財政赤字が存在し，量的緩和でマネタリーベースを拡大しても，実体経済で生産能力超過需要が起きなければインフレは生じない。むしろ，供給能力や生産性，労働市場構造，賃金決定メカニズム，グローバル競争環境といった複雑な要因が物価水準を規定するものだと考えられる。

　そして2020年以降のコロナ期には，新たな展開があった。ロックダウン解除後の需要急回復やエネルギー価格高騰，サプライチェーン混乱が一部国でインフレ率上昇をもたらした。図2-4のアメリカを確認すると政府消費支出デフレーターが先行して上昇して，次に民間消費支出デフレーター，遅れて輸入デフレーターが上昇しているように見えるが，GDP に占める政府

消費支出と輸入の占める割合は大きくないため（図2-3），民間消費の物価が先行して上昇したと理解できよう。失業の急激な上昇があったのと同様に，労働市場がタイトになれば急激に賃金が上昇して，生産コストの上昇によって物価が上昇するのがアメリカ経済の特徴であるということが理解されよう。

　他方で，日本はだいぶ状況が異なる。日本のデフレーターは輸入が先行して上昇し，ついで民間消費支出，政府消費支出という順で上がっている。アメリカとは正反対の経路があるように見える。日本のGDPに占める政府消費支出と輸入はアメリカよりは高い比率であり（図2-5），輸入が物価を引き上げる効果と，政府消費支出が物価を引き下げる効果とが綱引きをしているように見える。輸入デフレーターが急上昇した最大の原因は化石燃料価格の急上昇であり，その直接的な原因はロシアによるウクライナへの侵攻であった。

　ここでインフレの要因は「財政赤字の拡大」ではなく，「供給面のショック」であることが示されている。アメリカでは，一時的な需要急拡大があっ

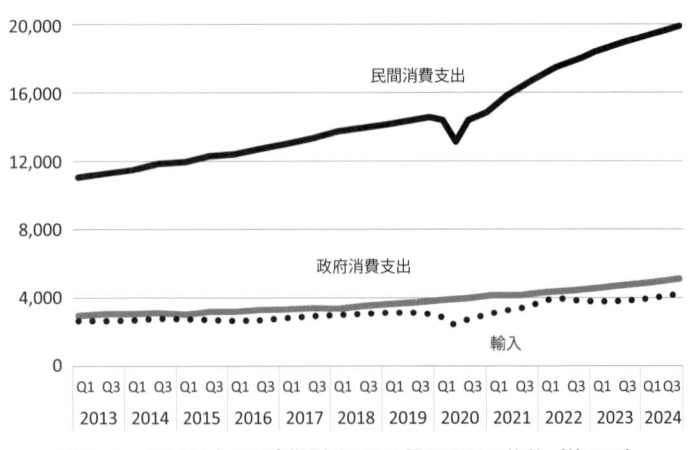

図2-3　アメリカの四半期別GDPの需要項目の抜粋（億ドル）

出所：Bureau of Economic Analysis Data より作成。

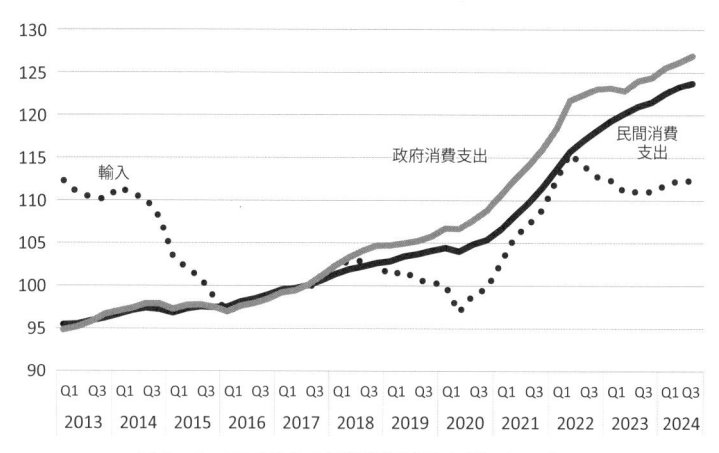

図2-4　アメリカの四半期別 GDP デフレーター

出所：Bureau of Economic Analysis Data より作成。

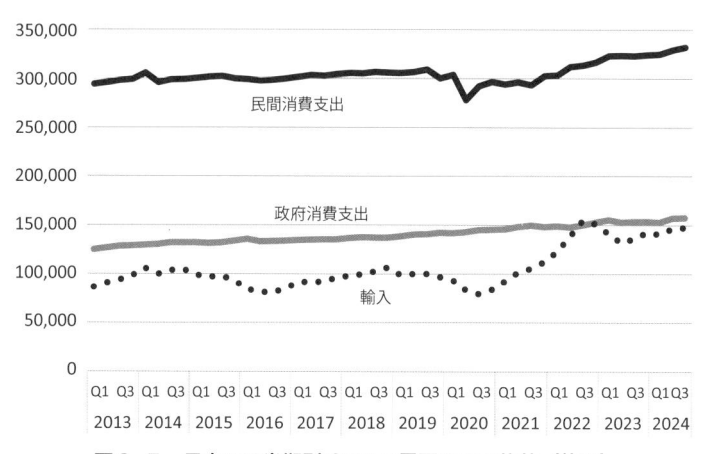

図2-5　日本の四半期別 GDP の需要項目の抜粋（億円）

出所：内閣府「四半期 GDP 速報」より作成。

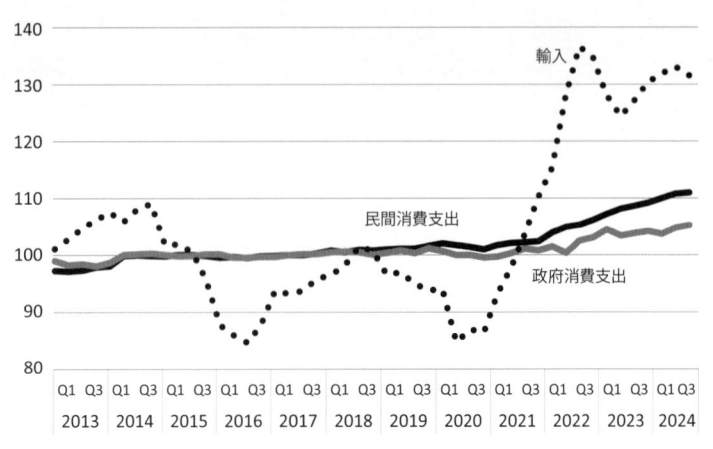

図2-6　日本の四半期別 GDP デフレーター
出所：内閣府「四半期 GDP 速報」より作成。

たにせよ，それが直ちに賃金―物価スパイラルにつながらなかった背景に
は，労働市場の賃金上昇抑制力や国際的価格競争が働いていたと考えられ
る。一方日本では，輸入価格上昇が部分的な物価上昇を生み出したが，国内
需要不足や賃金停滞が続き，インフレは限定的であった。

　この分析は，MMT 的視点を裏づける。MMT は，インフレは「通貨発行量」
を直接の原因とせず，「実物資源制約」や「供給面・市場構造上の問題」が
前景化する場合が多いと説く。総需要を微調整する政策手段（利上げなど）
では，こうした構造的インフレ要因に対処困難である。むしろ，供給能力強
化，産業政策，規制改革，独占解消など，実体経済の根本問題への直接アプ
ローチが求められる。

1.3　失業率と財政・物価の関係

　次に失業率との関係を見てみよう。伝統的なフィリップス曲線仮説によれ
ば，失業率が低下すればインフレは加速する。しかし2010年代後半のアメ
リカでは，失業率が歴史的低水準にまで低下しても顕著なインフレ加速は生

じず，フィリップス曲線はフラット化したと指摘されてきた。日本でも失業率が 3 ％を切る状況が続いたにもかかわらず，物価上昇は限定的だった。

　この事実は，失業率低下が必ずしもインフレ加速につながらないことを示す。つまり，失業を「インフレ抑制のための犠牲変数」とする従来型総需要管理政策が前提としたトレードオフが，現実では明確に観察できないということになる。ここにも MMT 的視座が活きてくる。MMT は，総需要管理による失業とインフレのバランス化ではなく，失業を制度的に根絶するジョブギャランティ（JGP）を提案する。JGP によって完全雇用を恒久的に実現すれば，失業をインフレ調整に使わずに済み，インフレ対策は資源制約や構造改革に直接アプローチできるからである。

　さらに，インフレ発生には平均生産性上昇率を上回る賃金上昇が必要とされるが，近年の日米では，労働組合の弱体化，グローバル競争，技術進歩による生産性上昇などにより，賃金上昇圧力が弱まっている。これもインフレ発生を抑え，失業率低下がインフレへ直結しない一因となっている。コロナ期以降，供給面から発生したインフレも，賃金スパイラルをともなわず，総需要操作ではなく実物的・構造的対応が求められる。

　総合すれば，財政赤字の拡大と失業率低下が必ずしもインフレ加速をもたらさず，むしろ低失業・低インフレや，供給制約主導のインフレが出現する現象は，総需要管理政策が想定した簡易的なトレードオフモデルの破綻を示す。これこそ MMT が強調するポイントである。失業は需要不足ではなく制度的問題として解決でき，インフレは資源制約や生産・流通構造，賃金形成プロセスに大きく左右される。この観点から，総需要微調整ではなく，JGP や税制による直接的な介入が有効となる。

　以上の考察を踏まえると，パンデミック下で日米が巨額財政赤字を抱え，低失業・低インフレを維持したり，供給制約による特殊なインフレを経験した事例は，MMT 的な政策パラダイムへの関心を高める。伝統的なケインジアンやマネタリストの発想による，失業とインフレとのバランスを需要操作で微調整する手法が通用しにくくなっている。MMT は失業を直接克服し，

インフレを資源・構造改革で防ぐ方策を提示することで，総需要管理政策からの脱却論に説得力を与えるのである。

　次節では，これまでの経験的検証（財政赤字動向，物価動向，失業率との関係）を総合的に整理し，MMT が指摘する「財政的制約から実物的制約への転換」がどのような意味をもつかを明らかにする。こうして得られる示唆は，ポストパンデミック時代の経済政策における新たな政策パラダイムを構築するうえで重要な足がかりとなろう。

1.4　小括

　これまで，2013年から23年までの日米経済について，（1）巨額財政赤字にもかかわらず国債市場が安定し，金利高騰が起きなかった点，（2）低インフレ環境が継続し，需要刺激が必ずしもインフレに結びつかないこと，（3）失業率低下がインフレ加速をともなわず，フィリップス曲線的トレードオフが明確に崩れたこと，（4）パンデミック期には供給制約型インフレが発生し，総需要管理政策では対応困難な課題が浮上したことなどを確認した。

　これらの経験は，従来のマクロ経済理論，とりわけ「財政赤字＝金利上昇」「総需要刺激＝インフレ促進」「失業低下＝インフレ加速」といった単純な図式の崩壊を示している。MMT は，まさにこうした経験的事実を理論的に整理し，「財政的制約」は金銭的ではなく実物的・資源的制約であり，インフレは本質的な制約の表出なのだとする。それゆえ，失業をインフレ抑制の手段としない政策，すなわち需要管理による微調整から脱却し，ジョブギャランティ（JGP）など直接的制度設計を導入する転換を提案する。

　巨額財政赤字が市場混乱を必ずしも引き起こさず，低インフレ・低失業の組み合わせが維持可能であることを実証的に指示した昨今の国際的な経験から，「財政赤字を理由とした支出制限」はインフレ対策として必ずしも妥当でないこと，そして「総需要管理を柱とするインフレ・失業調整戦略」には限界があることを示唆する。パンデミック期の政策対応は，金融緩和や財政

出動が必ずしも古典的なケインズ理論どおりにインフレを起こさないこと，そして供給制約や市場構造の問題がインフレ要因として前景化する場合，需要抑制による解決が困難であることを浮き彫りにした。

これまでの分析結果は，財政学や財政社会学にとっても示唆的である。財政赤字拡大が直ちに問題になるわけではなく，必要な公共支出は「お金がないからできない」という制約ではなく，むしろ「資源が足りなければインフレが生じる」という実物的制約下で考えるべきだという MMT の視角は，古典的財政学が重視した「必要性・公正性」を再評価することにつながるからである。租税を「財源確保」ではなく「分配是正と行動誘導」のためのツールとして位置づけることで，財政社会学が懸念する租税抵抗や合意形成の問題を解消しやすい政策論を展望できる。

総じて，2013〜23年の経験は，MMT が提唱する実物制約重視と総需要管理からの離脱が，単なる理論上の主張でなく，現実経済の事例と整合的であることを裏づける。次章以降では，従来理論との対比を通じて，なぜ総需要管理政策が機能不全に陥り，MMT がどのように代替的政策パラダイムを提示するのかを理論的に明らかにしていく。

2．従来のマクロ経済理論の限界と MMT 再考

2.1　AS-AD モデルと総需要管理政策の限界

第1節での経験的知見を踏まえ，従来理論の問題点に焦点を当てる。AS-AD（総供給・総需要）モデルは，教科書的マクロ経済学で広く用いられる基本フレームワークであり，総需要（AD）と総供給（AS）の交点で産出量と物価水準が決まると説明する。このモデルは政策当局者に「需要刺激によって失業を減らすことができるが，行き過ぎるとインフレを引き起こす」という，いわゆるフィリップス曲線的トレードオフを想定させ，総需要管理政策（景気後退時の財政・金融緩和，過熱時の引き締め）を理論的支柱

とされてきた。

　しかし，近年の低インフレ・低失業同時達成や，供給制約によるコスト
プッシュ型インフレといった現象は，AS-AD モデルを前提とした総需要管
理政策の有効性に疑問を呈する。AS-AD モデルは「需要操作で景気循環を
安定化し，適度なインフレと失業率を確保できる」という暗黙の仮定をもつ
が，実際には構造的要因（労働市場の柔軟化，グローバル競争，生産性向上，
技術革新，地政学リスク，エネルギー・環境問題）により，総需要と物価の
単純な関係が崩れつつある。

　AS-AD モデルの限界を整理すると，以下のような点が挙げられる。

（1）　総需要刺激がインフレに直結しない：超低失業率でもインフレが加速
しない事実は，需給ギャップによる物価上昇メカニズムが機能不全であるこ
とを示す。労働組合の弱体化や技術進歩，世界的供給網の存在は，需要超過
だけでインフレが生じるという単純観を崩している。

（2）　供給面ショックへの非対応：AS-AD モデルは，インフレを主として
需要超過に起因する需給ギャップ型インフレとして扱うが，実際にはエネル
ギー価格高騰や半導体不足など外生的・構造的要因が価格上昇を引き起こす
ケースが増えている。この場合，需要抑制策では解決不能であり，供給サイ
ド改革が求められる。

（3）　金利政策有効性の低下：AS-AD モデルは金利変化を通じた総需要調
整を想定するが，ゼロ金利制約や量的緩和の長期化で金利操作が無効化する
中，利子率操作で総需要を微調整することは困難になっている。

　こうした問題点に対し，MMT は「総需要管理」という発想そのものから
脱却する必要性を指摘する。総需要管理政策は失業とインフレの間に固定的
トレードオフがあるとの前提で行われてきたが，フィリップス曲線がフラッ
ト化する現代では，失業をインフレ抑制手段として使う理論的根拠が薄れて
いる。

　MMT は，インフレを需要超過という貨幣的現象ではなく，実物資源を超
えた支出が行われる実物的制約の問題としてとらえる。インフレ対策は総需

要微調整ではなく，構造改革や税制改革など直接的な政策介入で対応可能であるということである。MMT が提案するジョブギャランティ（JGP）は，総需要が不足するから失業が生まれるという発想を変換し，政府が最後の雇用者として失業者を吸収すれば，失業を放置する必要はないと示す。これによって，失業率をインフレ管理のための犠牲変数とするケインジアン的発想から離脱できる。

　さらに，MMT は金利を経済安定化の主要手段とするマネタリスト的視点も批判する。ゼロ金利政策を恒久化し，利子率を政策ツールとして使わないことで，不確実な期待操作や資産価格依存から脱却し，必要な公共支出と税制を直接嚙み合わせる政策枠組みへと移行できる。

　まとめると，AS-AD モデルが支えてきた総需要管理政策は，現代経済が直面する構造的課題（長期停滞，低インフレ，供給制約インフレ，ゼロ金利環境）に合わなくなっている。MMT は，この行き詰まりを理論的に解きほぐし，需要操作に頼らない制度設計（JGP，インフレ対策としての税制改革，産業政策）を提案することで，ポストパンデミック時代の新たなマクロ経済政策パラダイムを提示している。

　次節以降では，さらに MMT が提示する「誤解されやすい点」や「反ケインジアン・反マネタリスト的転換」の意味を掘り下げ，なぜ財政拡大無制限論への批判は的外れであり，むしろインフレ制約を軸にした政策デザインが重要なのか，そして国債制度や金融緩和策の再評価はどのような意味をもつかを検討する。

2.2　誤解される MMT——財政拡大無制限論への反論

　MMT はしばしば「インフレになるまで財政赤字を拡大せよ」「政府には無制限におカネを刷る力がある」という極端な解釈を受け，批判されてきた。このような理解は，MMT の本質を大幅に単純化・歪曲している。実際，MMT から得られる含意は「必要な公共支出を資金不足で断念する必要はない」ということであって，「インフレになるまで支出せよ」ということでは

ない。

　まず，MMT は，主権通貨を発行する政府にとって「金銭的財政破綻」は
起こらないことを強調する。これは，政府が「自国通貨建てであれば債務の
返済不能にはならない」ことを示すが，それは「好き放題に支出できる」と
いう意味ではない。MMT は，財政拡大の真の制約をインフレや資源制約な
ど実物的条件に置く。つまり「お金が足りない」から支出不能になるわけで
はなく，「資源が限られ，インフレを引き起こすほど需要が実物的上限を超
えると問題」になる。よって，財政支出を拡大する際にはインフレリスクを
考慮する必要はあるが，増税や敗政支出の抑制・政策金利の引き上げなどで
需要を調整すべきではないというのが MMT の理論的帰結である。

　「インフレになるまで財政拡大せよ」との誤読への反論として，MMT は
むしろ「インフレが起こる前に必要な手を打て」という。　インフラ整備，
社会保障充実，環境対策などの必要な支出は財源論に縛られず実行可能であ
り，インフレ兆候が見えれば供給制約に応じてボトルネックを適正化する。
このように MMT は，財政と税制を一体的に運用し，資源利用率，インフラ
整備度，労働力状況などの実物経済の状態に即して政策を調整する動的なフ
レームワークを想定する。

　次に，MMT は財政拡大自体を目的化していない。ある施策が必要ならば，
財源不足で諦めるのではなく，実物資源やインフレリスクを勘案しつつ実施
できるとするが，不要な支出を増やせとはいわない。むしろ，MMT 的発想
では「税は財源確保でなく行動誘導や分配是正の手段」となり，必要な支出
を行ったうえでインフレが懸念されるなら適切な供給力の強化政策を行う。
この場合，増税は「お金が足りない」からではなく，「資源制約を尊重する
ため」に行われる。したがって，財政拡大に歯止めがないわけではないし，
必要性・公正性・実物制約を無視できるわけでもない。

　「将来必ず増税が必要になる」との批判に対しても，MMT は「増税は時
と場合による」という考えを示す。特定の支出が社会的必要性に応じて行わ
れ，インフレの兆しが出れば，その時点で適切な社会資本投資や民間投資の

誘導を実施すればよい。これによってインフレリスクを低減でき，特定の活動に歯止めをかけることも可能となる。要するに，MMT は「財源論」ではなく「インフレや資源制約下の動的な政策運営論」を提示しているのであり，無制限の財政拡大論とは異質である。

2.3　MMT の核心——反ケインジアン・反マネタリスト的転換

MMT の本質は「無制限の財政拡大」論ではなく，ケインジアン的総需要管理政策やマネタリスト的金利操作政策からの抜本的な転換にある。従来，マクロ政策は総需要を微調整し，失業とインフレのバランスをとる手法（フィリップス曲線的発想）を軸にしてきた。しかし，第 1 節で見たように，日米の経験は低失業率下でもインフレが顕著に生じない状況（フィリップス曲線のフラット化）や，需要過剰でないのにインフレが発生する供給制約ケースなど，総需要管理から乖離する現象を多数示した。

MMT は，失業を「需要不足による一時的状態」とみなさず，ジョブギャランティ（JGP）を通じて「恒久的かつ制度的」に克服する道を示す。これにより，失業はインフレ抑制の手段として利用する必要がなくなり，総需要管理によって失業を多少容認する旧来のケインジアン的政策観から脱却できる。JGP は，失業者を公的部門が雇用することで雇用の下限を保証し，好況時には労働者が民間へシフトする柔軟な労働市場秩序を目指すものである。

一方，マネタリズム的発想は，インフレ抑制を金利操作やマネーサプライ制御に委ねる。しかし，金利操作による期待形成は不確実で，ゼロ金利環境や量的緩和長期化でその効果は限定的になっている。MMT は，金利をゼロ近辺で固定化し，利子率操作を政策手段とする発想自体を放棄する。インフレ抑制は総需要抑制でなく，税制や産業政策，規制による直接的介入で行えばよく，金利操作を景気微調整の杖とする必要はない。

この「反ケインジアン・反マネタリスト的転換」は，インフレや失業が資源・構造問題であることを直視し，総需要管理に依存しない政策体系を構築

することを意味する。失業をなくす JGP は，失業をインフレ調整のための犠牲変数とみなす時代が終わったことを告げ，金利を政策変数とせずインフレ時には税制で直接需要を絞る戦略は，マネタリズム的期待操作に依存しない持続的かつ公平な政策運営を可能にする。

　こうした転換は，AS-AD モデルで描かれる総需要曲線の微調整によるマクロ安定化という伝統的手法から離れ，現実の社会・経済構造への直接介入（ジョブプログラム，所得・財産税の調整，独占是正，エネルギー政策）へと舵を切ることを促す。需要管理的マクロ政策が行き詰まった現代経済では，MMT が示すこの方向性は，ポストパンデミック期の政策パラダイム再編に有力な手がかりとなるのである。

　まとめれば，MMT の核心はインフレ制約を強調し，失業を放置しない制度改革を通じて，総需要管理政策や金利操作政策から離れ，実物的制約に基づく制度的・直接的政策介入へと転換する点にある。これによって，インフレと失業のトレードオフ神話を終焉させ，新しいマクロ経済政策のパラダイムが提示される。次節以降では，さらに金融緩和批判やポストコロナ財政課題，古典的財政学・財政社会学との親和性を検証し，MMT による政策フレームワークのアップデートの可能性を探ることにする。

3．アベノミクスの量的・質的緩和政策再検討

　本節では，日本銀行が2013年以降に実施した量的・質的金融緩和（QQE）政策を取り上げ，その限界を明らかにする。QQE は，日銀が国債をはじめとする資産を大規模に買い入れ，マネタリーベースを拡大することで，デフレマインドを転換し，インフレ率2％目標を短期で達成することを目指したものである。しかし，実際には2％インフレ目標には届かず，期待インフレ率も上昇が限定的であった。

　QQE の目標未達は，マネタリーベースの拡大を通じた期待操作が容易でないこと，賃金上昇や価格設定行動を変えるには構造的・実物的要因が大き

く作用することを示す。企業や家計は長期デフレ経験から抜け出せず，貯蓄嗜好や将来不安が強く，資産価格上昇や金利引下げで期待を転換する「ポートフォリオ・リバランス効果」も限定的であった。マネタリーベース拡大がインフレへ直結するという貨幣数量説的直感は，このケースで崩れ去ったといえよう。

　MMT的視点からみれば，QQEは総需要管理・マネタリズム的発想の典型例であり，その限界は必然である。通貨発行量や金利操作による間接的なインフレ喚起が失敗すれば，金融緩和策への過度な依存が無力化する。実際，量を増やしても実物的制約（労働力・設備・技術など）を超えなければインフレは起こらず，インフレ率2％達成が政治的・期待的スローガンに留まったことは非伝統的金融政策の行き詰まりを裏づけた。

　本節は，MMTが「金利操作やマネーサプライ拡大による期待操作ではなく，直接的な政策介入が必要」と強調する理由を補強する。QQE政策は「おカネを増やせばインフレになる」という単純図式が通用せず，実体経済や制度設計への介入が欠かせないことを示唆したといえよう。

4．ポストコロナ財政とMMT，古典的財政学・財政社会学との親和性

　本節では，ポストコロナ期の財政政策課題を背景に，MMTが古典的財政学や財政社会学とどのような親和性をもつかを検討する。パンデミック対応で各国が大規模財政出動を行い，結果的に財政赤字が拡大しても「財政破綻」的現象が起きなかった経験は，MMTが強調する「金銭的制約の否定」と「実物的・インフレ的制約」の正当性を示唆する。

　ポストコロナ期には，気候変動対策，エネルギー転換，サプライチェーン再編，社会保障強化，地域格差是正など多面的課題が顕在化する。従来の総需要管理的手法や「財源論」を重視する発想では，これらの問題に素早く対応できない。MMTは「インフレを抑制する限り，必要な公共支出は行える」とすることで，財源論を超えた政策決定を可能にする。

　ここで，古典的財政学は「必要な支出はまず決め，あとから公正な負担を考える」という基本原則をもつ。MMT は，この原則と整合的であり，「おカネが足りないから諦める」のではなく「必要だから支出し，インフレが懸念されるなら供給政策で調整」という動的かつ機能的な財政運営を指向する。これは，アドルフ・ワーグナーやリチャード・マスグレイヴらが唱えた伝統的な財政学的思考と親和的であると考えられる。

　さらに，財政社会学は「なぜ人々は税を納めるか」「公的支出の正当性はどう担保されるか」といった合意形成や民主的正当性に着目する。MMT の枠組みでは，納税は「財源確保」ではなく「分配調整と行動誘導」として説明可能になり，人々は増税を「社会的必要性に基づく正当行為」として理解しやすくなる。これにより租税抵抗や不信感が減り，社会的合意形成が容易になる可能性がある。

　本節は，総需要管理政策からの転換やインフレ・失業問題への新たな対応策が，古典的財政学の基本原則（必要性・公正性）や財政社会学の民主的合意形成論と連動し，ポストコロナ時代のより持続的かつ正当性ある財政運営を導く可能性を示した。

5．結論
——MMT による財政学・財政社会学のアップデート

　ここまでの議論を総合すると，パンデミック対応やゼロ金利下の金融政策経験は，従来の財政規律観や総需要管理モデルが必ずしも現実に適合しないことを浮き彫りにした。MMT は，主権通貨理論を踏まえ「財源不足」神話を打破し，インフレや資源制約を本質的課題として位置づける。これにより，「必要な公共支出は躊躇せず行い，インフレ徴候に対しては供給力の強化で対処する」という柔軟な政策運営が可能となる。

　このアプローチは，失業をインフレ調整の犠牲にする旧来パラダイムからの決別を意味する。JGP などにより失業を直接解消すれば，賃金 – 価格スパイラルの不確実な期待操作よりも確実な雇用保障を実現できる。インフレ

発生時には金利操作ではなく，税制変更や独占是正，産業政策で直接対応できる。こうした直接的政策は，単純な需要微調整を超えた「実物経済と社会構造」への働きかけであり，古典的財政学が重視した「社会的必要性に基づく財政」へと回帰することができよう。

　さらに，財政社会学的観点からは，MMT 的フレームワークは納税義務と公共支出の関係性を再定義し，社会的合意形成を容易にする。「財源論」から解放されることで，政策議論は「何が必要で，誰がどのように負担すべきか」という本質的論点に焦点を合わせやすくなり，租税抵抗や国民的不満を軽減できる可能性を秘めている。

　ポストパンデミック時代は，気候危機や地政学的リスク，エネルギー問題，地域経済再生など，多面的課題への迅速な対応が求められる。MMT 的発想は，従来の財政規律観や需要管理論を超え，必要性と公正性に基づく財政政策論へ誘導しうる。インフレという実体制約の表像を念頭に置きつつ，持続可能な成長，完全雇用，公正な分配を同時追求するマクロ政策枠組みが形成されれば，社会はより安定的で民主的な決定を下すことができる。

　最終的に，MMT による財政学・財政社会学のアップデートは，経済政策を「できる・できない」ではなく「必要かつ公正か」という視座へシフトさせる。パンデミック後，財政政策と社会合意形成を統合的に再考するうえで，MMT は有力な理論的インスピレーションを提供することが確認できる。

〔参考文献〕

池上岳彦［2022］「コロナ対策の財政政策」『季刊経済理論』58巻4号，39-49頁。

井手英策編著［2011］『雇用連帯社会─脱土建国家の公共事業─』岩波書店。

エプシュタイン，ジェラルド・A［2020］『MMT は何が間違いなのか？：進歩主義的なマクロ経済政策の可能性』東洋経済新報社。

岡本英男［2014］「福祉国家と機能的財政─ラーナーとレイの議論の考察を通じて─」『東京経大学会誌　経済学』283号。

神野直彦，金子勝編著［2000］『財政崩壊を食い止める：債務管理型国家の構想』岩波書店。

佐藤一光［2020］「現代的貨幣理論の構造と租税論・予算論からの検討」『財政研究』16号，

152-171頁。

佐藤一光［2021］「現代的貨幣理論による財政学のアップデートは可能か？」『表現者ク
　ライテリオン』2021年7月号。

佐藤一光［2024］「コロナ禍に対応するための財政支出は財政破綻のリスクを高めたの
　か？」『自治総研』第549号，1-25頁。

島倉原［2019］『MMT〈現代貨幣理論〉とは何か　日本を救う反緊縮理論』角川新書。

島倉原［2022］『MMT講義ノート：貨幣の起源，主権国家の原点とは何か』白水社。

中野剛志［2016］『富国と強兵─地政経済学序説─』東洋経済新報社。

望月慎［2020］『図解入門ビジネス　最新MMT［現代貨幣理論］がよくわかる本』秀和
　システム。

Lerner, A. P.［1943］"Functional Finance and the Federal Debt," *Social Research*,
　10(1) : 38-51.

Mitchell, W., Wray, L. R. and Watts, M.［2019］*Macroeconomics*, Red Globe Press.

Mosler, W.［1995］*Soft Currency Economics*, Macroeconomics 9502007, University
　Library of Munich.

Musgrave, R. A.［1959］*The Theory of Public Finance: A Study in Public Economy*,
　McGraw-Hill.

Tcherneva, P. R.［2020］*The Case for a Job Guarantee*, Polity.

Tymoigne, É. and Wray, L. R.［2013］"Modern Money Theory 101: A Reply to Crit-
　ics," *Levy Economics Institute Working Paper*, No.778.

Wray, L. R.［1998］*Understanding Modern Money: The Key to Full Employment
　and Price Stability*, Edward Elgar.

Wray, L. R.［2015］*Modern Money Theory: A Primer on Macroeconomics for Sov-
　ereign Monetary Systems* (Second Edition), Palgrave Macmillan.

第3章
ポストパンデミックの国際経済秩序と通商・産業政策

森原 康仁

はじめに

　ポスト冷戦期における国際秩序は，かつてトマス・フリードマンが「フラット化する世界」と述べたように，モノやカネのみならずヒトや組織，さらには知識や技術が主権的国民国家の障壁を乗り越えて自由に越境移動する点に最大の特徴があった。ここでは，中国をはじめとした旧東側諸国が世界経済に参入することで労働供給が飛躍的に増え，工業生産力の顕著な拡大とグローバルなディスインフレが定着するとともに，アメリカをはじめとした旧西側諸国は金融と知識に依拠して「無形資産」による資本蓄積を進めた。2000年代以降は中国がWTO（世界貿易機関）に正式加盟し，ロシアがNATO（北大西洋条約機構）加盟諸国と融和を進める中で，こうした流れの政治的基盤も整えられたようにみえた（以上をさしあたり「極端なグローバル化」と呼ぶ）。

　しかし，2010年代ごろからこうした様相が変化してくる。2008年のリーマンショックによって傷ついた世界経済を救済したのは中国の大規模な財政出動であったが，これに自信を深めた同国は自己主張を強めた。2009年に開かれた当時のオバマ大統領と胡錦濤首相の出席する「米中戦略・経済対話」はフレッド・バーグステンらの主張した「G2論（米中二極体制論）」を裏書きするようにみえたが，それは同時に中国が自国の能力に自信を深め

るプロセスでもあった。この自己主張はオバマ政権後期から第１次トランプ政権，バイデン政権に至る一連のアメリカの対中強硬論につながってゆく。

　新型コロナウイルスへの感染が世界的に拡大した2020年は，以上のような経過を背景とした年であった。2020年から現在に至る中で，それ以前に前提されていた制度や規範が大きく変貌している。まず，パンデミックは行動制限による人為的な供給制約をもたらし，それ以前のグローバル化によるディスインフレ傾向を終わらせた。また，ロシアによるウクライナ侵攻は主権的国民国家の政治的障壁がいまだなくなっていないことを人びとに強く意識させ，ヒト・モノ・カネ・知識の自由な越境移動の前提を覆した。さらに，パンデミックや大国の自己主張は主権国家の社会経済に対する介入を政治的に正当化する契機となり，新自由主義と呼ばれた市場至上主義的な政策規範を転換させたようにみえる（こうした一連の変化を総称して，さしあたり「ポストパンデミック時代」と呼びたい）。

　そこで本章では，ポストパンデミック時代における極端なグローバル化の修正を大国の経済政策に焦点を当てつつ具体的に考察することを課題としたい。その際，本章が焦点を当てるのは大国の通商・産業政策である。第１次トランプ政権の保護主義的な通商政策の展開を例に挙げるまでもなく，通商政策こそ極端なグローバル化の展開した1990年代からの20年間においてもっとも大きな転換のひとつであるからである。産業政策もまた同様で，産業政策は1990年代以降，政治的にタブー視すらされていたにもかかわらず，「経済安全保障」や「エコノミック・ステイトクラフト」のかけ声のもとで世界的に復権しつつある。ようするに，通商・産業政策はポストパンデミックにおける世界を理解するうえでのカギのひとつとなる。

　以下，第１節ではおもに経済指標に着目しながら整理し，国際経済秩序の現状をとらえる。そのうえで第２節では通商政策の変貌を，第３節では産業政策の復権をそれぞれ具体的に整理したい。通商政策については主としてグローバル・サプライチェーン（GSC）の政治的統治に焦点を当てた輸出管理政策を検討する。極端なグローバル化の時代にあっては（かつて冷戦時代に

みられたような）輸出管理という概念それ自体が無効化していたが，足元では これがほぼ180度転換し，他国のけん制のために利用されるようになっているからである。産業政策については，「新ワシントンコンセンサス」に代表されるミクロ政策における政府介入の正当化言説を取りあげたい。

　以上の作業をつうじて，われわれはポストパンデミックの国際秩序における政府介入復権の様相を具体的に理解することになろう。こうしたありようは新自由主義的な政策規範の部分的な修正であるが，それが市民社会にとって前向きな変化といいうるのかどうかは留保が必要であるように思える。すなわち，まがりなりにもグローバルな協調とユルゲン・ハーバーマスのかつて指摘した「世界社会の立憲化」を実現しつつあるようにみえた前時代の遺産を掘り崩し，20世紀初頭に逆戻りするかのようにみえるからである。このことについては「おわりに」で触れたい。

1．ポストパンデミックの国際経済

　世界経済の「分断傾向」[1]が進行しているようにみえる。これは言説のレベルでは2010年代半ば以降に顕著にみられるようになったことだが，足元で重要なことは，以上のような傾向が経済指標においても確認されるようになっていることである。このことについて，貿易，投資および外貨準備という３つの視点から整理してみたい。

　図3-1は，ロシアによるウクライナ侵攻以前（2017年第１四半期〜21年第４四半期）と以後（2022年第２四半期〜23年第３四半期）において，親ロシア，反ロシアのブロック内の貿易成長率とブロック間の貿易成長率（いずれも平均）を比較したものである（「親ロシアブロック」は，中国，ロシア，2022年３月２日の国連総会でウクライナ戦争に関する採決でロシアに味方した国々，「反ロシアブロック」はオーストラリア，カナダ，欧州，ニュージーランド，米国）。戦争など地政学的緊張が世界貿易を分断している様子がわかるが，ここで注目すべきは，ブロック内外の貿易総額の成長率に倍近くの

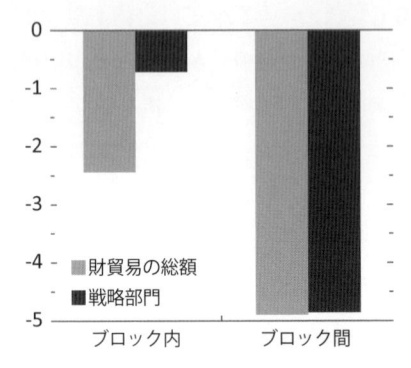

図3-1　ウクライナ侵攻の貿易への影響

原出所：Trade Data Monitor; and IMF staff calculations.
出所：IMF ［2024：24］.

格差があること，希少材料や原子炉，航空機，ハイテク部門などからなる「戦略部門」では5倍以上もの格差があることである。

　分断傾向は貿易にとどまらない。図3-2にみられるように，世界の直接投資フローの対 GDP 比推移はリーマンショックによる「需要蒸発」を経た後においても明確に反転せず，2017年には2000年代の下限を割り込んでしまい，その後も低迷を続けている。ここできわめて印象的なのは，世界的なパンデミックの影響もあったにせよ，同指標が冷戦崩壊前の水準にまで落ち込んでしまったことである。

　以上は民間部門の越境経済活動の傾向を示すものであるが，これらにくわえて最近では，政府・中央銀行の保有する外貨準備の動向についても注目が集まるようになっている。

　2022年以降，金（ゴールド）と長期金利の関係は順相関といってよい状況になっているが（実質金利が上昇しているにもかかわらず，金価格が上昇している），この背景には，経済がインフレ局面に移行したという思惑のもとに金に資金が流入しているということもあるが，2010年代以降，公的部門が明確に金の買い越しに転じたという事実を無視できない。この傾向は

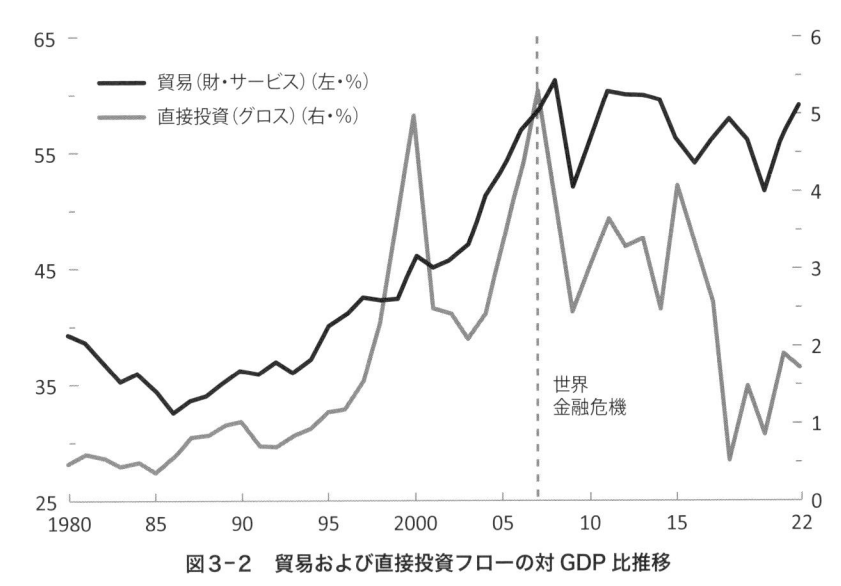

図3-2　貿易および直接投資フローの対 GDP 比推移

出所：IMF［2023：92］.

2024年現在においても反転しておらず，（右の金利環境をふまえると）むしろますます強まっているといわざるをえない。

　これらは経済制裁の一環として資産凍結や差し押さえが頻発するようになったことを明確に反映していよう［Arslanalp et al. 2023］[2]。このことと裏表の関係にあるのが，つい最近まで安定していると思われていた——米中摩擦の激化が喧伝されていた2010年代に 1 兆ドルを突破し，その後10年間この水準を維持し続けた——中国の米国債および連邦政府機関債の保有動向である。ブルームバーグの整理によれば（図3-3），2024年第 1 四半期の中国のネットフローはマイナス533億ドルだった。2000年以降最大規模のマイナスのネットフローは2015年第 3 四半期の約467億ドルだったので，これを上回る「記録的な規模」となった。2022年に 1 兆ドルを割り込んで以来，保有残高の減少ペースは加速している。

　もちろん，以上は，おおむね過去10年間という短い時間軸でみた傾向で

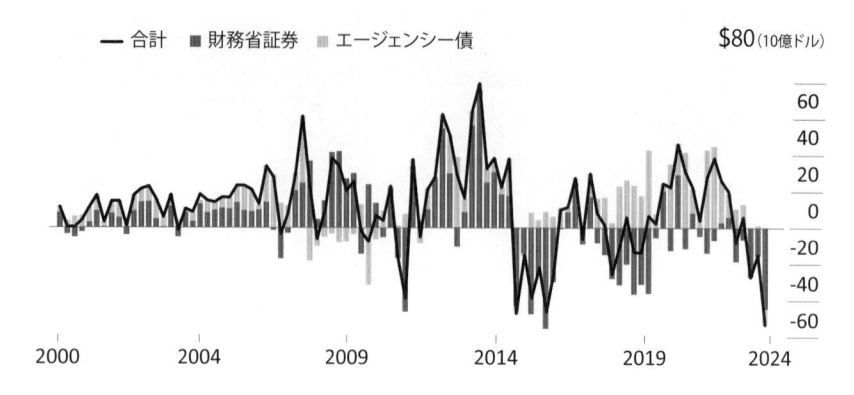

図3-3　中国の米国債・連邦政府機関債のネットフロー

出所：Kondo and Ouyang［2024］.

あり，また，（直近のトレンドをとらえるという点ではやむをえないのだが）多くはフローベースの事実をもとにしているにすぎない。さらに，2010年代に入って横ばいを続けているとはいえ，貿易開放度の絶対値は依然として高い水準を維持してもいる[3]。星野・阿原・前田［2024］のいうように，現実に進行しているのは，自由主義国が相互の関係を深めながら，非自由主義国との関係も維持する「多角化」に近いかもしれない。したがって，以上がより長期の時間的経過をともなって生じたポスト冷戦期の極端なグローバル化を覆すものであると即断することはできない。

　こうしたことから，ある種の経済学者は，世界経済の「分断」傾向を「パレート支配的な均衡」からの偶発的かつ短期的な逸脱であると考える。しかし，こうした想定はナイーブであり，簡単に元に戻るようなものではないと考えるのが，ある種の国際政治学者や国際政治経済学者の発想でもある[4]。筆者は，一方では，グローバリゼーションが完全に逆回転しているという評価はできないと考えるものの，他方では，事実にもとづき生じている変化を素直に評価すれば，後者のような評価を簡単に否定することもまたできないと考えている。いずれにせよ，問題は，直接的には政治的合理性の次元から

生じていると考えられるため，過去の経済的現実のみを前提して事態を評価することは不十分であろう。そこで，次に視点を政策領域に目を移そう。

2．通商政策の変貌
——ネットワークの政治的統治という21世紀の保護主義

ポストパンデミック時代における政策の変貌において，もっとも象徴的なもののひとつが第1次トランプ政権に典型的に見出されるような国際主義的な通商政策の相対化ないし否定であることは疑いない。しかし，この変貌は産業ナショナリズムへの単純な逆戻りでもない。では，一見単純な保護主義への逆戻りにみえる通商政策の変貌をどのように理解すればよいのか。まず，現代の産業において GSC の果たす役割を確認するところからはじめよう。

2.1　GSC を前提とした産業の発展

国際事業活動のガバナンスには，直接投資をともなう非出資形態のガバナンスと直接投資をともなわないガバナンスがある。いいかえれば，企業は，独立企業間貿易，持ち分法適用会社の活用，M&A やグリーンフィールド投資による完全支配子会社の設立（直接投資）といったさまざまな手法を組み合わせて国際事業活動を行っている。

いま，ある産業における直接投資の役割を客観的に把握しようと思えば，「ある産業における直接投資が総直接投資に占める割合」と「その産業の貿易が総貿易に占める割合」の比をとればよい。これは，ある産業が，内部化された国際事業活動にどの程度より強く，あるいはより弱く依存しているかを示す［UNCTAD 2020：133］。また，直接投資をともなわない非出資形態の国際事業活動を定量的に把握するための指標は存在しないが，UNCTAD［2011］は，受託生産やサービス・アウトソーシング，フランチャイジングを活用する主要な産業（エレクトロニクス，自動車，医薬品，衣料品・靴，BPO サービス，フランチャイズチェーン，半導体）の主要受託請負業

表3-1　バリューチェーンのガバナンス

	直接投資の強さ	非出資の強さ
	FDIシェア対貿易シェア	非出資形態の普及率（5分位）
一次産業		
農業関連	0.2	3
採掘	2.0	2
製造業		
食品・飲料	1.4	3
繊維・アパレル	0.1	5
製薬	2.2	4
化学	0.9	2
自動車	0.5	2
機械・機器	0.4	4
エレクトロニクス	0.2	4
サービス		
卸売・小売	1.1	2
輸送・物流	0.8	4
金融サービス		1
ビジネスサービス	1.3	1
平均	0.8	3

出所：UNCTAD［2020: 134］にもとづき筆者作成。

者を整理するなどして定性的な把握を試みている。

　表3-1は，UNCTADが，こうした作業を経て，国際事業活動をおこなう主要な産業における直接投資をともなうガバナンスと非出資形態でのガバナンスの影響力を整理したものである。これによると，直接投資にともなうガバナンスの影響力が平均を下回り，かつ非出資形態のガバナンスが強い影響力をもつ（平均を上回る）産業は，「繊維・アパレル」，「機械・機器」，「エレクトロニクス」の3産業である。

　「機械・機器」や「エレクトロニクス」のような機械工業は受託製造業の発展が著しい産業の典型であり[5]，同時に現代の産業発展において主導的な役割を果たしている。つまり，現代の産業はGSCを前提して発展してきたのであり，これを1960年代以前のようなフルセット型の産業構造に逆戻りさせることはきわめて非現実的である[6]。

2.2　GSCへのエクスポージャーと私的経済主体のマネジメントの限界

　もっとも，前節でみたように，ポストパンデミック時代において焦点となっているのはGSCの成立する前提であった政治的環境そのものだから，国境を越えて分散するサプライチェーンをそのままにして事業を継続することも著しいリスクをともなう。そこで，GSCのマネジメントが産業／企業にとっての焦眉の課題となるのだが，結論的に言えば，地政学的緊張が高まっている現在においても，産業ないし企業次元でとりうる対応策は，大災害等への事前の対処策として過去に積み上げられてきたものと本質的な違いはない（というよりも，それ以上のことは産業／企業の次元ではできない）。

　すなわち，これまでも複雑化し，長く伸びたサプライチェーンが高いリスクを抱えていること自体は意識されてはきた［Lewin and Peeters 2006］。たとえば，日本の東日本大震災／原発災害［森原 2012］やタイの大洪水などはそのきっかけになった。しかし，新型コロナウイルスの感染拡大に起因する世界的なパンデミックは，複雑化，長大化したサプライチェーンのはらむリスクにあらゆる経済主体を向き合わざるをえなくさせたという点で画期をなした［Antràs 2020；Javorcik 2020］。

　しかし，こうした対応では地政学的なリスクないし不確実性を完全に除去することはできない（そもそも地政学的緊張にともなう損害の発生可能性は保険計算になじまず，「リスク」というべきではない）。すなわち，リスクや不確実性の源泉は特定国・地域への生産拠点の過度な集中にあるのだから，もしこれを軽減したいのであれば，サプライチェーン全体の再構築が必要になるのである。これには産業／企業次元の対応では限界があり，政府による一定の介入が不可避になるだろう。

2.3　ネットワークの政治的統治へ

　こうした動きの具体的なあらわれが，アメリカのバイデン政権の掲げた「レジリエントなサプライチェーンの構築」である[7]。Farrell and Newman

［2019］は，ネットワークにおける個々のノード（結節点）は均一の役割を果たすわけではなく，ある種のノードが「ハブ」としての役割を果たすことに注目し，このハブの地政学的な含意を引き出そうとした。すなわちハブを掌握する国家は特定の対象をネットワークから排除できる「チョークポイント」を握っていることを意味し，また，こうした国家はネットワーク全体を監視できる「パノプティコン効果」を享受するだろう。

　バイデン政権のアプローチの特徴は，GSC それ自体を否定するのではなく，GSC のチョークポイントを分析し，それへのエクスポージャーを政治がコントロールするという点にある。これは輸出管理政策の役割を重視し，それを現代的に再定義しようとした第1次トランプ政権およびバイデン政権の取り組みに端的にあらわれていよう。

　バイデン政権が輸出管理規制を抜本的に強化した2022年10月の直前，ジェイク・サリバン（Jake Sullivan）大統領補佐官（国家安全保障担当）は，「輸出管理については，特定の重要技術において競争相手より『相対的』な優位性を保つという長年の前提を見直す必要がある。これまでは，数世代先の水準を維持する『スライド制』アプローチをとってきた。それは，現在，我々が置かれている戦略的環境ではない」［The White House 2022］と述べ，ポスト冷戦の20年間にみられた機微技術の国外依存を否定した。「極端なグローバル化」の時代にあっては，GSC へのエクスポージャーを“政治が”コントロールするという発想自体が否定されたのだから，バイデン政権のアプローチの独自性はこの点に見出されなければならない。

　一方，こうした対応は，グローバル化の全面否定ではない。経済的相互依存の進む現実を「ハイ・ポリティクス」がいかに管理し，また適応するか，という視角からのアプローチである。やはりサリバン補佐官の演説を引用しておこう。かれは，「通商政策は関税削減以上のものである」と述べる一方で，次のようにも指摘する。「一方で，すべてを国産化することは現実的ではないし，望ましいことでもない。我々の目的は自給自足ではなく，サプライチェーンのレジリエンスと安全性である」［The White House 2023］。

かつて，アルバート・ハーシュマンが『国力と外国貿易の構造』で経済のもつ外交的・軍事的意味を検討した際に念頭にあったのは二国間における通商（おもに貿易）の遮断であった［森原 2023：注10を参照］。しかし，生産のグローバル化が進み，GSC が一般化した現代においては，ネットワークからの排除が外交や安全保障における経済の役割になる（「経済安全保障」）。したがって，GSC のマッピングは，たんなる政策執行上の実務的課題以上の意味をもちうる。また，そうした観点から，官僚機構の役割を見直して大規模な投資を行う必要があり（ネオリベラルな市場主義的な考えは，規制や監督に関する政府機能を切り捨ててきた），経済と安全保障を区別してきた伝統的な障壁を取り除く必要があるとされる（政府の役割の再定義／復権）。

3．産業政策の復権
──ワシントンコンセンサスから新ワシントンコンセンサスへ

3.1　産業政策復権の様相

通商政策が国際主義と距離を置く形で変貌するのと対をなす形で，主要国で産業の創出・強化を念頭に置いた産業政策が復権している。ポスト冷戦の20年間において産業政策は「名前を言ってはならない政策」［Cherif and Hasanov 2019］とまでされてきた。すなわち，いわゆるワシントンコンセンサスの風靡の下で産業政策は「成長政策」に置き換えられ，対外的には貿易や資本移動，為替の自由化が，対内的には規制改革や労働市場改革が推奨された。そして，各種生産要素市場の流動化こそが産業高度化をもたらすと考えられてきた。

ワシントンコンセンサスを推進してきたのはおもにアメリカだったが，しかし，そのアメリカ自身も産業政策の復権に前のめりになっているのが現状である。前出のジェイク・サリバン米大統領補佐官の演説によれば，これはワシントンコンセンサスに代わる「新ワシントンコンセンサス」であるとい

表3-2 政府介入のあり方をめぐる政治的言説

ワシントンコンセンサス	新ワシントンコンセンサス	北京コンセンサス
①財政規律	①現代的な産業戦略 ・戦略的産業に対して，的を絞った公的支出を行い，産業育成を促進	①イノベーション中心の発展
②所得再分配の抑制		②経済的成功は，一人当たりGDPではなく，その持続可能性と平等度によって評価される
③費用対効果を考慮した公的支出	・ここでいう「戦略的産業」とは，国家安全保障の観点からみて戦略的な産業	
④課税ベースの拡大と限界税率の低減	・民間だけでは国家の目標を実現できない分野に公的支援を行う	③対米自律の確保 ・ワシントンコンセンサスへの対抗
⑤金利の自由化		・自らの判断でグローバリゼーションに参加する
⑥為替の自由化	②同盟国，同志国との連携 ・サプライチェーンの強靱化や気候変動対策において同盟国と協力	・ソフトパワーによる影響力確保
⑦貿易および対内直接投資の自由化		・非対称能力にもとづく対米関係の構築
⑧国有企業の民営化	③革新的な貿易協定 ・関税撤廃に代わり，サプライチェーン強化や労働権，環境権保護などに焦点を当てた協定を締結	
⑨参入・退出規制の緩和		
⑩財産権保護	④発展途上国に対する支援 ・透明性や持続可能性の高い融資を行い，発展途上国の開発を支援	
	⑤対中輸出・投資規制 ・重要技術の流出を防ぐ ・デカップリングではなくデリスキング	

出所：ワシントンコンセンサスについては，Williamson［1990］を，新ワシントンコンセンサスについては，The White House［2023］を，北京コンセンサスについては，Ramo［2004］をそれぞれ参照。

う（表3-2）。とくに関心を引くのは，国家安全保障の観点からみて「戦略的」な産業に対して公的支援を厭わないということである。冒頭で触れたように，こうした観点からアメリカ政府は大規模な財政出動をともなう産業支

援策を実行している。

こうした潮流は日本も無関係ではない。それどころかむしろ，日本はこうした潮流のメインプレーヤーの一人であるというべきである。たとえば，日本政府は2022年5月に経済安全保障推進法を成立させ，あらたに担当大臣を新設するなどして，政府全体で経済安全保障を基軸とした政策の展開を図ろうとしている[8]。民間大企業もこうした政府の動きに呼応して経済安全保障に関係する部署を新設している。経済安全保障を名目にする形で官民連携が大規模に復活しているのが現状である。

3.2　産業政策復権の背景

では，なにがこうした潮流の背景にあるのか。第1は，財政政策の復活にともなう政府関与の再評価が挙げられる。1990年代以降，新自由主義的政策潮流の一般化やワシントンコンセンサスの下で，マクロ政策における財政政策への評価は，すくなくとも政策規範という点では，著しく低くなった。そして，財政政策による政府介入の代わりに景気変動の調整役を期待されたのはもっぱら金融政策であった。日本の「量的緩和政策」をはじめとした非伝統的政策に典型的にみられるように，1990年代から2000年代にかけて金融政策をめぐる政策パラダイムは「充実」してきた。

しかし，2008年の世界金融危機を境に低金利と量的・質的緩和を組み合わせた金融政策依存のマクロ政策運営は大きな試練に直面することになった。主要国は日本の採用していた非伝統的金融政策を全面的に採用することによって危機を乗り越えようとしたが，アメリカ政府の自動車産業救済策のように財政出動を容認する動きも出てきた。そして，2020年に新型コロナウイルスによるパンデミックが生じると，各国は一気に財政出動に舵を切ることになった（2020年末時点のIMFの集計ベースでは世界全体で14兆ドルに達した）。パンデミックによる供給制約に金融政策だけで立ち向かうのは無理があるからである。政府の経済過程への介入という点では，財政政策はもっともインパクトが大きい。そして，その再評価が政治的なレベルでも行

われたことが，政府の積極的介入全体への再評価のきっかけとなったわけである。

　ただし，以上は政府介入全体への再評価の契機ではあっても，産業政策への再注目それ自体を説明できるわけではない。そこで第2に注目すべきことは，「地政学的緊張」とか「大国間競争」などと呼ばれる「経済安全保障」強化の動きである。これは，「エコノミック・ステイトクラフト」とも呼ばれ，産業への政府介入を正当化する主要な言説となっている（「ステイトクラフト」は国家の統治技能ないし技法というほどの意味である）[9]。

　同概念の現代的初出は通商摩擦の激化した1980年代に求められ，文献的にはしばしばBaldwin［1985］に言及されるが，さしあたりここでは，「軍事的措置を支援するための経済政策」ではなく，「軍事力によらず経済力によって直接『ターゲットの行動・思想の変容』をもたらそうとする」［中村2020：128］外に向かっての国家の行動として理解しておきたい。

　第3の背景は，第3次AIブームや気候変動問題のように，巨額の固定費が必要とされるものの初期時点で消費需要が不分明な領域が複数台頭していることや，ポスト冷戦20年間に常識化した極端なグローバル化が踊り場に直面していることが挙げられよう。つまり，一方では資本がほとんど包摂できていなかった領域（＝人間の認知，コミュニケーション，情動）や資本が包摂を拒否していた領域（＝自然環境）への取り組みが急務になっており，他方では前時代に空気のように自明視していた市場を支える制度的条件を前提できなくなっている中で，政府がビッグ・プッシュを加え，市場に代わる調整役を果たすことが期待されるようになっているのである。

　先述のように，日本は世界的な産業政策復権の流れにおいて主要なプレーヤーの一人である。表3-3は，経済産業省産業構造審議会が産業政策の変遷を整理したものである。同表は産業政策の内容を，①「伝統的産業政策」，②「構造改革アプローチ」，③「経済産業政策の新機軸」という3段階に区分しており，現在は③が展開されているとする。2023年6月開催の経済産業政策新機軸部会が「行きすぎた新自由主義の考えの下で，民間の制約を取

表3-3　経済産業省による産業政策の変遷の整理

	伝統的産業政策	構造改革アプローチ	経済産業政策の新機軸
目的	特定産業の保護・育成	市場環境整備を特に重視	多様化する中長期の社会・経済課題の解決（「ミッション志向」）
理論的根拠	「市場の失敗」の是正 幼稚産業保護	市場機能の重視 「政府の失敗」を懸念 クラウド・アウトの回避	不確実性への対応（政府による市場の創造） 「政府の不作為」の懸念（政府もリスクを負う「起業家国家」） クラウド・イン（民間投資を呼び込む政府資金）
政策のフレームワーク	ミクロ経済政策（供給サイド） 官主導 〜過当競争の防止〜	ミクロ経済政策（供給サイド） 民主導 〜競争の促進〜	ミクロ経済政策とマクロ経済政策の一体化（需要と供給の両サイド） （ワイズスペンディング，生産的政府支出（PGS）） 意欲的な目標設定，産官学連携，規制・制度，国際標準化，民間資金の誘導， 国際連携等，イノベーティブな社会環境の整備に向けて政策ツールを総動員
技術開発	応用・実用化志向	基礎研究志向（ただし規模は不十分）	野心的・劇的イノベーションの創出（「ムーンショット」）
政策の評価軸	先進国の産業や技術へのキャッチ・アップを基準にした評価	短期的・厳格な費用効果分析に基づく事前評価重視	失敗を恐れずスピーディーに挑戦，失敗から学習（「フェイル・ファスト」） 技術のスピルオーバー，学習効果，人材育成等の副次効果も含めた総合的・多面的な事後評価重視
製造業の位置付け	製造業の振興・保護 最終製品重視	製造業の相対的地位の低下	設計・生産プロセスのデジタル・トランスフォーメーション サービス業まで含めたサプライチェーン／バリューチェーンの重視
財政出動	中規模・中期	小規模・単発・短期	大規模・長期・計画的

出所：経済産業省［2021：12］をもとに筆者作成。

り除く市場環境整備策が取組の中心となり，新たな価値創出に向けた取組が，結果として不十分になったことは否定できない」（経済産業省産業構造審議会経済産業政策新機軸部会 2023：4］と明言しているように，ここでは産業調整における政府の役割が明確に意識されているのである。

おわりに

以上，本章では，ポストパンデミック時代における国際経済秩序の特徴を踏まえたうえで，通商政策と産業政策という対外・対内双方の経済産業政策において，政府介入が正当化されている現状を整理してきた。通商政策は国際主義と距離を置く傾向がみられるが，それは単純な産業ナショナリズムへの復帰ではなく，「ネットワークの政治的統治」という点に特徴があった。産業政策の復権は政府主導の産業調整を正当化するものだが，GSCの政治的統治という観点からこの試みの意味を挙げるとすれば，それは，ネットワークのチョークポイントとなるべき産業や技術の国外依存を減らし，新規に創出することにあるといえるだろう。

本章執筆時点の2025年において，先進国におけるポピュリスト的傾向や新興国・途上国におけるナショナリズム要求が消失する兆しはない。むしろ一度極端なグローバル化を経験したうえでこうした動きが生じているという事実をふまえると，こうした傾向は中期的に継続する可能性のほうが高い。しかし，我々が直面している課題は，気候変動など地球物理学的危機であり，感染症の拡大懸念のような社会生態学的危機である。この種の課題が一国的に克服できるものではないことは，新型コロナウイルスのパンデミックで経験済みでもある。

ポスト冷戦20年間における極端なグローバル化は，一方では市場の役割の過剰一般化や政府の役割の過小評価につながり不平等の拡大をもたらしたが，他方ではかつてユルゲン・ハーバーマスの指摘した「世界社会の立憲化」の基礎的な条件をつくりもした。グローバルな協調の必要性はいささかも減じていない。政府の役割を正当に評価しつつ，公正で効率的なグローバル化も追求することは依然として重要である。足元で進行している事態をこのような目的のために「換骨奪胎」していくことが我々に求められている課題であるように思われる。

〔注〕

1）あえてカッコつきで「分断傾向」と表現しているのは，現時点においては，筆者は，冷戦時代の「封じ込め」が復活しているとか，世界経済が完全な分断（デカップリング）の道を歩んでいるとは考えていないためである。

2）最近では，ビットコインのような暗号資産も「制裁リスクヘッジ」のために活用しうる，との論説も発表されている [Ferranti 2023]。

3）Aiyar et al. [2023] による超長期の時間軸での貿易開放度の推移を参照せよ。

4）以上，たとえば，Solingen ed. [2021] を参照せよ。

5）エレクトロニクス産業における EMS（Electronics Manufacturing Service）の活用の意味については，Morihara [2022] を参照されたい。

6）なお，表３−１は，国際生産の実態は産業ごとに相当大きな違いがあることも示唆する。製薬産業がその好例である。製薬産業は定性的指標では非出資形態のガバナンスの影響力が強い。それは受託製薬事業者の活用が一般化しているからだが，出資によるガバナンス（直接投資）の役割もきわめて大きい。これは，エレクトロニクス，機械・機器，繊維・アパレル産業と比べたときの製薬産業の顕著な特徴である。

7）バイデンのアプローチをそれ以前の政権の対中政策と切り離して理解することは正しくない。たとえば，アメリカが半導体の対外的なエクスポージャーについて真剣な対応を始めたのは2018年の ZTE への禁輸措置だったとする評価が一般的である [Lin 2020]。これはトランプ政権期の決定である。

8）日本政府は，2021年11月に開催した第１回経済安全保障推進会議において，法制上の手当てを講ずることによりまず取り組むべき分野として，①重要物資や原材料のサプライチェーンの強靭化，②基幹インフラ機能の安全性・信頼性の確保，③官民で重要技術を育成・支援する枠組み，④特許非公開化による機微な発明の流出防止の４つを提示した。

9）たとえば，日本国際政治学会は2022年の学会機関誌の特集で「エコノミック・ステイトクラフト」を取りあげている [日本国際政治学会編 2022]。また，国際的にみると，WTO とケンブリッジ大学の発行する World Trade Review 誌が2021年の20周年記念号において「エコノミック・ステイトクラフトと21世紀のグローバル貿易」と題した特集を企画している [Aggarwal and Reddie 2021]。

〔参考文献〕

経済産業省 [2021]「第28回産業構造審議会総会資料　経済産業政策の新機軸──新たな産業政策への挑戦」６月４日。

経済産業省産業構造審議会経済産業政策新機軸部会 [2023]「経済産業政策新機軸部会第２次中間整理」６月27日。

中村直貴 [2020]「経済安全保障──概念の再定義と一貫した政策体系の構築に向けて」

参議院常任委員会調査室・特別調査室編『立法と調査』(428)，10月。

日本国際政治学会編 ［2022］『検証　エコノミック・ステイトクラフト　国際政治　205 号』有斐閣。

星野卓也・阿原健一郎・前田和馬 ［2024］「世界経済の分断はどこまで進んだのか？──『ヒト』・『モノ』・『カネ』 の観点でみる現在地」 第一生命経済研究所『Economic Trends』10月18日。

森原康仁 ［2023］「多国間主義の逆行現象と極端なグローバル化の修正」『専修経済学論集』58(1)，7月。

──── ［2012］「サプライチェーンの混乱と震災復興政策」『資本と地域』(8)，3月。

Aggarwal, V. and A. Reddie ［2021］ "Economic Statecraft in the 21st Century: Implications for the Future of the Global Trade Regime", *World Trade Review*, 20(2), pp.137-151.

Aiyar, S., J. Chen, C. H. Ebeke, R. Garcia-Saltos, T. Gudmundsson, A. Ilyina, A. Kangur, T. Kunaratskul, S. L. Rodriguez, M. Ruta, T. Schulze, G. Soderberg, and J. P. Trevino ［2023］ Geoeconomic Fragmentation and the Future of Multilateralism, IMF Staff Discussion Notes No.2023/001, January 15.

Antràs, P. ［2020］ "De-Globalisation?: Global value chains in the post-COVID-19 age", Working Paper No.28115, Cambridge, MA, National Bureau of Economic Research.

Arslanalp, S., B. Eichengreen, and C. Simpson-Bell ［2023］ Gold as International Reserves: A Barbarous Relic No More?, IMF Working Paper WP/23/24, January.

Baldwin, D. ［1985］ *Economic Statecraft*, Princeton, NJ., Princeton University Press.

Farrell, H. and A. L. Newman ［2019］ "Weaponized Interdependence: How Global Economic Networks Shape State Coercion", *International Security*, 44(1), 42-79.

Ferranti, M. ［2023］ "Hedging Sanctions Risk: Cryptocurrency in Central Bank Reserves", May 3, SSRN: https://ssrn.com/abstract=4446490

Cherif, R. and F. Hasanov ［2019］ "The Return of the Policy That Shall Not Be Named: Principles of Industrial Policy", IMF Working Paper, 19/74, pp.1-79.

IMF ［2023］ *World Economic Outlook 2023 APR*, Washington, DC, International Monetary Fund Services.

──── ［2024］ *World Economic Outlook 2024 APR*, Washington, DC, International Monetary Fund Services.

Javorcik, B. ［2020］ "Global supply chains will not be the same in the post-COVID-19 world", in Baldwin, R., and S. Evenett (eds.), *COVID-19 and Trade Policy: Why Turning Inward Won't Work*. VoxEU CEPR Policy Portal, https://voxeu.org/.

Kondo, M. and I. Ouyang ［2024］ "China Sells Record Sum of US Debt Amid Signs of Diversification", *Bloomberg*, May 16.

Lewin, A. Y., and C. Peeters [2006] "Offshoring Work: Business Hype or the Onset of Fundamental Transformation?", *Long Range Planning*, 39(3) : 221–239.

Lin, L. [2020] "Tech War with U.S. Turbocharges China's Chip-Development Resolve", *The Wall Street Journal*, November 16.

Morihara, Y. [2022] "Vertical dis-integration and vertical re-integration: Limits to the modern production system", in R. Desai, ed. *International Economic Governance in a Multipolar World*, New York, NY: Routledge, chap. 4.

Ramo, J. [2004] *The Beijing Consensus: Notes on the New Physics of Chinese Power*, London: Foreign Policy Centre.

Solingen, E. ed. [2021] *Geopolitics, Supply Chains, and International Relations in East Asia*, Cambridge: Cambridge University Press.

The White House [2022] "Remarks by National Security Advisor Jake Sullivan at the Special Competitive Studies Project Global Emerging Technologies Summit" September 16.

―――― [2023] "Remarks by National Security Advisor Jake Sullivan on Renewing American Economic Leadership at the Brookings Institution", April 27.

UNCTAD [2011] *World Investment Report 2011: Non-Equity Modes of International Production and Development*, New York, NY: United Nations Publications.

―――― [2020] *World Investment Report 2020: International Production Beyond the Pandemic*, New York, NY: United Nations Publications.

Williamson, J. [1990] "What Washington Means by Policy Reform", in J. Williamson (ed.), *Latin American Readjustment: How Much has Happened?*, Washington, DC: Institute for International Economics.

第4章
現代資本主義の展開と
コロナパンデミック等の歴史的位相

宮嵜 晃臣

1. コロナパンデミック，ロシア・ウクライナ戦，米中対立が映し出した実態

　コロナパンデミック等が経済社会に与えたインパクトを第二次世界大戦後の現代資本主義の歴史的展開の中にどのように位置づけることができるのか，このことが本章に与えられた課題である。時期的に考えると，コロナパンデミックのインパクトと前後して「米中新冷戦」と呼称されるような対立とロシアによるウクライナ侵攻が出来しており，現代資本主義に与えたインパクトを考える際にはこの両者についても視野に収める必要があろう。なぜなら，この3者は現代社会のキーデバイスとなっている半導体の動向に影響を及ぼしながら，半導体の動向がこれら3者にも影響を及ぼしているからである。

　コロナパンデミックによってグローバルサプライチェーンが寸断され，自動車部品，電子部品・デバイスの供給制限が顕在化し，ことに半導体のそれが各国経済に重くのしかかった。

　WHOの緊急事態終了宣言の約1年2カ月前の2022年2月24日にロシアがウクライナに侵攻した。この侵攻はコロナ禍下の供給制限と相まって資源・食料を中心にインフレを促進し，サブプライム・リーマンショック後に世界的規模で広がった大規模な金融緩和政策からの転換をもたらすだけでなく，コロナ禍下のリモート化で生じていた半導体の需要とは別の新たな需要

をつくりだすことになる。GPS を内蔵した誘導弾，偵察機能だけでなく攻撃機として猛威を振るうこととなったドローン，さらには「魔法使いの戦争」をもたらす AI システムも用いられることになったのである[1]。

　ロシアのウクライナ侵攻，イスラエルのガザでのジェノサイドは，半導体がデュアルユースにわたってキーデバイスになっている状況を顕わにした。米欧から供給され，猛威を発揮するスマート弾，兵器ドローン，戦術 AI のどれもが先端半導体を不可欠にし，それが調達できないロシア兵器が家電製品に組み込まれているレガシー半導体を代用している。半導体のこの保有格差が戦線の優劣をも決する要因になった。そしてこの先端半導体の多くが台湾，韓国から供給されている現状がその危険性とともに認識されるようになったのである。「台湾有事」が声高に叫ばれるようになったのには一つに回路線幅 7 nm（ナノメートル）以下でことに認知されるようになった半導体の供給は TSMC が優勢に進めているからであり，もう一つに急速に中国が脅威として認識されるようになったからである。加えて TSMC の海外工場は中国にもあり，2009年に南京と松江に設立された工場は当時最先端であった16nm プロセスで（王［2023］，271頁）あったことも中国脅威と台湾有事が重ねられて喧伝される要因となったのである[2]。

　米国の対中制裁の発端はそれ以前に，別の脈絡から発せられた。それは第 1 次トランプ政権下の対中貿易制裁である[3]。2018年 7 月に半導体を含む818品目に25パーセントの追加関税を課したのを機に，計 4 回の追加関税措置を発動した。当初のその目的は貿易赤字解消にあったが，米企業のオフショアリング，アウトソーシング，したがってイントラ貿易によってコンピュータ・周辺機器，情報通信機器，半導体デバイスの供給を中国に大きく依存している現状のなかではこのマクロ政策の有効性は乏しく，グローバル企業が核となるグローバルサプライチェーンから中国を分離（デカップリング）するためには中国企業への輸出禁止措置を必要とする展開となった。5 G の基地局，スマートフォン，あるいは自動車の自動運転システムで急速に成長するファーウェイに，4 G での諜報活動を推進してきたアメリカゆえ

に警戒を深めることもあって，禁輸措置の最大の標的となったのはこの
ファーウェイであった。2019年1月に米司法省がファーウェイおよび関連
会社を技術窃取と対イラン制裁違反で起訴し，法的にはこれが輸出管理エン
ティティリストへのファーウェイ追加の基盤となった（戸堂［2023］，105
頁）。輸出管理の根拠法は1979年に失効した輸出管理法であり，それを
2018年に再立法化し（春日［2021］，33頁），NDAA（国防授権法）2019
に盛り込まれ，米「商務省は2019年5月と8月のエンティティリスト拡大
を通じてファーウェイとその関連会社への米国製半導体やEDAツールなど
の輸出を禁止し，さらに2020年5月には外国直接製品ルール（Foreign Di-
rect Product Rule）を通じ海外にも管轄権を広げることで，海外の米国製
造装置を使用する企業に対してもファーウェイや関連企業に半導体を販売す
ることを禁じ，抜け穴を塞いだ」（戸堂［2023］，105頁）。また同年「12月
にEL〔エンティティリスト〕に60の中国籍事業体が追加され，……SMIC（中
芯国際集積電路製造）と関連企業10社への装置および材料の供給も規制の
対象であることが明らかになった」（春日［2021］，33頁，〔　〕内筆者注）。
　中国をグローバルサプライチェーンから分離するためには，コンピュー
タ・周辺機器，情報通信機器，半導体デバイスの供給を中国に依存しない構
造を，ファーウェイ，ハイシリコン，SMIC等の中国ハイテク企業の開発力，
生産力を輸出禁止によってその発展を妨害しつつ構築する必要があり，米国
では2021会計年度国防授権法（NDAA）の一環として「CHIPS法」[4]を成立
させ，その予算措置を講じる中で科学分野の研究開発向けの条項も盛り込ま
れ，バイデン政権下の「2022年8月に，CHIPSおよび科学法（CHIPSプラ
ス法）が成立した。バイデン政権は同法を通じて，今後5年間で連邦政府機
関の基礎研究費に約2000億ドル，国内の半導体製造能力の強化に約527億
ドルを充てることを決定した」。米国では同法に基づき，「総額527億ドル（約
8兆円）を米国内で半導体製造拠点を新増設する企業などに振り向ける」
（JETRO［2023］）とされ，このような動きは他の地域・国でも展開されて
いる。

　「欧州連合（EU）は23年に欧州半導体法を成立させた。30年までに官民で430億ユーロ（約7兆円）を投資する。韓国は23日に総額26兆ウォン（約3兆円）規模の半導体産業支援策を準備したと発表した。日本も半導体工場などの支援を加速しており，過去3年間の予算措置の合計額は3.9兆円に達した」と報じられている（日本経済新聞2024年5月28日）。

　コロナパンデミックによって，医療用フェイスシールドや医療用マスク，医療用防護服さらには一般マスクも極端に不足し，それらはその生産が中国に多くを依存している現実が広く知られるようになった。さらに時間の経過とともに，瞬間湯沸かし器から自動車まで生産が滞るようになり，その原因が半導体デバイスの供給制限にあり，先端半導体を含む半導体の多くも中国にその生産が集中している現実が認識されるようになった。またそれだけでなく，5G通信網でのファーウェイの存在の脅威も認識され，これら中国の情報通信機器事業体，半導体事業体への米国企業からの輸出禁止措置だけに止まらず世界的な規模でIPベンダー，EDAベンダー，半導体製造装置・同部品メーカー，材料メーカーにも同様の手立てが採られたのである。グローバルサプライチェーンからの中国の分離をこれら輸出禁止措置によって実現するだけでなく，これまでのグローバル企業のオフショア戦略，アウトソーシング戦略を国家が改め，半導体デバイス生産の国内回帰（リショアリング）を国家が先導するものとなったのである。

　そこでこのコロナパンデミックならびにそれに前後するロシアのウクライナ侵攻および米中対立のインパクトを新自由主義的な枠組みだけでなく，戦後世界体制の中で実現された現代資本主義の展開の中で位置づけるとどのようになるのか，時間軸を戦後のなかに設定して考えてみたい。米中関係はChimerica (Fergson [2007]) と規定されるような米中相互依存関係が形成され，それが新冷戦とも呼ばれるような対立構造になったのであるが，単に二国間の問題ではなく，エレクトロニクスとりわけ半導体の分野においては東アジアが先進工業諸国を凌駕するニューノーマルのなかで生じているので，本章ではこのニューノーマルの歴史的位相についても言及していきたい。

2. 福祉国家の下で実現された高度経済成長と東アジア工業化の出発点

2.1　福祉国家の下で実現した高度経済成長

　第二次大戦後の世界経済の発展は福祉国家の下で耐久消費財量産型産業が基軸となって実現された。福祉国家の原型は両大戦間期にワイマール共和国，ニューディール政策，ビバレッジレポートによって現れ，戦後には日本にも福祉国家は形成されることとなる。福祉国家の歴史的規定性を考えると，労働力の商品化を排絶することを目的とする社会主義が単なるイデオロギーとしてではなく，1917年にはロシアにおいて現実の国家として成立し，第二次大戦後に最大時で世界人口の3分の1にその勢力が拡大し，それへの対抗として資本主義国家が社会主義の諸要素を取り込むことを通して自己改造した体制が福祉国家である。政策としてその諸要素を考えると労働基本権の承認を核とする労働同権化，生存権の承認を核とする社会保障制度の整備並びに完全雇用達成を目的とするフィスカルポリシーの展開となる。

　労働同権化によって労働者の交渉力は高まり，賃金は上昇し，また社会保障の拡充によってその関係支出が増え，両者は経済成長に対して阻害要因としてはたらくようにも考えられるが，現実的には1950年代後半から60年にかけて先進資本主義国は「黄金期」の高度成長を実現した。高度成長の内容を見ると，成長を牽引した産業は「三種の神器」（白黒テレビ，電気洗濯機，電気冷蔵庫），「3C」（カラーテレビ，クーラー，カー）に示されているように家電製品，自動車等の耐久消費財量産型産業であり，この産業がきわめて福祉国家との親和性が高かったことが一要因となって高成長がもたらされた。というのも，耐久消費財量産型産業は「規模の経済」を目指し，大量雇用をもたらす一方で，労働同権化によって賃金も上昇しながらブルーワーカーの中間層化が実現され，社会保障制度の整備とも相まって分厚い中間層が形成され，基軸産業となった耐久消費財量産型産業を需要面で支えるもの

となったからである。企業も生産性を引き上げるため設備投資を行い，財政政策としても金融政策としても国家はこの設備投資を促進する政策を展開した。

　また福祉国家は，労働同権化を実現するために労働基準法，労働組合法，労働関係調整法を制定し，生存権との整合性から最低賃金法を，また職業安定法等の補完法も整備した。さらに金融では国民経済の安定を図るため金利規制，銀行業と証券業との業務分野規制等各種規制を採った。これらは福祉国家を維持するための枠組みとなっていたのである。

　黄金期の先進諸国の高成長はもちろん国民経済的枠組みだけで実現されたわけではない。そもそも第二次大戦後の西欧，日本の復興と成長はパックスアメリカーナの下で実現された。ドルを基軸通貨とし，各国通貨が対ドル固定相場の下で安定していた IMF 体制があって，復興，成長の国際的基盤が築かれた。この IMF 体制も第二次大戦を通してアメリカが世界の金準備の大半を集中したことにより，ドルだけが金とのリンケージ（金 1 オンス＝35ドル）を持つことができたゆえに成立した。それだけでなく，社会主義勢力の膨張に対して1947年にアメリカによって発動されたトルーマン・ドクトリン，マーシャル・プランにみられるように，米ソ冷戦下においてソ連ならびにその勢力を封じ込めながら，西欧の経済復興を支援し，他方で途上地域にも膨大な経済援助，軍事援助，軍事支出を行い，アメリカによるかかる膨大な「ドル撒布」の下で西欧，日本の経済成長は可能となったのである。

　このアメリカによる政府関係支出はアメリカによる貿易黒字で補塡されれば，その持続性は保証されるが，アメリカは1960年代に辛うじて貿易黒字を維持したものの，71年には赤字に陥り，76年以降は赤字が定着し，赤字幅は拡大するものとなる。西欧，日本の対米キャッチアップがアメリカ経済の停滞の大きな要因となったのである。その結果1968年には金プールが崩壊し，金の二重価格性が導入されながらも，71年には金とドルの交換が停止され，固定相場制としての IMF 体制は瓦解するものとなった。

2.2　東アジア工業化の出発点
──米国市場をめぐる米日エレクトロニクス企業間の競争

　高度成長期からすでに米国市場をめぐる米日エレクトロニクス企業間の競争が行われ，この競争は米国に産業空洞化の端緒となり，他面ではアジアの工業化を実現させるものとなった。20世紀最大の発明とされたトランジスタは1948年にベル研究所で生み出されたが，トランジスタラジオの量産は東京通信工業（ソニー）によって開始され，58年には輸出入取引法によって輸出最低価格が規制されるまでに日本製トランジスタラジオがアメリカ市場を席捲した。米ラジオ企業は自国市場を防衛するために，中国大陸からの亡命者によって安価な労働力が豊富で，英植民地下で自由貿易の香港において，1961年アービンが先鞭をつけ，66年には GE も加わってトランジスタラジオの米本国向けオフショア生産が開始された。さらに白黒テレビの日本からのアメリカへの輸出も，白黒テレビのアメリカ輸出市場で68年には85％を占めるにいたって，米テレビ企業は65年にフィルコ・フォードを先駆けに，67年にアドミラル，69年に RCA も台湾でテレビの本国持ち帰り型のオフショア生産を開始した。米エレクトロニクス企業がテレビの本国持ち帰り型のオフショア生産の舞台を台湾に選んだのは，香港より女子賃金が半分程度に安く，米電子部品メーカーGI（General Instrument）が1964年に台湾に先行して進出していたからであり，74年にはアメリカ輸入市場での台湾製テレビのシェアは71％に達し，日本製のそのシェアは19％に激減した。その対抗として日本エレクトロニクス企業は70年に馬山に輸出自由区が設置された韓国にアメリカ向けオフショア生産拠点を置き，韓国でカラーテレビ放映が開始される前にカラーテレビの生産台数は74年の３万台弱から78年には55万台強に増大し，そのうち52万台はアメリカに輸出された[5]。

　1982年の米商務省のベンチマーク調査では在アジアのアメリカ系子会社の製品販売先は現地が12.2％，第三国22.6％，本国が65.2％を占め，在アジア NIEs の子会社では本国向けが74.8％を占めていた。このように日本に

よる対米キャッチアップ過程においては，アメリカ市場をめぐる米日エレクトロニクス企業間の熾烈な競争が，アメリカ企業においてはアジアことにアジア NIEs において本国持ち帰り型オフショア生産の多国籍展開を，日本企業においてはアメリへの迂回輸出向けオフショア生産の多国籍展開を生み出したのであり，この両国企業間の熾烈なアジア NIEs での展開はアジアNIEs におけるエレクトロニクス産業の形成・発展をももたらすことに繋がったといえよう。

3．スタグフレーションによる新自由主義の台頭と　東アジアのさらなる成長

　高度成長は国民所得の向上に繋がれば国民負担（租税＋社会保険料）の増大負荷を相対的に軽減し，また設備投資の増大が生産性向上に繋がれば企業の賃金コスト上昇の相対的軽減をもたらし，それだけ福祉国家の負担を軽減し，福祉国家を支えるものとなった。しかし成長が鈍化すれば，福祉国家は国家財政にも，企業にも高コスト化するものとなり，賃金上昇とエネルギーコストの上昇と少品種量産の耐久消費財需要の一巡により，1960年代末から最終的には石油危機によって先進工業諸国はスタグフレーションに見舞われることとなる。

　不況と高インフレの併存により，これまでのケインズ主義的フィスカルポリシーは効かず，経済政策の主流はサッチャリズム，レーガノミックスの台頭により新自由主義政策に転換するものとなる。新自由主義政策は市場機能を重視し，福祉国家の下での諸規制を撤廃し，「小さな政府」を標榜し，企業や金融のグローバル展開を促進するものとなった。たとえば国際金融市場では，金利規制の撤廃を進める国の金融資本は国内の自由金利市場で資金調達し，金利規制撤廃が遅々として進まない国の金融資本は国内の低い規制金利で資金調達することになる。それゆえに金利規制撤廃が遅れている国の金融資本の方が低い貸し出し金利でも十分利鞘が稼げる，ある意味ではモラルハザードとして映るような事態が生じた。そこで1983年の「日米円ドル委

員会」が設置されたように，新自由主義政策を進める国は他国に対して金融規制の撤廃を迫ることも含みながら，金融資本の自由なグローバル展開を促進するものとなった[6]。新自由主義はグローバル展開を金融資本だけでなく，商業資本，製造業についても促進するものとなった[7]。

　また福祉国家の下ではものづくりも高コスト化し，海外競争力がその分低下する。海外生産の条件が整えば，それだけ海外生産移管が進むことになるが，国内でも競争力を維持するためには，労働市場の規制を緩和し，非正規雇用を製造業にも拡大する新自由主義的政策がこの分野でも顕著に進められた。日本では1985年に「労働者派遣法」が制定され，1999年7月に同法は改正されて適用業務がネガティブリスト化され，また職業安定法も一部改正され，2003年6月には「労働者派遣法」がさらに改正され，製造業への派遣解禁が可決され，2004年3月に施行された。

3.1　ポストスタグフレーション下で激化した米日経済摩擦

　スタグフレーションの克服過程において，日本の対米キャッチアップはさらに顕著となり，米日経済摩擦がレーガン期に抜き差しならぬ問題となった。スタグフレーションの主原因には労働コストとエネルギーコストの上昇ならびに少品種量産耐久消費財の需要一巡があり，日本企業は労働コストの上昇には省力化投資，エネルギーコストの上昇には省エネ投資を，また少品種量産品の需要一巡には多品種少量にて総体として大量生産という柔軟な生産方式で対応して，スタグフレーションの各要因の除去に成功した。MITによって「リーン生産方式」として評価された生産方式である。その結果，日本の製造業輸出は，ことにカラーテレビ，VTR，オーディオ等の民生用電気機器の対米集中豪雨的輸出をもたらし，1977年にカラーテレビをめぐって米日間市場秩序維持協定（OMA）が締結されるまでに先鋭化した。この事態は日本企業がME技術革新[8]の先発性利益をアメリカ市場においても実現した証であり，アメリカエレクトロニクス産業の空洞化をさらに進める結果をもたらすことになったのである。

　このME先発性利益を実現する以前から，日本の対米キャッチアップは虎の尾を踏む領域に達していた。まず電子計算機から汎用コンピュータへの発展領域においてIBMが1964年4月に発表したIBM360シリーズは，世界に先駆けて初めてIC（集積回路）を搭載し，そのことによって，360度の全方位をカバーしうるコンピュータの嚆矢となった。これに刺激され，富士通ではFACOM230-10を1965年3月に発表し，9月にFACOM230シリーズの体系を完成した。この機種にはICを搭載し，川崎工場において翌年8月にIC工場を竣工，操業を開始し，ICの自給体制を整えた。当初IBM360はICとトランジスタとの併用であったが，FACOM230シリーズでは全IC化を実現し，そのために4層さらには6層，8層，10層のプリント基板も拡充しながら，富士通はIBMのメインフレームOSと互換性を持つOSを搭載した互換機ビジネスを展開した。そこで1982年にIBMは富士通に知的財産権に関するクレームをつけ，秘密交渉を経て高額の対価を受けとったとされる。同年6月には日立と三菱電機の社員がおとり捜査によって知的所有権の侵害で逮捕され，翌年2月に司法取引で決着した。日立製作所側は，IBM秘密資料の日本への送付を認めて，罰金24000ドルを支払い，民事訴訟も10月に和解が成立し，「日立製作所側は，過去のIBMの知的所有権使用料として，3億ドルを支払」（青山［1988］，682頁）った。かかる紛争はその後半導体デバイス分野で，かつ政府間レベルで繰り広げられることとなった。日米半導体協定である。まずその背景に触れておきたい。

　1976年に通産省がNEC，富士通，日立製作所，三菱電機，東京芝浦電気，日電東芝情報システム，コンピューター総合研究所を糾合し，NECの中央研究所（川崎市宮前区）内に超LSI研究組合を設け，国費700億円が投じられ，EB直描装置，光学ステッパーが開発実用化された。また，日本電信電話公社電気通信研究所も1975年に体制を大幅に強化し，64Kb DRAMの実現を目的とするプロジェクトを立ち上げ，1977年には所内試作に成功し，こうした成果によりたとえば富士通は1985年には1Mビット DRAMを開発・実用化した。これについては従来平面的に構成されていたDRAMセル

を初めて立体構造として製品化することに成功し，これ以降，立体的セル構造が一般に使用されるようになり，DRAM の高集積化に大きく貢献したという。こうして日本は DRAM 大国に変貌することとなる。1988年の半導体の50.3％は日本によって供給されていた。日米半導体協定は1985年から政府間交渉が開始され，86年に締結され，DRAM 価格は米国政府が決定し，日本の半導体市場で外国メーカーのシェアを10％から20％に拡大することが課せられた。

3.2　グローバル企業のアウトソーシングと EMS，ファウンドリーの成長

　1981年に IBM が PC をモジュラー型オープンアーキテクチャで組み立てたことが嚆矢となり，その製造方法は米国内では Compaq による PC/AT 互換機生産からただちに台湾に広がった。

　日本製テレビの対米輸出から自国市場を防衛しようと米企業が台湾で本国持ち帰り型のテレビ生産を開始し，さらに日立製作所，フィリップスも参入，地場企業も加わり台湾が世界有数のエレクトロニクス産業国となる土台が形成された。政策的にも電子工業研究所（以下電子所）の前身である工研院電子工業研究センターが1974年に設立された。そして1980年には新竹科学工業園区も設置され，電子所は「IBM PC/XT 互換機を83年末に完成し，宏碁のほか……8 社に移転した」（水橋［2001］，23頁）[9]。しかしたちどころに IBM から著作権侵害と訴えられ，台湾政府の著作権保護対策は奏功したものの，台湾「模倣王国」のバッシングは続き，かえってそれで「台湾製の安いパソコンの存在が海外に PR され，台湾のパソコンメーカーに注文が次々に寄せられるようになった」（同，24頁）。しかし1989年後半以降台湾製 PC は売り上げが鈍化し，「91年 1 月には，最大手の宏碁（Acer）が400人のレイオフに踏み切り」（同，33頁）り，以後台湾 PC メーカーの多くは OEM（Original Equipment Manufacturing）に転換を遂げていった。もともとは自社ブランドを持つ台湾 PC が欧米の PC 企業と OEM 契約を交わして OEM

供給を果たしていくのに対して，自社ブランドを持たずに，製造を受託する EMS（Electronics Manufacturing Service）もモジュール化の進展という同じ理由で広くこの企業形態は出現することとなった。

　EMS の変遷をたどると，メガ EMS 企業の典型例は旧 SCI（Space Craft Inc.）システムズ（米）とソレクトロン（米）に見られた。SCI システムズは当初，NASA 向けのエレクトロニクス機器の開発・製造サービスを請け負っていたが，1970年代後半に NASA の宇宙計画の大幅な削減によって，コンピュータの製造請け負いに注力するようになり，IBM 向けのコンピュータ・ターミナルの製造委託に成功し，それが1981年の IBM のパソコン開発での，マザーボードの製造受託につながった。その後同社は大量生産製品のプリント基板にねらいを定め，EMS 企業としての量の拡大を基本戦略とした。しかしパソコンから通信部門へのシフトが迅速に実現しえなかったことに起因して，売上高ランキングでは98年度にナンバーワンの地位をソレクトロンにあけわたし，その遅れが2001年10月にサンミナとの合併をもたらしたのである（稲垣［2001］，122〜124頁）。ソレクトロンも2007年にフレクストロニクス（現フレックス）に買収され，2020年時点で EMS 売り上げランキングでは世界売上高の75％が台湾企業で占められている。トップは Hon Hai（鴻海）で1909億ドル，2位の Pegatron（台湾）の499億ドルとは隔絶した差を示している。ベスト10社のうち6社は台湾企業で，アメリカ企業は6，7位に Jabil と Flex がつけ，Sanmina は11位，中国企業も8，9位に BYD Elec. と USI Global が入っている（Hwang［2021］）。ソレクトロンはサンノゼで台湾元留学生が起業したニッチ型の企業で急成長したが，EMS 業界の75％もの売り上げを台湾系 EMS 企業が占める有力な根拠となったのは，その多くが情報通信機器，端的にはスマートフォン関連の受託製造にコアコンピタンスを置き，その主力生産拠点を中国に求めていた点にある。

　製造業でその能力が蓄積されていなければ，OEM，EMS も事業体として成り立たない。アジア NIEs で外資導入によって次第に先進工業諸国の生産

技術が現地に伝播し，ことにエレクトロニクスのこの分野においては，1993〜95年の1ドル＝80円を超える超円高による日系エレクトロニクス企業の東アジアでの事業展開はその伝播を質として促進するものとなった。その特徴は①主力量産品のみならず高付加価値品の生産移管，②製品の逆輸入，③部品の海外現地・周辺調達，④設計・開発の現地化の本格的始動，⑤直接投資先として一気に中国への比重が増したという5点にあり，③の部品の現地調達では随伴日系部品メーカーからの調達もあるが，コスト的にはローカル企業を育成し，そこから調達を増やすケースも多くみられ，最新の工作機械の導入が進み，その需要を現地で満たすために日本工作機械メーカーの現地生産も進んだ。2023年時点で日本の大手工作機械メーカーはアジアで41社，うち中国では29社が現地法人を設け，NC旋盤，マシニングセンタ，研削盤，放電加工機等の工作機械，NC装置，各工具，各工作機械部品を生産し（日本工作機械工業会［2023］），各地の産業集積の形成を圧縮しながらその裾野を広げている。また部品の現地調達が進めば，設計を現調部品にリプレースする改良設計の機会が増え，それが基本設計能力の構築に繋がり，さらに設計部門とエンジニア部門と製造部門の連携にも繋がり，現地の総合力を高める結果をもたらすことになったのである。

　台湾で実現されたOEM，EMSという受託製造の流れは半導体デバイスにもその継承が実現されていった。ファウンドリーである。時代を遡ると，その嚆矢となったのが，聯華電子（UMC）で，同社は1980年5月に台湾初の半導体企業として設立され，84年に同社は「台湾にファウンドリーを作り，海外の華僑IC設計会社との分業を行うという構想」（水橋［2001］，49頁）を提案した。「1980年代初頭，韓国で3大財閥企業が半導体への大規模な投資を開始したことに危機意識を」（同，48頁）もち，電子所の超LSI実験工場計画が実施される中での構想であった。そして85年8月に張忠謀（モーリス・チャン）が工業技術研究院長に就任すると，張忠謀は聯華の構想のような「小規模なものではなく，海外企業からのOEMを当て込んで国際級規模の工場をつくる構想を練った」（同，49頁）。張忠謀は新会社への出資者

として海外企業のオファーを十数社にかけたところ，オランダの Philips 社が唯一応じ，1987年2月に台湾積体電路製造（TSMC）を設立し，董事長は張が兼任し，電子所超 LSI 実験工場を借り受け，Philips 社から 2 μm（マイクロメートル）プロセス技術のライセンスを受け，ファウンドリーとして操業を開始した（同，50頁）。以後ことに2018年に回路線幅 7 nm ノードの壁を乗り越えて以来，独壇場の半導体デバイスメーカーとなっている。その要因を整理しておきたい。

　第1に叙上のように台湾政府の電子立国政策の奏功があげられる。米国市場をめぐる米日テレビメーカーの競争が台湾でのテレビ生産，延いては台湾電子工業の端緒になったともいえそうであるが，その後の1973年に工業技術研究院，1974年に工研院電子工業研究センターが，1980年には新竹科学工業園区も設置され，電子立国化の基盤が政策として築かれた。TSMC の創業が電子所超 LSI 実験工場を借り受けてのものであった点で，同社が創業先行する UMC 同様に国策会社として出発したといえよう。また台湾政府のかかる政策は東アジアにおける韓国との対抗のなかで紡ぎだされていた点にも留意しておきたい。

　第2に電子立国化を実現していく優秀な人材が政府の政策を成功裡に導いていった。日中戦争からの亡命先の米国で電子工学を学び，またエンジニアとして経験を積んだ，その代表が張忠謀であり，台湾出身の留学組とのネットワークも現在の台湾半導体産業の有力な構成要素となっている。

　第3には半導体製造装置メーカーとの関係ならびに ARM 社とのネットワークを核とする「グランドアライアンス」（張忠謀）が形成されている点が大きな要因となっている。

4．グローバルバリューチェーンと半導体グランドアライアンス

4.1　半導体グランドアライアンス

　TSMCが2018年に回路線幅7nmノードの壁を乗り越えられた要因には，オランダのASML社との長年にわたる協力関係がある。回路線幅7nmノードの壁はASMLのEUV（極端紫外線）露光装置を使いこなすことによって初めて乗り越えられたのであるが，この装置は「あまりの複雑さゆえに，装置が寿命を迎えるまで現場に残るASMLの職員から徹底的な訓練を受けないかぎり，使いこなすことは不可能」（Miller［2022］，317頁）であるそうだ。それも装置のオペレートに関することだけでなく，「交換の必要な部品を予測する」ソフトウェア，「工程用のソフトウェア」（同，316頁）等，ASMLが「自社開発したソフトウェアなくしては，微細化の一途をたどる半導体デバイスを弊社のリソグラフィ装置で製造することができ」ない（https://www.asml.com/ja-jp/technology）という。TSMCとASMLの関係は単なる取引関係だけにとどまるものではない。林［2024］には以下のように紹介されている。

　　「ASMLの設立は1984年，財政難に陥ったフィリップスからスピンアウトした企業で，……安定株主フィリップスからの支援を得たTSMCと同様，設立当初の技術と特許の多くはフィリップスからライセンス供与されていたため，ASMLとTSMCは系統を同じくする兄弟会社ともいえる。

　　……ASMLにとっては，最初の大型案件の発注者がTSMCで，その後に開発した液浸露光やEUV露光といったさまざまな革新技術を真っ先に導入したのもTSMCだった。

　　なかでも最も知られているのが液浸リソグラフィ技術の発明である。この技術はTSMCの元研究開発担当バイス・プレジデントの林本堅が

開発したもので，従来のドライ現像技術の限界を突破しただけでなく，ムーアの法則を55ナノメートルプロセス以降でも維持できるようにした。また ASML はこの発明によって，以前から手掛けていた157ナノメートルリソグラフィ装置の開発に見切りをつけて，193ナノメートル液浸露光装置を TSMC と共同開発することにし，その後の EUV 露光装置市場における独占状態の基礎を築いた。TSMC もこの技術によってインテルやサムスンを振り切って，世界のファウンドリ業界で現在のような一強という地位を築き上げた」（林［2024］，370〜371頁）。

TSMC の強みは装置メーカーとのアライアンスに基づく製造の強みにだけあるのではない。ファブレスメーカーが，製造を TSMC に委託する際に提出する設計図のアウトプット過程におけるアライアンスにもその強みが存在している。RISC（Reduced Instruction Set Computer）系ロジックでは，TSMC がファブレスから受け取る設計図は基本的に ARM 社の IP に基づいている。

IP の利点は使いまわしができる点にあり，その使いまわしも TSMC の製造において実際に安全性と安定性が実証済みという点にもその根拠があり，この実績から TSMC は「イギリスの半導体設計のアーム・ホールディングスなどから技術を購入したり，ライセンス供与を受けたりして」（中原［2022］，45頁），「回路ライブラリ整備を含む設計支援の包括的サービス」（同，42頁）を顧客に提供するようになっている。TSMC はアンドロイドスマホにもプロセッサを製造供給しているが，最大の顧客はアップルで，「アップルが毎年，最先端のプロセッサを要求するため，TSMC がそのプロセスを開発することになり，その最先端プロセスで他のファブレスも先端チップを製造してもらえる」（湯之上［2023］，88頁）関係になっているが，今後半導体デバイスの大きな需要は AI 関連によってもたらされるであろう。

現在 AI 用チップで注目されているエヌビディアもファブレスで，創業は1993年であるが，1999年8月31日に世界初の GPU（Graphics Processing Unit）とされる「GeForce 256」を発表し，注目されることとなった。創

業者ジェンスン・フアン（黄仁勲）は「この革新的なチップの生産をTSMC
に委託したが」，GPUは「TSMCが過去数十年にわたって製造してきたロ
ジックチップに比べるとレイアウトも精度も数倍難しいものだった」ので，
「TSMCは大規模なチームを組んで大きな生産能力を割り当て，24時間体制
で対応した」（王［2023］，242～243頁）。その後3次元の画像処理ができ
るGPUに「GPUを標準的なプログラム言語でプログラミングできるソフト
ウェア，CUDA」（Miller［2022］，291頁）を2006年に発表し，これをフリー
で提供したが，「このソフトウェアはエヌビディアのチップでしか機能」し
ないものの，このセットで「並列処理の広大な市場を開拓し」（同上），その
後データセンター向け，ディープラーニングさらにはAI用途に向けられる
ようになるのである。エヌビディアはグラフィックチップだけでなく，現在
はAI用チップでその世界的な地位を得るようになり，さらにはジェンスン・
フアンは2023年3月の自社イベントで「コンピュータリソグラフィを改善
できるソフトウェアライブラリー［cuLitho］をリリースした。パートナー
のTSMC，露光装置会社のASML，EDAソフトウェアツールを手掛ける米
国企業シノプシスと連携することで，工場のスループットを向上させて二酸
化炭素排出量を削減し，2ナノメートル以降のプロセス技術に，より堅固な
基盤を構築すると述べた」（林［2024］，360～361頁）という。エヌビディ
アの設計にはARMIPが用いられているので，RISC系プロセッサで構築さ
れたグランドアライアンスが，AIチップでも形成されることになる。
　TSMCが現在の独壇場の半導体デバイスメーカーとなっているヒト的要
因は人材育成とその人材を重視する企業方針にある。TSMCの現在の独壇
場の位置を確保したのは回路線幅7nmノードの量産を初めて実現したこと
による。湯之上［2023］によれば，「波長13.5nm極端紫外線（Extreme
Ultraviolet: EUV）を使った露光装置」を「2016年にオランダのASLMが量
産機を出荷し」，「そのEUVを入手したTSMCは，2018年に1年間で約100
万回の露光の練習を行った……末に，TSMCは2019年に初めて，7nm＋と
いうテクノロジーノードのロジック半導体の量産にEUVを使」（54～55頁）

い，「EUV をつかう 7 nm＋以降は TSMC の一人勝ちになっている」（58頁）という。そして「現在でも，EUV 1 台につき17〜18人の専任技術者がいないと正常にできないという」（同，79〜80頁）。王［2023］は「この20年間で退職した約1000人を差し引いた数千人規模の熟練幹部たちがキャリア10年以上のベテラン技術者 2 万人を率いており，これこそが最大の武器になっている」（133頁）と TSMC を紹介している。先述のグランドアライアンスを合わせて考えると，ステイクホルダー重視の企業経営を採ってきた結果が現在の TSMC の位置を実現，保証していると考えられよう。それを放擲した日本企業の現在の位置を考えるうえで好材料となるであろう。

4.2　グローバル企業の GVC とニューノーマル

デジタル化が進み，モジュラー型オープンアーキテクチャが東アジアに広がり，東アジアの工業化が飛躍的に発展した。低賃金の東アジアに広まったこともあって製造では高付加価値は望めないとして，たとえばスマイルカーブに描かれたように製品開発・設計ならびに販売戦略にコアコンピタンスを置くグローバル企業が簇生した。その典型をアップル社に見ることができる。IT によって構築・発展を遂げるグローバルネットワークを活用し，デジタル化によって普及・発展を遂げているモジュラー型オープンアーキテクチャをも活用し，製造自体もアウトソーシングする点がその要諦をなしていた。

Designed by Apple in California, assembled in China と iPhone の裏側には刻印されていた。新機種にはもはやその刻印はない。製造拠点の一部がインド，といっても Foxconn のインド工場に移管したことがその理由の一つになっているかも知れない[10]。EMS最大手の鴻海精密の中国工場ではファナックのロボドリル（小型マシニングセンタ）を大量に設置して，髪の毛を縦に切断することのできるファイテックのバイトを用いて iPhone ならではの意匠を凝らした筐体を大量生産し，こうした製造のアウトソーシングでも優位を維持してきた[11]。プロセッサの開発・設計は ARMIP を用いて自社で

行いながら，その製造は当初からアウトソースすることを前提に考えられ，まずインテルに委託するも断られ，サムスン電子に委託し，その後サムスンが Galaxy を製造販売することで両社間で訴訟が繰り返され，その後アップルは生産委託先を TSMC に変えることとなる。以後今日までアップルはTSMC の最大の顧客となり，叙上のように先端半導体製造を更新するたびに，その多くがアップルに優先され，アップルの優位が裏づけられるものとなっている。

2019年に遡ると，インテルはアップルから依頼されていた5Gスマホ向け通信半導体の開発からの撤退を表明し，以後アップルは Mac および iPad に自社設計のプロセッサを採用し[12]，2020年12月に発売された「M1」チップは「TSMC の5nm プロセスの成果であり，TSMC グランドアライアンスの力が発揮された」（王［2023］，223〜224頁）と王は位置づけている。

また，マイクロソフトも通信不要のエッジ AI 機能を搭載したパソコンについて「マイクロソフトが採用を明らかにしたのはアームの設計技術を使った米クアルコム製の半導体」（日本経済新聞2024年5月22日）だという。この PC のプロセッサは CISC（Complex Instruction Set Computer）ではなく RISC で，クアルコム製であれば，その製造は TSMC に委託されることになる。つまり「ウィンテル連合」から「ARM アーキテクチャ＋TSMC の最先端プロセス」連合への転換を象徴しているのである。最新の iPad Pro に採用された「M4」チップは3ナノメートルテクノロジーを使って設計されたとアップルは説明している。アップルからだけでなく，マイクロソフトからも委託されることが決算に反映され，TSMC は2024年「7〜9月期決算は売上高が前年同期比39.0％増の7596億台湾ドル（約3兆5000億円），純利益は54.2％増の3252億台湾ドルと市場予想を上回った。いずれも四半期ベースで過去最高を更新し」（日本経済新聞2024年10月18日）ており，インテルが同期に166.3億ドル（約2.5兆円）の過去最高の赤字を出したのとは真逆となっている。コロナパンデミックを通じて TSMC が「半導体ビジネスの覇者」になったことが，ニューノーマルを象徴するエポックとして

現在現れているのである。グローバルサプライチェーンを自らの強欲さゆえ
にグローバルバリューチェーン（GVC）としてしか位置づけなかったグロー
バル企業がコロナパンデミック，ロシアのウクライナ侵攻，イスラエルの
ジェノサイドを通じて，半導体のグローバルサプライチェーンの核となって
いるのが TSMC であるという実態を自覚できるようになり，さらに新常態
を標榜する中国との地政学的位置からこのニューノーマルはそれ自体として
認識されず，「台湾安全保障」の問題にすりかえられている。

　その中国であるが，米政府の「エンティティリスト」や半導体関連の輸出
管理規則（EAR）によって，「ARM アーキテクチャ＋TSMC の最先端プロ
セス」だけでなく，EDA ツール，半導体製造装置・部品，材料からもシャッ
トアウトされたにもかかわらず，ファーウェイが2023年 8 月に販売開始し
た「Mate60Pro」は「SMIC が製造した『キリン』チップが搭載され」，「回
路線幅は 7 ナノメートル」であったとカナダの調査会社は結論づけている
（日本経済新聞2023年 9 月 8 日）。設計については ARM 社が「V 9」の提供
はしないと公表しているので，制裁前から終身所有できる 1 世代前の「V 8」
を用いて設計したか，ARMIP を使わずに設計したかの，いずれかであろう。

　また ASML の EUV（極端紫外線）露光装置も使えないので，SMIC はど
のように 7 nm ノードを達成したのであろうか。朝元照雄氏によれば，
「ASML 社製の DUV（深紫外線）露光装置を使って多重露光（multi pat-
tern）方式で製造したと考えられる」（朝元［2023]）とされている。規制
前に輸入した ASML の DUV 露光装置で多重露光したのであろう。中国経
済新聞によれば，TSMC は以前に ASML の1970i 型の DUV を用いて多重
露光して 7 nm 品を生産していたという。「しかしこれはベストな製造法で
はない」そうである。なぜなら「膨大なコストがかかり良品率も確保できな
い」からであり，よって DUV では，「理論的には 7 nm 品を作れるが大量生
産はまず無理である」（中国経済新聞［2024]）と結論づけている。EUV 露
光装置には輸出規制がかかっていたが，オランダ政府は2024年 9 月にこの
旧型の液浸 DUV 露光装備にも輸出規制をかけた。しかしながら，「中国の

工業情報化省が『ファーストセット重大技術装備推進応用指導カタログ（2024年版）』重大技術装備のリスト中に，……中国製のフッ化クリプトン露光装置（110nm）およびフッ化アルゴン（ArF）（65nm）露光装置が指定されている」（中国経済新聞［2024］）という。この報道が事実であれば，中国が自前で DUV 露光装置を製造できるようになったことになる。であれば，28nm の半導体を中国は自前で量産可能となるようである。

　もう1点。ファーウェイは規制後のアンドロイドも使えないので，スマホの OS を独自に開発しなければならないが，2019年に独自 OS「鴻蒙（ホンモン，英語名ハーモニー）」を開発し，「最新版を24年10～12月期に投入すると発表した。これまで米グーグルの OS『アンドロイド』の技術を応用してきたが，最新版は自社で初めてゼロから開発した OS となる」（日本経済新聞2024年6月27日）という。こうしてこれまでの経緯を眺めていると，近藤［2022］に記されているように「アメリカの禁輸措置は Huawei の自前開発による調達力をより高め，新製品開発をより進めるとともに，ひいては中国の半導体国産化の一助になっている」（123頁）ように推移している。アメリカの対中デカップリング政策は，　意図とは逆に Pax Sinica and Americana を準備・実現するものになるのかもしれない。

　さて本章は見方をかえれば東アジアの工業化をエレクトロニクス産業から俯瞰して，コロナパンデミック，ロシアのウクライナ侵攻，米中対立によって初めて見えてきた景色を素描するものになっている。東アジアの工業化は米国市場をめぐる米日エレクトロニクス企業間の競争によって幕が開いた。この競争の中で香港，台湾，韓国での米日エレクトロニクス企業の事業展開は，米系企業にとっては本国持ち帰り（逆輸入）型のオフショア生産を，日系企業にとっては迂回輸出型のオフショア生産を推進した。東アジアでのオフショア生産型の事業展開は叙上の米日企業間競争によって強いられた側面も認められるが，福祉国家体制が整えられた先進工業国では賃金が下方硬直性をもって上昇し，高コスト化せざるをえない点にその歴史的規定性が潜んでいる。そして第2幕にことに台湾系企業に見られることであるが，OEM，

EMS, ファウンドリーという事業形態をとって, 東アジアが各地に有数の産業集積を形成しつつ「世界の工場」になった。産業集積の形成にとって工作機械メーカー, ことに日本の工作機械メーカーの輸出ならびに現地生産が大きく貢献していると考えられるが, デジタル化の進展もアジア工業の高次化を可能にした。モジュラー型オープンアーキテクチャの拡大である。PCから携帯電話, スマートフォン, 液晶テレビとその範囲がデジタル化の進展によって広がりをみせている。製造は新興諸国, 途上諸国の低賃金に規定されて高付加価値は望めず, 開発・設計と販売に高付加価値を求める「スマイルカーブ」があたかも「経済のソフト化・サービス化」に適合しているかのようにもてはやされ, 製造は花を咲かせるが実を結ばない徒花のように久しく扱われてきた。Kraemer らが2010年時点で iPhone 4 の 1 台当たりの価値の分配比を推計した際, 鴻海精密工業を中心にアップル中国生産委託先に人件費として支払ったのは僅か1.8％に過ぎず, 価値分配比の58.1％はアップルの利潤になっていた (Kraemer [2011])。「濡れ手で粟」の典型例である [13]。半導体デバイスもムーアの経験則通りに推移すれば莫大な投資を逐次投入せねばならず, 日本半導体デバイス企業を筆頭に多くの企業がその製造から撤退した [14]。そしてファブレスで儲けを稼ぎ, 製造はファウンドリーに委託する構造が半ばできてしまった。その危うさに留意することなしに。そしてこの危うさに気づいたのがコロナパンデミック, ロシアのウクライナ侵攻であり, この時期にちょうど回路線幅 7 nm ノードの壁が TSMC とASML のグランドアライアンスによって乗り越えられ, しかもこの壁を乗り越える困難さも自覚し, 気づいたら先端半導体でも 7 nm 以下の量産はTSMC の独壇場になっていた。かつ台湾は米中関係において緩衝地帯にあり, 中国についてもデカップリング政策にもかかわらず 7 nm のプロセッサーキリンを搭載したスマホ「Mate60Pro」も作り出し, 半導体デバイス製造の国内回帰（リショアリング）を各国が優先政策として実施している。しかし, ASML の EUV 露光装置が使いこなせるか, 仮に各国でリショアリングが成就したら, その際の半導体市場は鉄鋼市場の二の舞にならずに済む

であろうか。予断は許されないところであろう。

〔注〕

1 ）五十嵐元道氏によれば，米「パランティア・テクノロジー」社によってウクライナ軍
　　に AI システムが提供され，同社はそのシステムをガザで大量無差別殺戮を繰り返すイ
　　スラエルの軍隊にも提供しているという。「戦争・技術・社会変革の悩ましき関係　悲
　　劇のループは超克できるのか」（五十嵐元道寄稿2024年 8 月 5 日，朝日新聞 DIGITAL
　　https://digital.asahi.com/articles/ASS70219DS70ULLI001M.html）

2 ）なお韓国ではサムスン，SK ハイニックスが中国政府から補助金も受け，「韓国の半導
　　体産業全体で生産される半導体の 4 割が中国向け」（林［2024］，489頁）で，アメリカ
　　による中国制裁の影響は台湾より韓国の方が強く生じたと考えられる。

3 ）米中経済摩擦は後述の米日経済摩擦等の先進国間の経済対立とは次元を異にし，単に
　　体制間だけでなく，新興国と先進国間の経済対立というニューノーマルを象徴する特質
　　をも有している。

4 ）正式 に は Creating Helpful Incentives to Produce Semiconductors for America
　　Act。

5 ）以上の香港，台湾，韓国でのラジオ，テレビ生産の動向はアジア経済研究所［1981］
　　を参照した。

6 ）1993年 3 月末までに総資産に占める自己資本の割合を 8 ％以上に引き上げることを
　　求めた BIS（国際決済銀行）の規制によって金融規制撤廃の遅れた日本等には貸し出し
　　を抑制する手立てが採られた。

7 ）この金融自由化の顛末はサブプライム，リーマンショックに示されることになる。し
　　かしその金融的処理はバーナンキ FRB 元議長の「クレジット・イージング」をはじめ
　　とする「非伝統的金融政策」によって示され，未曾有の金融緩和が世界的に常態化しつ
　　つあった。その続行に制限をかけたのがコロナパンデミックによるインフレであり，こ
　　こにもコロナパンデミックの歴史的意味が付与されていると考えられる。

8 ）ソフトウエア（文章の書き方，ご飯の炊き方等の）を組み込んだマイクロコンピュー
　　タ（マイコン）を製品内部に装着し，その制御機能を通して製品の品質向上とダウンサ
　　イジングを実現し，他方このマイコンを機械にも装着し，その制御機能を通して工作機
　　械の精度を飛躍的に精緻化し，メカトロニクスを実現した。

9 ）IBM PC/XT は1983年 3 月に発売されたので，台湾が互換機を作製するのに 1 年は要
　　していないことになる。

10）鄭州「市統計局によると23〔2023〕年の携帯電話の生産量は約 1 億4000万台とピー
　　クの17〔2017〕年から半分に減った。地政学リスクの高まりなどを受け，米アップル
　　が iPhone の生産をインドなどに分散している影響を受けた」（日本経済新聞2024年11
　　月14日，〔　〕内筆者注）という。

11）詳しくは宮嵜［2017］を参照されたい。

12）同様に GAFA 等のプラットフォーマーも，AI 導入で，使用電気量当たりの演算効率を高めるため，従来の回路数が多く，汎用性の高い，低価格の ASSP よりも特定使用に特化した ASIC 系のロジック半導体の開発・設計に今傾注しているという。

13）この点も詳しくは宮嵜［2017］を参照されたい。

14）日本半導体デバイス企業の凋落については宮嵜［2024］を参照されたい。

〔引用文献・資料〕

青山紘一［1988］「知的所有権と情報紛争（Ⅱ）情報化時代の知的所有権紛争」国立研究開発法人　科学技術振興機構『情報管理』Vol.31 No.8，同誌は現在は休刊。
　　https://www.jstage.jst.go.jp/article/johokanri/31/8/31_8_679/_pdf

朝元照雄［2023］「Mate60 Pro ショック：なぜ中国は米国の半導体規制を突破したのか」世界経済評論 IMPACT，No.3175。
　　http://www.world-economic-review.jp/impact/article3175.html

アジア経済研究所［1981］『発展途上国の電機・電子産業』アジア経済研究所。

稲垣公夫［2001］『EMS 戦略』ダイヤモンド社。

近藤信一［2022］「中国のハイテク産業と技術の現状─米中ハイテク摩擦と半導体産業の技術デカップリング」中本悟・松村博行編『米中経済摩擦の政治経済学──大国間の対立と国際秩序』第 6 章，晃洋書房。

春日尚雄［2021］「米中対立・パンデミックとアジアの半導体サプライチェーンの脆弱性」亜細亜大学アジア研究所『アジア研究シリーズ』107号。

中原裕美子［2022］「半導体産業における垂直分業の変容」アジア経営学会『アジア経営研究』No.28。

中国経済新聞［2024］「中国，国産の先端 DUV 露光装置を製造」2024年 9 月24日。
　　https://chinanews.jp/archives/20550

戸堂康之・西脇修［2023］『経済安全保障と半導体サプライチェーン』文眞堂。

日本工作機械工業会［2023］『日本の工作機械産業2023─世界のものづくりを支える産業』日本工作機械工業会。

水橋佑介［2001］『電子立国台湾の実像──日本のよきパートナーを知るために』ジェトロ（貿易振興会）。

宮嵜晃臣［2017］「グローバル資本主義の変容とベトナム工業化」佐藤康一郎編『変容するベトナムの社会構造──ドイモイ後の発展と課題』専修大学社会科学研究叢書19，専修大学出版局。

宮嵜晃臣［2024］「川崎市における電機産業の形成・発展とその斜陽化」小池隆生・兵頭淳史編『川崎の研究──産業・労働・くらしの諸相』専修大学社会科学研究叢書26，専修大学出版局。

湯之上隆［2023］『半導体有事』文春新書。

林宏文［2024］『TSMC 世界を動かすヒミツ』牧髙光里訳，野嶋剛監修，CCC メディア
　　ハウス。

王百禄［2023］『半導体ビジネスの覇者――TSMC はなぜ世界一になれたのか？』沢井メ
　　グ訳，日経 BP。

JETRO［2023］ビジネス短信2023年 9 月 8 日「半導体競争，技術覇権を制するのは――
　　米国が描く，新たなサプライチェーンの行方」。

Ferguson, Niall and Moritz Schularick［2007］, 'Chimerica' and the Global Asset
　　Market Boom, *International Finance*, Vol.10, Issue 3.

Hwang, Colley［2021］*IT industry outlook (2): The roles and plans of EMS firms in
　　Asia*, DigiTimes 2021.8.17, https://www.digitimes.com/news/a20210816VL202.
　　html（2024年 9 月 8 日閲覧）。

Kraemer, Kenneth L., Linden, Greg and Jason Dedrick［2011］, Capturing Value in
　　Global Networks: Apple's iPad and iPhone, Irvine: Personal Computing Industry
　　Center (PCIC) University of California Irvine, July 2011.

Miller, Chris［2022］*Chip War: The Fight for the World's Most Critical Technology*,
　　London: Simon & Schuster. 千葉敏生訳『半導体戦争――世界最重要テクノロジーを
　　めぐる国家間の攻防』ダイヤモンド社。

第Ⅱ部

危機管理体制と社会変容

第5章

近現代日本における行政の感染症対応
—— コロナ感染症流行までの経緯

永島 剛

はじめに

　新型コロナウイルス感染症（以下，コロナ感染症）の大流行によって，各国の感染症対策のあり方が改めて問われることになった。日本では感染者の急増にともない，検査の手配，入院調整，「濃厚接触者」の追跡調査といった業務が感染症対策の前線としての保健所に集中し，その対応能力を超える事態が発生した。

　本章では2020年にそうした事態に至った経緯をふまえるために，日本の近代以降における感染症流行への対応体制の歴史を簡単に振り返っておきたい。感染症対策のあり方を考える際，迂遠なようでも，過去からの経緯をふまえつつ現在の立ち位置を確認することは有用と考えてのことである。感染症対策と一口に言っても，環境対策から対人サービス，予防から治療まで，その範囲は広い。ここでは，2020年のコロナ感染症流行発生直後における保健所業務逼迫を念頭に，感染症流行が発生した際の行政の患者・住民に対する初動対応体制，特に戦後については保健所の感染症対応体制のあり方の変遷に焦点をしぼることにしたい[1]。

　感染症対応の歴史を概観するにあたり，ここでは近現代日本における感染症流行状況の変遷を大まかにつかむ一助として，疫学的転換（epidemiologic transition）論を便宜的に参照してみたい。疾病構造の変化に即しつつ近代

における死亡率低下（平均寿命の伸長）の一般的なパターンを捉えようと，米国の疫学者アブデル・オムランによる1971年の論文で最初に提起されたのが疫学的転換論である。オムランは，「悪疫と飢饉の時代」→「感染症パンデミック減少の時代」→「慢性病・生活習慣病の時代」という３段階の移行プロセスを疫学的転換とよんだ[2]。

　しかしイギリスやスウェーデンなど北西欧の歴史データをもとに考えられたオムランによるこのオリジナル・モデルは，その妥当性や有用性（特に他地域への適用性）について，すでに何人もの研究者から疑念が表明されている[3]。オムランの疫学的転換論は，いわば疾病構造の「近代化」パターンを示したものだが，他のいろいろな「近代化」論と同様に，いまや再考の対象となっているのである。ただ，現代の「先進諸国」における疾病構造の大まかな歴史的変化を捉える際，参照軸にはなりうるだろう。

　オムランの論文から30年後の2001年，その間の歴史人口学・歴史疫学の研究成果をふまえた疫学的転換の修正モデルが，歴史家ジェームズ・ライリーによって提起されている。それは以下のとおりである[4]。

　①感染症流行による大量死亡が起きやすかった時期
　②主要急性感染症による死亡減少
　③肺結核など呼吸器系疾患による死亡率や乳幼児死亡率低下
　④循環器疾患・がんなど生活習慣病の主流化，死亡の高齢化

　本章では，このライリーによる疫学的転換のモデルを目安にしつつ，近現代日本における感染症流行への初動対応の歴史を概観したい。

1．明治期の伝染病予防体制

　オムランのモデルでは，疫学的転換開始前の第１段階が「悪疫と飢饉の時代」となっており，疫病・飢饉・戦争による死亡率の高さが人口増加を抑制していたとする「マルサスの罠」を想起させる。中世から近世にかけての

ヨーロッパでペストがたびたび流行したことはよく知られている。また不作や戦争と連動して，天然痘や発疹チフスなどが大流行することもあった。ただし前近代において，そうした死亡危機（mortality crisis）を引き起こすような広範な大流行が常時発生していたわけではないということで，ライリーは転換開始前についての表現を「感染症流行による大量死亡が起きやすかった時期」というように言い換えている。イギリスでのペスト大流行は1665〜66年が最後であり，天然痘や発疹チフスの突発的大流行も18世紀半ば以降は減少した。つまりイギリスでは18世紀後半に，ライリーのモデルにおける①から②への移行が始まったと考えられる。

　享保・天明・天保の三大飢饉が象徴するように，近世日本でも，飢饉と疫病が複合した死亡危機は何度かみられた。しかしヨーロッパと異なるのは，ペスト大流行がみられなかったことである。いわゆる「鎖国」による交易の制限が，海外からの感染症襲来を抑制していたという指摘もある[5]。ただし伝播が皆無だったわけではない。たとえば1822年には長崎からコレラが侵入している（文政のコレラ）。そしてコレラは「開国」後の1858年にも大流行した（安政のコレラ）。明治維新（1868年）時，日本はまだ①の段階にあったとみてよいだろう。

　岩倉使節団（1871〜73年）の一員として欧米諸国を視察した長与専斎は，「伝染病の予防は勿論，貧民の救済，土地の清潔，上下水の引用排除，市街家屋の建築方式より薬品染料飲食物の用捨取締に至るまで，凡そ人間生活の利害に繋れるものは細大となく収拾網羅して一団の行政部をな」すような「国民一般の健康保護を担当する特種の行政組織あることを発見」した[6]。帰国後の1875（明治8）年，そうした行政組織として内務省に衛生局が創設され，長与がその初代局長に就任した。つまりそれまでの日本には，包括的な感染症対策の専門部局は存在しなかったのである。江戸時代でも，幕府・各藩が，医学教育や施療，種痘（天然痘予防接種）に関与することはあったが，欧米のような公衆衛生行政は発達していなかった。これには，中世から近世にかけて西欧はペスト襲来の脅威に曝されていたのに対し，日本はそ

れを免れていたという疫学的状況の違いが関係していたかもしれない。近世
日本にも天然痘や麻疹，インフルエンザなど深刻な急性感染症流行はあった
が，ペストほど致死率は高くなかった[7]。

　1877（明治10）年以降頻発するようになったコレラ大流行は，近代日本
の衛生行政にとって，いわば最初の試練だった。1877年「虎列刺病予防心得」
が内務省から各府県に通達され，患者発生時には医師が区・戸長をつうじて
地方当局に届出ること，地方当局がコレラ患者用の仮病院を設置すること，
家屋や周辺を消毒することなどが指示された[8]。

　長与専斎ら内務省衛生局幹部は，地方官吏・医師・住民たちが協力しつつ
衛生行政の中心となることを構想していたが，地方レベルの行財政制度は確
立途上であったし，西欧医学の知識をもつ人材も明治10年代にはまだ限ら
れていた。結局コレラ流行下で早急に防疫態勢をつくる必要性から，感染症
発生時の行政の初動は警察に委ねられた。届出を受けると巡査が患家を訪
れ，消毒剤の散布，伝播をくい止めるための患家周辺の交通遮断や，患者お
よび家族の隔離施設（避病院）への移送を取り仕切った。当初，避病院の多
くは急拵えの施設で，特効的な治療法が存在しない当時においては，充分な
医療措置がとられないまま死亡するケースも多かった。1879年流行の際に
は，巡査や医師が襲われるなど，コレラ対策への不信に端を発する民衆騒擾
が各地でみられた。騒擾には至らないまでも，介入を恐れて住民が患者発生
を隠蔽することもあった。警察への通報がすなわち日常生活や商売の停止を
意味していたからである[9]。

　流行発生時の届出，隔離，交通遮断，消毒といった，コレラ対応の急場で
列挙された防疫策は，その後の法令によって，より体系的に規定されること
になった。1880（明治13）年には「伝染病予防規則」が公布され，コレラは，
腸チフス，赤痢，ジフテリア，発疹チフス，および天然痘（痘瘡）とともに
「伝染病」と定められた。そして1897（明治30）年の「伝染病予防法」によ
り，緊急対応が必要な伝染病は従来の6種にペストと猩紅熱をくわえ8種と
なった。これが，いわゆる「法定伝染病」の始まりである。

　もちろん法令の制定自体は，それらが順調に施行されたことを意味しない。コレラ大流行が頻発していたさなか，1881（明治14）年に松方正義が大蔵卿となり，1891（明治24）年までその地位（1885年から大蔵大臣）にあった。いわゆる「松方財政」とよばれる緊縮政策のもと，日本は「小さな政府」のもとでのコレラとの闘いを余儀なくされたのである。1897年の伝染病予防法では，法定伝染病対応の費用は基本的に府県税および地方税によって賄うこととされ，国庫からの補助はその費用の 6 分の 1 に留めることとされた。

　明治期，コレラ流行に対応して短期間のうちに衛生行政が形成されたことは評価されるべきである一方，防疫という公益の保全を強権的に行うことの問題点を，この時代の多くの事例が物語っている。これは単に明治政府の強権性にのみ帰せば済むことではない。防疫に付随する被害を最小限にとどめるべく対策の精度を上げ，その意味を人々に説明し理解を得たり，さらには被害者の処遇に配慮したりするためには，人員面・施設面への財政措置も含めて，それ相応の準備や臨機応変な対応力が必要である。それを欠いていた場合は，いつの時代，どんな社会であっても，同様の問題に直面しうると考えられる。

２．大正期・昭和戦前期における衛生行政

　明治後期（20世紀初頭）までに，コレラ大流行の頻度は低下した。コレラ・パンデミック自体の沈静化傾向や，東京・大阪をはじめ一部の大都市で始まった近代水道の整備などにくわえ，届出・隔離・消毒といった患者やその周辺への対応をはじめとする防疫体制の確立が，流行の封じ込めに一定の効果をもたらしたと考えられる。明治後期にはペストの第 3 次パンデミックが日本にも伝播したが，明治10年代におけるコレラ流行ほどには被害は広がらなかった。コレラやペストのように致死率のきわめて高い襲来型の感染症流行が減少したということで，日本も明治後期には，ライリーの疫学的転換

モデルでいう②への移行が始まっていたとみてよいと思われる。

　しかし法定伝染病のうち，コレラ，ペスト，天然痘（種痘の効果）は減少傾向だったのに対し，腸チフスや赤痢などの消化器系感染症や，上気道から感染するジフテリアや猩紅熱などは，大正から昭和前期にかけて，むしろ増加する傾向がみられた。経済発展・都市化の進展にともなう感染リスクの高まりが考えられる。これらはいずれも細菌性の急性感染症で，腸チフス以外は，子どもの感染者が大半を占めた。法定伝染病全体でみると，第二次大戦期に至るまで死亡率の明確な低下はみられず，罹患率は1920年代後半から上昇している（図5-1）。疫学的転換②はなかなか進行しなかったといえる[10]。

　したがって大正期以降も，急性感染症流行対応は依然として重要課題だった。1922（大正11）年の伝染病予防法改正により，国庫補助の割合は「6分の1から3分の1」の間とするとして，国の分担増に含みをもたせる規定

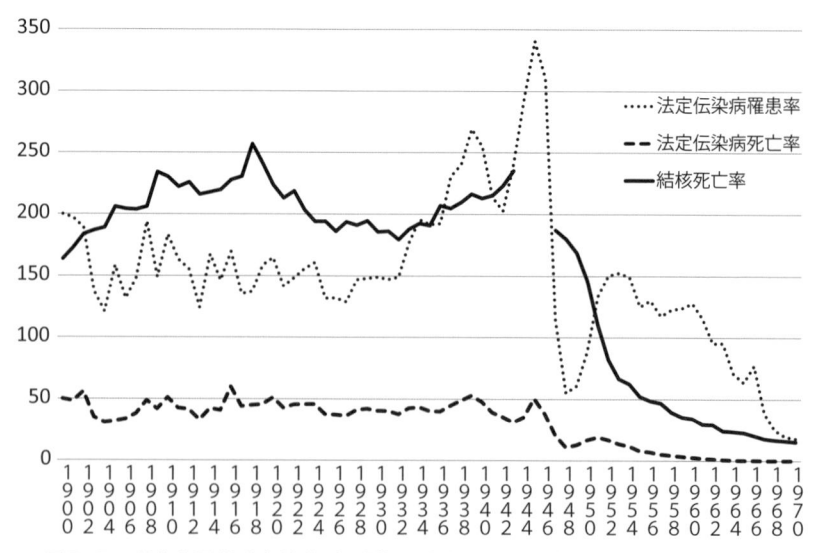

図5-1　日本全国 法定伝染病（8種）罹患率・死亡率／結核死亡率（対10万人）

資料：厚生省医務局『医制百年史（資料編）』ぎょうせい，1976年より作成。

となっている。法定伝染病の患者発生届出後の初動は，依然として警察が中心だったが，警察組織のなかに医官や衛生検査技師などが配属される専門部署が設置されるようになっていた。大都市部では，市当局により隔離病院の整備や衛生試験所の設置も進められた。北里柴三郎の主導によって1892年に東京に設立された伝染病研究所（1899年に国立化，1916年東京帝大に付属），1914年に設立された北里研究所は，各地の防疫行政の前線で活動する，細菌学の知識・検査技術をもつ人材の育成を目標の一つとしていた[11]。

　1918〜20（大正 7 〜 9 ）年には，新型インフルエンザ，いわゆる「スペイン風邪」のパンデミックが日本でも猛威をふるい，内務省衛生局の報告によれば死者数は38万人以上にのぼったとされる[12]。インフルエンザは，当時は流行性感冒とよばれていたが，法定伝染病ではなかったので，患者届出は義務ではなかった。病原体（ウイルス）が未知（インフルエンザ・ウイルスが同定されたのは1930年代）で，初期症状がふつうの風邪と見分けにくく鑑別診断が難しかったこと，特定時期に発生が集中するため当局による個別患者への防疫・救護措置が徹底できないと考えられたことなどが理由としてあげられる。

　以上のように，いくつかの急性感染症対策は依然として大きな課題であり続けていたものの，コレラやペストのような襲来型の大流行が減ったこと，人員・施設面で一定の拡充が進んだこともあって，大正から昭和前期にかけては，急性感染症対策以外にも衛生行政の重点がおかれるようになった。その一つが慢性感染症への対策であり，結核予防法（1919年），トラホーム予防法（1919年），花柳病予防法（1927年，1948年以降は「性病予防法」），癩予防法（1931年，1953年以降は「らい予防法」），寄生虫病予防法（1931年）といった法律も制定された。

　このうち結核（特に肺結核）は，20世紀半ばまで死因順位の上位にあり，「国民病」とまでいわれていた[13]。病状の進行には体力の消耗や栄養状態が影響し，貧困と病状悪化との悪循環を生みやすい深刻な病気でもあった。病状の進行が緩慢な慢性感染症であることから，措置の緊急性は低い反面，罹

患期間は長期化するため，一過的な対応では済まない。1919（大正8）年の結核予防法では，おもに低所得層を対象とする公立療養所を，人口5万人以上の都市に設置することが規定された。しかし財政的理由や，予定地周辺住民の反対運動などで設置が進まない場合も多く，また設置されても収容人数は限られていた。そもそも結核予防法は，急性感染症を対象とする伝染病予防法とは違い，当初，患者届出を強制する規定は含んでいなかった。すでに病気の進行度がまちまちな膨大な数の患者がいたため，仮に届出制を導入して結核患者の存在を当局が把握しても，患者全員に防疫・救護措置を講じることができたわけではないので，患者の全数把握の導入は見送られた。

　慢性感染症対策とならんで重視されたのが，乳児・幼児・学齢児童および青年の保健である。乳幼児死亡率の高さは特に懸案事項だった。乳幼児死亡にはさまざまな要因が考えられるが，赤痢・感染性下痢症など感染症が関わる場合も多かった。適切な保健指導により予防可能との認識にもとづき，行財政基盤の比較的強い大都市部では，市当局が民間篤志団体と協力しながら都市事業の一環として行う妊産婦・乳幼児の健康相談事業が1920年代に始まっていた。1930年代になると，「健兵健民」の観点から，特に青少年の健康に関して軍部も強い関心を抱くようになった[14]。

　1937（昭和12）年，結核予防や母子保健などを含め，住民への保健指導を担う「保健所」を道府県庁（大都市部は市当局）が設置するよう規定した保健所法が公布された。創設費の2分の1，運営費の3分の1までは国庫補助金の充当が可能という規定だった。中央政府のレベルでは，1938年，それまで内務省や文部省，商工省などに分散していた保健医療行政に関わる部局を統合するかたちで厚生省が創設された。また同年，保健事業に関わる人材育成機関として，公衆衛生院（現・国立保健医療科学院）の設置もみた。同院の設置には，アメリカのロックフェラー財団からの寄付が活用された。

　1942（昭和17）年，それまで警察署が担ってきた伝染病関連業務も保健所に移管されることになった。既存の結核相談所，母子保健相談所，健康保険相談所なども統合しつつ，形式的には1944年までに全国を網羅する保健

所網（770カ所）が形成された。専門的予防行政の実現が期待されたが，戦争による混乱で実質的な活動はできなかった[15]。

　図5-1の法定伝染病についてはすでに触れたが，結核死亡率についても戦前期までのところをみておこう。1920年代，結核死亡率は一旦低下傾向に入る。経済発展にともなう生活水準の一般的な向上にくわえて，結核対策も死亡率低下に寄与した可能性がある。しかし，1930年代に結核死亡率は再び上昇に転じた。経済不況や戦時体制への移行にともなう生活水準・抵抗力の低下，曝露の増加，保健医療の不備などの影響が考えられる。

3．戦後体制の成立

　日本国憲法（1946年）第25条により，「すべて国民は，健康で文化的な最低限度の生活を営む権利を有する」こと，国が「すべての生活部面について，社会福祉，社会保障及び公衆衛生の向上及び増進に努めなければならない」ことが規定された。

　敗戦から数年間は，復員・引揚げ，食料・物資不足などで社会が混乱するなか，赤痢に加え，発疹チフス，天然痘，コレラなども流行が拡大し，感染症の防疫体制の再構築が喫緊の問題となった。保健所機能強化をもとめるGHQからの勧告もふまえ，1947（昭和22）年に，都道府県および政令市を設置主体とし，設立費用の2分の1まで，運営費用の3分の1までの国庫負担を可能とする新たな保健所法が制定された。医師を所長とし，歯科医師，保健婦，衛生検査技師といった専門職員も配置されることになった[16]。このうち保健婦の資格については，1948年の保健婦助産婦看護婦法により，甲種看護婦のうち，さらに1年の専門教育を受け国家試験に合格した者とさだめられた[17]。ちなみに，この法律名が「保健師助産師看護師法」に変更されたのは，2002（平成14）年のことだった。

　感染症対策費に関しては，1947年に国庫補助の割合の上限を2分の1に引き上げるよう，伝染病予防法，結核予防法，トラホーム予防法，寄生虫病

表5-1　政府一般会計 歳出の内訳（%）

	1934年度	1955年度
国家機関費	7.6	10.8
地方財政費	0.2	15.8
防衛関係費	43.7	13.3
国土保全及開発費	9.1	12.9
産業経済費	3.9	6.6
教育文化費	7.2	12.3
社会保障関係費	1.8	14.0
国債費	16.7	4.4
その他	9.9	10.2

資料：経済企画庁『昭和31年 年次経済報告』。
※保健衛生費は社会保障関係費に含まれる。全体に占める保健衛
　生費の割合は1934年度は0.3%，1955年度は2.4%。

予防法が改正された。国の保健衛生への財政的な関与が戦前よりも積極的に
なったことは，政府一般会計の戦前戦後比較（表5-1）からもうかがえる。
保健衛生費を含む「社会保障関係費」の割合は，1934（昭和9）年には歳
出のわずか1.8%にすぎなかったが，1955（昭和30）年には14%にまで増
加した。表中には示されていないが，保健衛生費だけをみれば，0.3%から
2.4%への増加だった。戦前においては，国家予算における軍事費への偏重
が，保健衛生の充分な発展を阻害していたとみることもできよう[18]。

　戦後の感染症対策においては，予防接種が一つの重要な柱となった。
1948（昭和23）年の予防接種法は，従来からの種痘（対天然痘）に加え，
腸チフス，パラチフス，ジフテリア，百日咳，結核についての定期予防接種，
発疹チフス，コレラ，ペスト，猩紅熱，インフルエンザ，ワイル病について
の臨時予防接種を義務化した。この強制予防接種の体制は，接種による健康
被害の社会問題化を受けて同法が改正（「義務」→「努力義務」に変更）さ
れる1994（平成6）年まで続いた[19]。

　1970（昭和45）年までに全国で839（都道府県立708，政令市立131）の
保健所が設立された。1保健所当たりの管轄市町村数はまちまちで，管轄地
域人口も1万人〜50万人という大きな開きがあった。保健所には，感染症

対策のみならず，栄養・食品衛生，環境衛生，母子保健，歯科衛生，精神衛生などに関わる多様な業務が付された[20]。

　1948（昭和23）年には厚生省により「地方衛生研究所設置要綱」が出され，調査研究，試験検査，研修指導，公衆衛生情報の収集・解析を担う「地方衛生研究所（地衛研）」と総称される組織が，都道府県・政令市に設置されることになった[21]。すでに戦前から検査研究機関をもっていた都道府県や市もあり，実際の名称や沿革はさまざまであったが，国からの設置に関する通達は，これが初めてだったとされる。保健所等との緊密な連携の下，専門的な活動を見込んだものだったが，法制化はされなかったので，実際の位置づけ・あり方は各自治体によって可変的だった（地衛研の法的な位置づけがなされたのは，コロナ感染症流行後の2022年）。

　再び図5-1の法定伝染病罹患率の推移をみると，敗戦直後の大流行は1948年までに一旦沈静化したものの，1953年のピークに向かって再び上昇している。この上昇には，赤痢の寄与が一番大きく，ついでジフテリアと猩紅熱の流行も関わっていた。他方，法定伝染病の死亡率は，罹患率ほど大きな変動はみられず，1960年代には10万人当たり1以下にまで低下した。これらの病気にかかっても，亡くなる人は減少したわけである。

　そして結核死亡率も劇的に低下している。戦後復興から高度成長への経済発展の基調のなか，国民の平均的な所得水準，ひいては栄養水準・生活環境の改善に加え，予防接種の実施，そして1950年代以降，治療薬としての抗菌剤（対赤痢のサルファ剤など）や抗生剤（対猩紅熱・ジフテリアのペニシリン系，対結核のストレプトマイシンなど）の普及が，これらの細菌性感染症の死亡率低下に大きく寄与していた。単に特効薬が開発されたというだけでなく，健康保険制度や保健所の整備によって保健医療へのアクセスが向上したことも，間違いなく重要だったと考えられる。

　法定伝染病をはじめとする急性感染症による死亡率全般が持続的に低下したので，ここにきてようやく日本も疫学的転換論（ライリー）でいう②期を通過し，さらに肺結核死亡率と乳児死亡率も低下したことから，③も進行し

たとみなすことができる。北西欧の経験にもとづく疫学的転換モデルと比較すると，②と③が同時進行したところに日本の特徴がある。

4. 公衆衛生の「黄昏」

　1955（昭和30）年までに，死因統計において，脳血管疾患（脳出血，脳梗塞など），がん（悪性新生物），循環器疾患といったいわゆる「成人病」「生活習慣病」と総称される慢性疾患による死亡数が，結核のそれを上回るようになった（図5-2）。疫学的転換上の④期への移行が，ここに認められる。

　ただし欧米諸国との比較においては，日本の結核死亡率の水準は高かったので，引き続き結核対策は重視された。たとえば1961（昭和36）年の結核予防法改正では，患者届出制度・調査体制の強化，感染源患者の施設収容の促進，収容患者の医療費の公費負担の明確化などが盛り込まれた。こうした

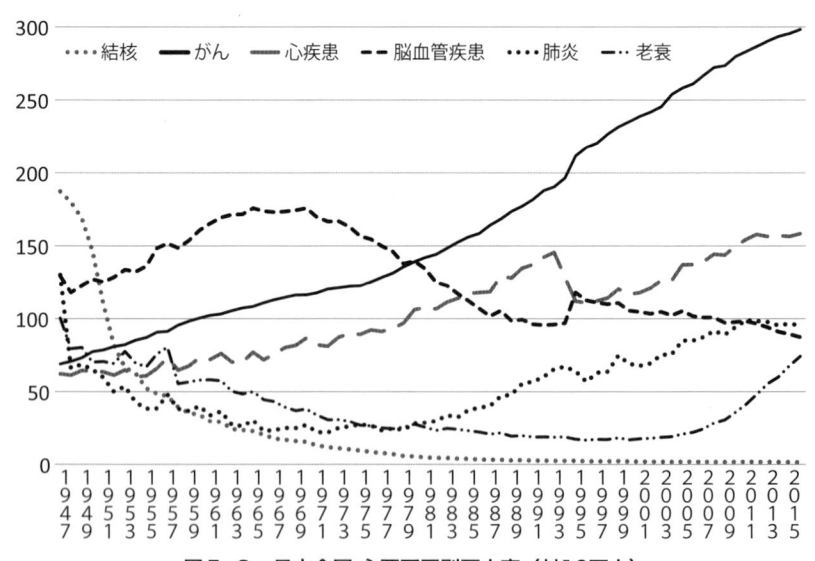

図5-2　日本全国 主要死因別死亡率（対10万人）

資料：厚生労働省『人口動態統計』。

結核対策における患者管理のあり方が，その後の感染症対応の基本形となり，2020年以降のコロナ感染症対応においても踏襲されていたとも指摘される。

　戦後，急性感染症および結核の死亡率低下にも資するような顕著な拡充をみた衛生行政ではあったが，早くも1957（昭和32）年には，専門誌『公衆衛生』で，東京近県の保健所医師からとされる匿名の投書をきっかけとする「公衆衛生は黄昏か」と題する特集が組まれている。その投書は，当時政府が進めようとしていた国民皆保険（その後，1961年に達成）を懸念の理由として挙げていた。防衛費への支出が再開されるなか，公的健康保険の皆保険を実現するためには，現行の厚生予算の枠内でやり繰りするしかなく，保健所をはじめとする予防・公衆衛生行政にそのしわ寄せが及ぶのではないか。開業した同業者と比べ，待遇が悪いわりに雑務が多いので，保健所は医師にとって魅力に乏しい職場である。このままでは若くて有能な医師の加入が見込めず，衛生行政は黄昏時を迎えているのではないか，というのが投書の主旨だった [22]。保健所は地方自治体による設置であったが，国からの機関委任事務が業務の大半を占めていた。財政的にも国庫補助金に依存しており，人件費の国庫補助単価が低かったことも，職員の待遇に影響した。実際に医師・保健婦の人員充足ができなくて，業務に支障をきたす保健所も多かった [23]。

　そして1960年代から70年代にかけては，国庫負担の抑制を所与としつつ，保健所の「合理化」への動きが台頭するようになった。たとえば厚生大臣の諮問による「保健所問題懇談会」の答申（1972年）では，市町村レベル（地区），数市町村レベル（地域），数地域をあわせたレベル（広域地域）を設定し，より高度の専門技術サービスの提供を広域地域所管の保健所に集中させる方向性などが提言された。全国にくまなく同等の保健所を維持する必要はないとの認識の背景には，急性感染症や結核の減少による，感染症に対する社会防衛の意識の希薄化もあったと考えられる。この時期にあっても，独自の財政力があり，しかも革新知事が就任した東京都（美濃部都政）や大阪府

（黒田府政）など，保健所の拡充を進めた自治体もあったが，1972年懇談会
答申の方針に沿って保健所の統廃合を進めた自治体もあった[24]。

　オイルショック後，高度成長の終焉をへて，1981（昭和56）年には第2
次臨時行政調査会が設置され，「増税なき財政再建」の目標のもと，「補助金
等の一般財源措置への移行を含む整理合理化の推進」が答申された。保健所
運営に対する国庫補助金の削減・一般財源化を進めてしまうと，自治体の保
健行政における人員体制が維持できなくなるのではないかという懸念が，国
会では野党から表明された。保健所費用の特定財源（国からの目的を定めた
支出金）から一般財源の切り替えは，直ちに実施されることはなかったが，
その後これが政策論議上の既定路線となり，1994（平成6）年までに，基
本的な保健所運営費については一般財源化された[25]。

　1986（昭和61）年，ライリーの疫学的転換論でいう「死亡の高齢化」が
いよいよ進行し，日本は男女とも平均寿命が世界一となった。日本では
1985年に初めてのエイズ症例が報告されるなど，感染症への懸念がなくなっ
たわけではない。しかしかつてほど死亡率への影響は大きくなくなったとい
うことで，感染症対策から成人病・生活習慣病の予防，さらに老後の健康不
安へと，保健行政の重点がシフトすることは必然だった。すでに1978（昭
和53）年には，生涯を通じた健康づくりの推進（乳幼児から高齢者に至る
までの健康診査・保健指導体制の確立）をめざす「第1次国民健康づくり対
策」が厚生省により策定されており，1988（昭和63）年の「第2次国民健
康づくり対策」がこれに続いた。

　感染症大流行が社会の広範な人々に同時にリスクをもたらすことに比べる
と，生活習慣病に罹る要因やタイミングは個人によって異なる。したがって，
「自分の健康は自分で守る」べきであるとする自己責任論となじみやすいも
のだった。その上で，その個人が所属する地域や職場などの集団に共通する
生活習慣や生活環境を考慮した指導が行われれば，より有効な疾病予防・健
康増進につながりうる。そこに，自治体が担う保健行政の積極的意味を見出
す議論が台頭するようになっていた[26]。そこでは，国家単位での感染症に

対する防衛というより，地域の特性（住民構成など）に対応した保健サービス（健診や保健指導など）の提供が目標とされた。地方自治体や保健従事者のなかには，その目標に照らして，保健所機能の階層化や，保健サービスの一般財源化（国の指示からの自由度が増す）を積極的に期待する向きもあった[27]。

5．1990年代の改革

1994（平成6）年，それまでの保健所再編論を総括するような法改正がなされた。保健所法に代わる地域保健法が，細川・羽田・村山内閣と続く連立政権のもと，国会で成立したのである。この法律により，広域的・専門的・技術的な役割を都道府県・政令市・中核市の保健所に集約する一方，市町村が設置する「保健センター」が，母子保健・老人保健など住民により身近な保健サービスを，福祉部門と連携しながら提供することとされた。感染症対策は，難病対策などとともに専門性が高い分野として位置づけられ，広域を管轄する保健所が担当すべき業務とされた[28]。

地域保健法が施行された1997（平成9）年から，全国の保健所数は顕著に減少し始めた。1992（平成4）年は852カ所だったが，コロナ感染症流行直前の2018（平成30）年には469カ所になっている（図5-3）。東京都についてみておくと，23区部では，1996（平成8）年には53カ所あった各区立による保健所は，2002（平成14）年には23カ所に減少した。つまり各区1保健所となったのである。管轄人口（2015年国勢調査値）は，千代田区の約6万人から世田谷区の約90万人まで，かなり開くことになった。東京都には，世田谷区を上回る管轄人口をもつ保健所も誕生した。調布・狛江・武蔵野・三鷹・小金井・府中の6市，人口約102万人（2015年）を管轄する都立の多摩府中保健所（府中市に所在）である。同地域にはもともと府中，小金井，調布狛江，三鷹，武蔵野の5保健所があったが，青島都政下の1997年には3カ所に，さらに石原都政下の2004年に1カ所となった。

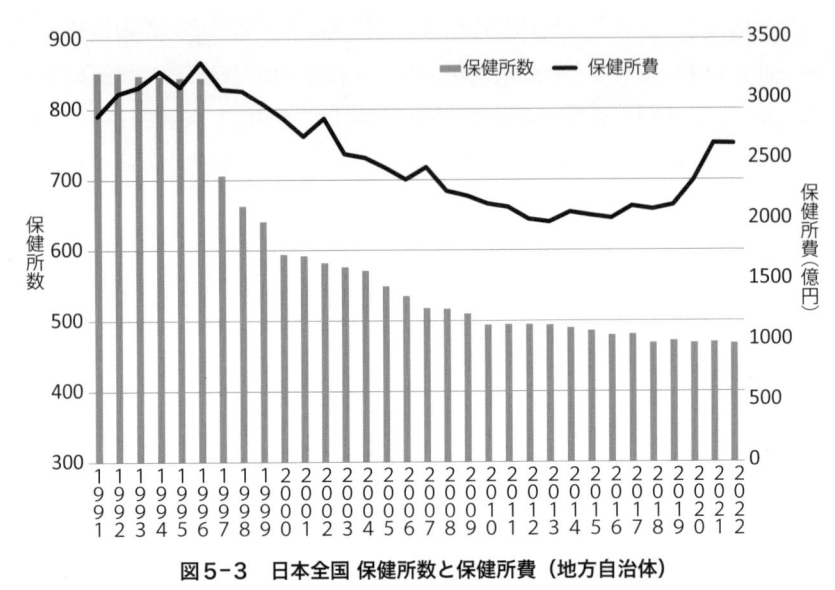

図5-3　日本全国 保健所数と保健所費（地方自治体）

出所：〔保健所数〕全国保健所長会ホームページ　https://www.phcd.jp/03/HCsuii/（2024年10月
　　　閲覧）；〔保健所費〕総務省『地方財政白書』各年版。

　他方，1990年代は，感染症流行への新たな懸念が専門家を中心に一定の
強まりをみせていた時期でもあった。経済のグローバル化の進展にともなう
感染症伝播リスクの増大，HIV／エイズなど新興感染症，耐性菌による結核
などの再興感染症への懸念から，感染症対策の再構築が検討され，1999（平
成11）年には，新しい感染症法（感染症の予防及び感染症の患者に対する
医療に関する法律）が施行された[29]。これは伝染病予防法，性病予防法，
エイズ予防法といった既存の感染症関連の法令を，時代状況にあわせつつ整
理・統合することを意図したものだった。当初，事務整理上の煩雑さから結
核予防法の統合は見送られたが，2007（平成19）年には統合が実現した。
感染力と症状の重篤度などを勘案した感染症の分類がなされ，それに応じた
届出，疫学調査，入院勧告・措置などの手続きが規定された。医師から感染
症患者発生の届出を受け付け，発生状況を調査し，予防計画を立て，各機関

との調整にあたる任務が保健所に付された。

　『地方財政白書』によって，全国の保健所設置自治体（都道府県・政令市・中核市）の保健所費の推移をみると，1996～2008年の減少率は32.2％だった（図5-3）。他方，その保健所費に，全国自治体（保健所設置自治体以外も含む）の公衆衛生費と結核対策費を加えた合計値の同期間の減少率は13.4％となっている（図5-4）。保健所統廃合の一方，市町村によって保健センターが設置されたところも多く，保健に関係する費用の合計でみれば，減少率は保健所費単独よりも低いものの，2008（平成20）年まで減少傾向は続いている。

　市町村の保健センターと業務を分担したわけであるから，必ずしも保健所数の減少分がそのまま保健行政の縮減度を意味するわけではない。具体的な再編成・人員配置のあり方は，それぞれの地域ごとにつぶさにみる必要がある。ただマクロ的にみれば，地域保健法の施行は，ネオ・リベラル的な「小

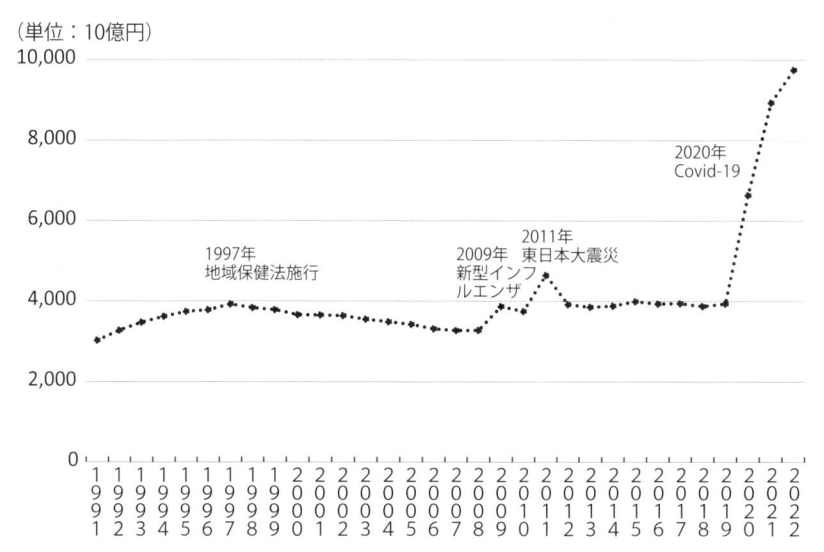

図5-4　全国地方自治体歳出 公衆衛生費・保健所費・結核対策費の合計

資料：総務省『地方財政白書』各年版。

さな政府」志向とも相俟って，地方財政の経費節減につながったといえる。感染症対応の人材配置は保健所に集約されることになったが，1カ所当たりの管轄人口の増加，感染症対応以外の業務の多さを考えると，感染症対応機能の縮減傾向は明らかだった[30]。

　2009（平成21）年と2011年における地方自治体の保健関係費（図5-4）の上昇には，それぞれ強毒型（H1N1型）インフルエンザ・パンデミック対策，東日本大震災が関係していると考えられるが，2012〜19年には，ほぼ横ばいの推移が続いた。2012年，多くの国民が免疫を獲得していないようなリスクの高い感染症の襲来に備えることを目的とした新型インフルエンザ等特別措置法が成立し，緊急事態宣言，行動制限，検疫，ワクチン接種などに関する国や都道府県の権限が規定された。しかし流行時の最前線となるはずの保健所をはじめ地域の感染症対応体制の具体的な見直しには，必ずしもつながらなかった[31]。

6．コロナ感染症の襲来

　感染症法はその後何度か改定されたが，2020（令和2）年にコロナ感染症が日本に波及したとき，感染症の分類は表5-2のような規定になっていた。当初，コロナ感染症は，正規の1類から5類までの分類ではなく，「2類相当」の指定感染症という扱いになり，患者発生時の保健所への即時の届出が義務づけられた。保健所には連絡が殺到し，患者報告の事務処理，相談への対応，疫学調査，検査・入院をめぐる調整など，保健所職員たちは膨大な業務に忙殺されることを余儀なくされた[32]。感染症法上の扱いが5類へと変更されたのは2023年5月で，これにより，患者届出については季節性インフルエンザと同じく定点医療機関が週単位で届出る形になった。

　業務の逼迫については，対応する保健所数やその専門職員（特に感染症対応に従事しうる医師・保健師）が減少していたという側面に加え，やることになっていた業務の多さという側面も考える必要があろう。たとえば積極的

表5-2　感染症発生時対応措置の規定の概要（2020年時点）

分類	おもな感染症	患者発生の届出・把握	積極的疫学調査	入院勧告・措置	就業制限
1 類	ペスト，天然痘，エボラ出血熱など	即時／全数	○	○	○
2 類	結核，ジフテリア，鳥インフルエンザ H5N1 など	即時／全数	○	○	○
3 類	コレラ，腸チフス，細菌性赤痢など	即時／全数	○		○
4 類	黄熱，マラリア，発疹チフス，狂犬病，A 型肝炎，デング熱など	即時／全数	○		
5 類	麻疹，風疹など	即時／全数	○		
	梅毒，HIV/AIDS，アメーバ赤痢，百日咳，破傷風など	7 日以内／全数			
	季節性インフルエンザ，水痘，流行性耳下腺炎，感染性胃腸炎，手足口病，淋病など	定点把握	○		

資料：厚生労働省健康局結核感染症課「感染症の範囲及び類型について」厚生科学審議会感染症部会資料2014年 3 月。https://www.mhlw.go.jp/stf/shingi/0000040512.html（2024年10月閲覧）；「感染症分類を明確化へ」『東京新聞』2021年 1 月15日付などより作成。

　疫学調査，すなわち発生の届出を受けて，患者とその濃厚接触者に対して行動歴や家族状況等の聞き取り調査を行うことが，感染症法上，保健所に義務づけられていた。こうした調査は，かつて結核や赤痢などの流行がまだ大きな問題であったころ，感染経路を把握して対策をとるために重視され，定式化されていたものだった。肺結核（細菌性）とコロナ感染症（ウイルス性）を比べると，呼吸器疾患であり，飛沫感染・エアロゾル感染といった共通点もあるが，感染拡大の速さ，感染と発症のあり方，症状進行の速さ（慢性／急性）などでは異なる点が多い。感染力が強く，いわば爆発的な拡大をみせたコロナ感染症流行において，積極的疫学調査の保健所職員への負荷の集中は特に深刻で，患者のプライバシーに関わることでもあるため，その必要性・適切性が問われることにもなった[33]。

　コロナ感染症は，誰も免疫を有していなかったために爆発的流行に至ったという点では，しばしば比類されることがあるように，1918年ごろの「スペイン風邪」（流行性感冒）と似通っている。しかし上述したように，1918

年当時において病原体は未知で，感染の有無を厳密に判定する病原体検査方法はなかった。罹患時の届出は義務ではなく，したがって行政による流行性感冒への対応も義務化されていなかった。その意味では，スペイン風邪はコロナ感染症対応の先例とは必ずしもいえない。

　この約100年間に，医学は著しく「進歩」した。コロナ感染症の病原ウイルスはすぐに特定され，ウイルス感染の有無を判定するPCR検査も利用可能となっていた。流行開始直後に特効薬やワクチンがなかったのは1918年も2020年も同じであるが，肺炎などの症状に対する有効性の高い医療的措置が2020年には可能となっていた。もちろん現在でも医学には不確かなことも多いわけだが，感染症に関する知見・情報が増え，感染の予防や感染者の救護について「出来ること」が増えたことは確かだろう。しかし潜在的に手段の選択肢が増えたことと，それを実施できるかどうかは同じではない。流行発生後から長らく，検査体制の確立，感染者収容施設の確保がままならず，その実施条件のハードルを上げることによって，PCR検査実施が抑制されていたことは大きな問題となった[34]。

　医学の領域以外でも，この100年の間の変化は大きい。象徴的な例として，情報通信手段の発達がある。100年前は電話でさえまだ普及は限定的だったが，コロナ禍においては問い合わせの電話が保健所に殺到し，それが業務逼迫の一因ともなった。必要な情報はインターネット上で取得できる便利な時代となったが，雑多な情報の錯綜も大きな問題であった。

　「出来ること」が増え，対策の規模が大きくなるほど，保健医療従事者をはじめ防疫・治療の前線で働く人々の負担は重くなるし，防疫措置にともなう一般の人々の仕事や生活への影響も甚大になる。何を，どれだけ，誰が，誰に対して，いつ，どのように実施していくか。そしてそれがいかなる影響・帰結をもたらすのか。100年前よりも「出来ること」が増えたことによる難しさに，今回直面したといえよう[35]。

おわりに

　行財政面からみれば，1990年代の地域保健法施行にともなう保健所再編・感染症対応機能の集中・縮小が，コロナ感染症時の対応逼迫の直接的な要因として指摘されうるであろう。この再編は，「選択と集中」を旨とするネオ・リベラル的な行財政改革と軌を一にするものだった。ただし保健所の整理再編自体は，ネオ・リベラリズムの台頭以前から志向されていたことには留意する必要がある。

　20世紀半ば以降，急性感染症や肺結核による死亡率が急速に低下したことにより，保健医療政策における感染症対策の優先順位はすでに下がっていたのである。長らく人々を苦しめてきた伝染病が克服され，がん，循環器系疾患などが保健上の大きな問題として浮上してきた状況に対応する改革として，保健所機能の整理再編を積極的に支持する向きは，保健医療従事者のなかにもあった。疫学的転換への対応という観点からは，保健所の感染症対応機能の一定の縮小には，やむを得ない面があったといえよう。

　問題は，深刻な感染症流行の再来リスクの見積もりが低いまま，1990年代以降の実際の保健行政改革が進んでしまったことにある。新興・再興感染症への懸念はつとに専門家によって指摘され，世界的にみれば実際に SARS（2003年），新型インフルエンザ（2009年），MERS（2012年），エボラ出血熱（2014年），デング熱（2014年）など，致死率の高い急性感染症の広域流行が発生したが，いずれも日本国内での流行拡大にはつながらなかった。感染症襲来への危惧は一時的には高まり，政府内でもサーヴェイランス（流行状況の監視）強化への動きがなかったわけではない。しかし保健所を管轄する都道府県・市を含め，感染症対応のあり方の見直しが政策決定の場で大きな焦点になったとはいえないまま，2020年のコロナ感染症流行に直面した。

　本章では大まかな時代把握上，疫学的転換モデルを参照してきたが，その

①から④の各段階が順を追って不可逆的に進行し，人々の長寿化が進むとする単純な進歩史観は，反省を迫られている。たしかに20世紀半ば以降，日本では感染症流行は制御され，感染症を直接の死因とする死亡の割合は小さい状態が続いてきた。しかし世界的にみれば感染症が死亡率を左右する国・地域は多数存在し続けていたし，日本国内でも感染症の流行リスクが消滅したわけではなかった。そしてコロナ感染症流行において，特に重症化が深刻で，難しい対応が迫られたのは，慢性基礎疾患のある人々や，高齢者に関してであった。「④生活習慣病の主流化，死亡の高齢化」の段階に達していながら，感染症の大流行に見舞われるという事態の難しさに，今回直面したのである。

　感染症大流行下，公益を名分とする行政の対策を，それによって生じうる私益の毀損にも配慮しながら，限られた人員・施設で進めることが，現代においても，というより，「人権」や「自由」あるいは「医療へのアクセス」などが少なくとも建前上は保障されるようになった現代であるからこそ，なお難しい課題であることを，コロナ感染症流行は知らしめた[36]。

　コロナ感染症流行下の業務逼迫の経験をふまえて，問題点の洗い出しと今後の課題については，各所で検討が進められつつある[37]。具体的にどのような施策が望ましいかについては本章の範疇をこえるが，感染症対応の専門的人材をどう確保・配置していくか，国と地方自治体との関係，そして保健所・地衛研など行政部門と民間の保健医療関係機関との役割分担・連携の構築などが，行政の対応体制に関する主要な焦点である。かつてのような一方的な中央集権体制に戻ることが望ましいとは思われないし，政府部門のみで大流行時の感染症対応の業務を行おうとすることが現実的とは思われない。ただ民間との連携をはかるとしても，行政のイニシアティヴは必要であり，そのためにも保健所をはじめとする行政の感染症流行への対応力の適切な補強は不可欠であろう。

　そして一般の市民の側でも，この問題への関心を維持することは重要である。地域の実情に即した保健行政をめざすという名目のもと，1990年代の

改革によって一定の地方分権が進んだ。したがって今後コロナ感染症の経験をふまえた適切な政策が実現されていくかどうかは，国政レベルだけではなく，各都道府県政や市政についての住民の関心のあり方にも懸かっているのである[38]。

〔注〕

1）「コロナ禍」のもと専修大学では，オンライン授業移行準備のため，2020年度新学期開始は５月にずれ込んだ。学生も教員も戸惑うなかで始まったリモートでのゼミナールでは，流行第１波における保健所業務の逼迫を念頭に，ゼミ生にはそれぞれ地元の保健所の沿革と状況を調べて発表してもらった。本章は，そのときの問題意識から展開したものである。

2）A. R. Omran "The epidemiologic transition: A theory of the epidemiology of population change", *The Milbank Quarterly*, 49, 1971, reprinted in *The Milbank Quarterly*, 83, 2005, pp.737-734.

3）See e.g. J. P. Mackenbach, "Omran's 'Epidemiologic Transition' 50 years on", *International Journal of Epidemiology*, 2022, pp.1054-1057；永島剛「疫病と公衆衛生の歴史・概観―西欧と日本」秋田茂・脇村孝平編『人口と健康の世界史』ミネルヴァ書房，2020年。

4）J. C. Riley, *Rising Life Expectancy: A Global History*, Cambridge: Cambridge University Press, 2001, pp.19-23〔J. ライリー『健康転換と寿命延長の世界誌』門司和彦・金田英子・松山章子・駒澤大佐訳，明和出版，2008年，13-15頁〕。

5）A. B. Jannetta, *Epidemics and Mortality in Early Modern Japan*, Princeton: Princeton University Press, 1987, p.199.

6）長与専斎『松香私志』上巻，55，65頁〔伴忠康『適塾と長与専斉――衛生学と松香私志』創元社，1987年に復刻〕。

7）富士川游『日本疾病史』平凡社（東洋文庫），1969年。

8）近代日本のコレラ対策および伝染病関連法制の基本的な情報については，厚生省医務局『医制百年史』ぎょうせい，1976年；山本俊一『日本コレラ史』東京大学出版会，1982年。

9）小林丈広『近代日本と公衆衛生――都市社会史の試み』雄山閣，2001年など参照。

10）たとえば赤痢流行については，永島剛「昭和初期の疫癘――川崎における赤痢流行を中心として」専修大学人文科学研究所編『災害　その記録と記憶』専修大学出版局，2018年。

11）小高健『傳染病研究所――近代医学開拓の道のり』学会出版センター，1992年。

12）内務省衛生局『流行性感冒「スペイン風邪」大流行の記録』平凡社（東洋文庫），

2008年；速水融『日本を襲ったスペイン・インフルエンザ—人類とウイルスの第一次世界戦争』藤原書店，2006年。こうした統計数値の背景については，永島剛「統計数値からみる感染症の歴史学」永島剛・井上周平・福士由紀『公衆衛生と感染症を歴史的に考える』山川出版社，2023年。

13) 結核とその対策については，W. Johnston, *The Modern Epidemic: A History of Tuberculosis in Japan*, Cambridge, Mass.: Harvard University Asia Center, 1995; 青木純一『結核の社会史：国民病対策の組織化と結核患者の実像を追って』御茶の水書房，2004年。

14) 高岡裕之『総力戦体制と「福祉国家」——戦時期日本の「社会改革」構想』増補版，岩波現代文庫，2024年。

15) 日本公衆衛生協会編『保健所三十年史』日本公衆衛生協会，1971年；逢見憲一「保健所法から地域保健法へ—戦前・戦中・戦後のわが国の公衆衛生の発展」『公衆衛生』82巻3号，2018年，188-194頁。

16) 杉山章子『占領期の医療改革』勁草書房，1995年，155-190頁。

17) 鈴木紀子「保健婦のはじまり」日本医史学会編『医学史事典』丸善出版，2022年。

18) この点については，S. R. Johansson and C. Mosk, "Exposure, resistance and life expectancy: disease and death during the economic development of Japan, 1900-1960", *Population Studies*, 41(2), 1987, pp.207-235も参照。

19) 渡部幹夫「わが国の予防接種制度についての歴史的一考察」『民族衛生』73巻6号，2007年，243-252頁。

20) 高田昂・江見康一・古川武温『講座・現代と健康10　保健医療のシステム』大修館書店，1974年，171-173頁。

21) 横田陽子『技術からみた日本衛生行政史』晃洋書房，2011年；調恒明「地域保健法と地方衛生研究所」『公衆衛生』82巻3号，2018年，238-243頁。

22)「特集　公衆衛生は黄昏か？（1）」『公衆衛生』21巻1号，1957年，30-46頁。

23) 平川則男「公衆衛生の環境変化に伴う保健所機能の変遷と課題　新たな感染症の時代を踏まえて」『自治総研』513号，2021年，8頁。

24) 西尾雅七監修『現代の地域保健Ⅰ』法律文化社，1981年，10-32頁。

25) 平川，前掲論文，10-11頁。

26) 多田羅浩三『公衆衛生の論点　その記録』左右社，2019年，402-404頁。

27) 中田勝己・正林督章「国と地方自治体が担う公衆衛生の機能分担の現状と今後の役割」『公衆衛生』80巻1号，2016年，33頁。

28) 宇田英典「地域保健法成立後20年間の保健所の推移と課題」『公衆衛生』80巻1号，2016年，27-32頁；田上豊資「地域保健法の制定—地域保健法が目指した保健所のあり方」『公衆衛生』82巻3号，2018年，196-201頁；「地域の医療と介護を知るために　第23回保健所と地域保健法」『厚生の指標』65巻7号，2018年，46-50頁。

29) 井上栄『感染症の時代』講談社現代新書，2000年。

30) 三原岳「感染症対策はなぜ見落とされてきたのか―保健所を中心とした公衆衛生の歴史を振り返る」 ニッセイ基礎研レポート，2020年9月15日．https://www.nli-research.co.jp/report/detail/id=65972?site=nli（2024年10月閲覧）も参照。

31) 平川，前掲論文，18-20頁。

32) 東京の保健所医師の現場報告として，関なおみ『保健所の「コロナ戦記」TOKYO 2020-2021』光文社新書，2021年．行政学の視点からの考察として，金井利之『コロナ対策禍の国と自治体―災害行政の迷走と閉塞』ちくま新書，2021年。

33) たとえば上昌広『厚生労働省の大罪―コロナを迷走させた医系技官の罪と罰』中公新書ラクレ，2023年，32頁。

34) 検査推進派と抑制派の議論の概要については，原田泰『コロナ政策の費用対効果』ちくま新書，2021年，81-129頁。

35) 永島剛「英国における1918年インフルエンザ大流行から考える現在」『同時代史研究』14，2021年，68-75頁。

36) これについては，永島剛「パンデミックと海港検疫――一八七九年と二〇二〇年の横浜港」南塚信吾・小谷汪之・木畑洋一編『歴史はなぜ必要なのか――「脱歴史時代」へのメッセージ』岩波書店，2022年でも言及した。

37) 厚生労働省健康局健康課「感染症法等の改正を踏まえた保健所，地方衛生研究所等の強化について」第49回厚生科学審議会地域保健健康増進栄養部会資料，2013年1月19日；「特集　新型コロナからの教訓」『公衆衛生』87巻12号，2023年；「特集　感染症法改正法の全面施行」『公衆衛生』88巻5号，2024年など参照。

38) たとえば大阪府政の保健・医療・介護・保育・障がいの現場への影響については，大阪社会保障推進協議会『大阪のコロナ禍3年を検証する』日本機関紙出版センター，2023年。

第6章

沖縄県における新型コロナウイルス感染症の拡大と行政対応
——県行政の対策に注目して

森 啓輔

はじめに

　本章では，離島県である沖縄県における新型コロナウイルス感染症（以下，コロナ感染症）拡大局面において，感染症および同感染症に伴う経済的変動に対する，県行政の対策過程を再構成する。沖縄県ではコロナ感染症患者の人口当たりの陽性者数が全国最多となった一方，陽性者に占める死亡率は全国平均を下回った。第一に，このような感染爆発の経緯と状況に対する，県行政の疫学的対策過程を明らかにする。第二に，コロナ感染症に影響を受けた県経済の状況に対し，沖縄県がどのような経済対策を行ってきたのかについて考察する。特に，2020年から同感染症が感染症法上の分類の5類に移行する23年5月までを考察対象とし，行政の対策過程の再構成には沖縄県資料，沖縄県議会録，地元新聞紙（沖縄タイムス），先行研究などを使用する。以下第1節では，沖縄県における同感染症に対する疫学的対策過程について考察していく。また第2節ではコロナ渦における沖縄県の経済対策について考察する。最後に第3節では考察と結論を述べる。

1．コロナ感染症対応の政策過程

　本節では，沖縄県におけるコロナ感染症の流行と収束，ならびに沖縄県の

対策について考察する。沖縄県保健医療部は，コロナの流行時期を第1波（2020年3月）から第8波（2023年1月収束）に分類している。本章ではまず全体の傾向を見たうえで，同医療部の区分に沿って，沖縄県のコロナ拡大への対策について考察していく。

1.1　全体の傾向

はじめに，コロナ感染症者の全体的傾向を示す。沖縄県が提供している「沖縄県オープンデータカタログサイト」のコロナ陽性者のデータから，コロナ感染症者の月別感染者数に基づき，南部・中部・北部・八重山・県外地域（県外から来て沖縄で発症）ごとに作成したのが図6-1である。沖縄県内で最もコロナ感染者数が増加したのは，第6波から第7波にかけて，すなわち

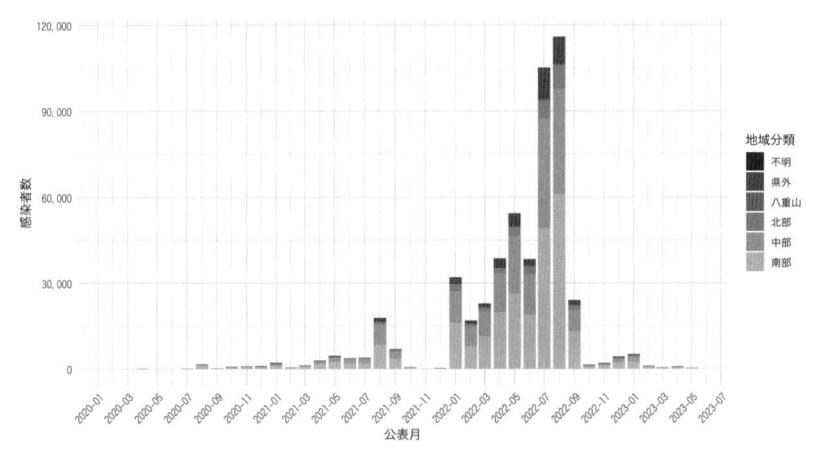

図6-1　地域別コロナ感染者数　2020年2月〜2023年5月

出所：沖縄県オープンデータカタログサイト［2023a］のデータから筆者により作成。なお，コロナ感染を確定する日付は，発病日・確定日・公表日の3つに分類されていたが，欠損値がない公表日に基づいてグラフを作成した。

2022年1月から8月にかけてのオミクロン株流行期であった（第1波から第8波についての詳細は後述する）。次に，感染者数の地域ごとの割合を月ごとに示したのが図6−2である。図6−2からわかるのは，感染者の絶対数の多くは中南部の人口集中地域で観測されたということである。さらに，感染者クラスター数の推移を，分類ごと（社会福祉施設，病院・医療機関，学校・教育関連，会食，職場，家庭内，スポーツ活動等，その他）に表したのが図6−3である。感染拡大初期から，多くの社会集団内において感染クラスターが観測されてきた。とりわけ上記の第6波から第7波間の感染者が最も拡大した時期において，特に社会福祉施設内でのクラスター発生数が大幅に増加した。以下，感染拡大期ごとの沖縄県の対応について考察する。

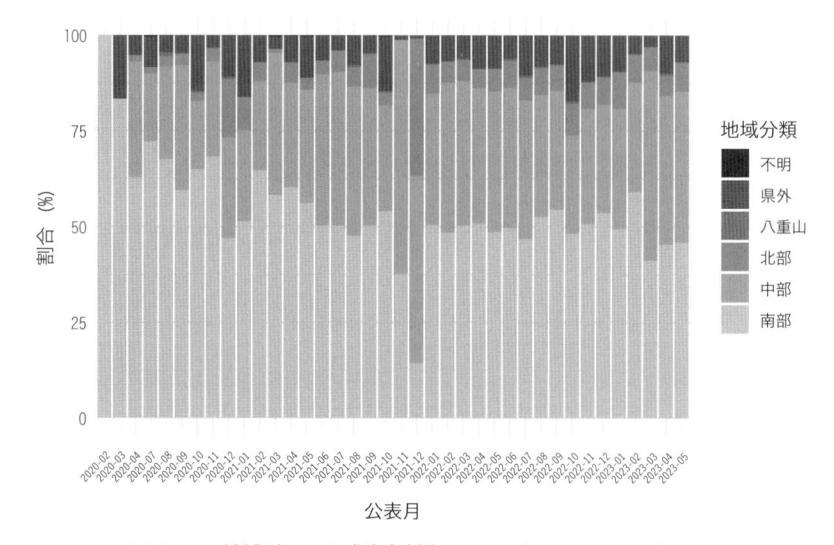

図6−2　地域別コロナ感染者割合　2020年2月〜2023年5月

出所：図6−1のデータに基づき筆者により作成。公表日の確定について図6−1に同じ。

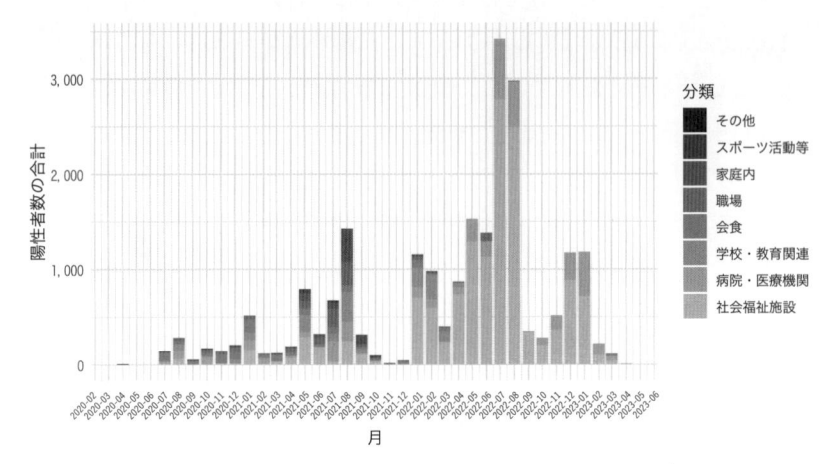

図6-3　月ごとのクラスター発生数　2020年2月〜2023年6月

出所：沖縄県オープンデータカタログサイト［2023b］から筆者により作成。API を使ってデータ
収集した。日付の確定は初発例発生日に基づく。

1.2　第1波〜3波（2020年3月〜21年2月）

　県内では，2020年2月14日に最初の陽性者が確認された。2例目は2月
1日に那覇港に寄港していたクルーズ船ダイヤモンド・プリンセス号の乗客
を乗せたタクシー運転手だった。その後一旦落ち着いたものの，3月下旬か
ら連日新規陽性者が確認されたため，県は新型インフルエンザ等対策特別措
置法（特措法）にもとづく緊急事態措置として学校の一斉臨時休校，沖縄本
島と県外および離島との不要不急の往来自粛や，イベント・会議の原則中
止・延期など，県民に対し行動自粛の要請を行った。第1波（2020年3月
23日〜4月30日）の類型陽性者数は138人で，5月・6月の新規陽性者の
発生はなく，感染が収束した。7月に入り，独立記念日を契機として米軍基
地内で多数の感染者が発生した。また接待を伴う飲食店などでの感染が発生
し，特に那覇市松山地区での繁華街従業員で多数みられた。その後，県内全

域へと感染が拡大したため，沖縄県独自の緊急事態宣言を発出し，不要不急の外出自粛，感染拡大地域における飲食店の営業時間の短縮，休業要請を行った。第2波（同年7月8日〜9月5日）の累計陽性者数は約2000人で，8月中旬をピークに減少した［沖縄県保健医療部 2024：2］。第3波（同年9月30日〜21年2月28日）には，年明けの首都圏における感染爆発の影響や年始の親族間交流，成人式後の懇談等により感染が拡大したため，1月20日に県独自の緊急事態宣言を発出し，緊急事態宣言区域等との不要不急の往来自粛，飲食店の時短営業要請などを行った。累計陽性者数は6000人で1月下旬をピークに減少した［沖縄県保健医療部 2024：2］。

　沖縄県は，これから流行すると予測されたコロナ感染拡大に対処するため，2020年1月末から関係部署を招集して対策会議を行った。2月20日の県議会定例会から，県や知事のコロナ対応に対する質問が各会派の議員からなされ，「新型肺炎，県民の不安が大変募っております。もちろん，これは健康のことはさることながらも，やはり観光を含めた産業に対する影響，大変県民は不安に思っておりますから，県には切れ目のない迅速な対応を期待したいとおもっております」［沖縄県議会 2020a］との答弁や，米軍基地に由来するコロナの検疫について「検疫法を米軍に適用すべきだと思います」［沖縄県議会 2020b］などの答弁がなされ，県議会におけるコロナ対策に関する議論の緊張感が高まっていた。3月26日には政府対策本部設置に伴い，県庁前部局長を構成員とする県対策本部を設置し，4月から各地方本部を設置しコロナ対策に取り組んだ。会議には，必要に応じて県対策本部に常駐する医療コーディネーターも参加し，助言を行った。全部局を統括するために設置された統括情報部の責任者として保健医療部長が置かれ，県議会における県のコロナ感染対策には，保健医療部長が主として答弁することになる。並行して，3月25日に沖縄県新型コロナウイルス感染症対策専門家会議が設置され，感染状況，医療提供体制や感染対策等に関する課題について意見聴取を行い，対処方法や必要な施策の検討を行った。また7月2日からコロナウイルスの抗体検査に係わる疫学・統計解析委員会（企画部科学技術振興

課所管）を設置し，同委員会の解析結果を感染症拡大防止策に反映した。8月には厚生労働省からのリエゾン（情報通信調整）チームの派遣に伴い，県の対策本部組織運営，病床確保，看護職派遣，保健所・保健師の体制充実，検査体制の企画，感染者等・管理支援システムの導入などの支援を受けた。また同月には，県からの災害派遣にもとづき，防衛省調整チームも参画し，県内医療機関への医療支援や宿泊療養施設に従事する県職員を対象とした曝露防止の教育支援等を受けた［沖縄県保健医療部 2024：4-6］。

　県は同時期の自己評価について，医療コーディネーターの立ち上げ当初からの本部常駐や，リエゾン派遣，専門家会議，県医師会との連絡会議などにより，専門家や医師の協力が得られ，迅速な対応ができたことを評価している。情報発信についても，感染発生初期には情報が錯乱し混乱も見られたが，県が毎日マスメディアへブリーフィングを実施し正確な情報提供を行うなどして，積極的に情報提供を行ったことが評価点として挙げられた。課題としては，統括情報部の運営業務がコロナ対策業務の長期化に伴い困難化したことや，職員の業務管理や健康管理が不十分であったこと，保健所での職員の超過勤務の増大などが挙げられた［同上：16-17］。

1.3　第4波〜5波（2021年3月〜9月）

　2021年3月上旬以降，全国の大都市を中心に新規陽性者数の増加が続き，アルファ株感染者の増加が見られ，従来株の置き換わりが進んだ。県内でも従来株の置き換わりが急速に進み，3月下旬より感染者の増加傾向が見られたため，中部の飲食店に対し県は緊急特別対策を発出した。沖縄県議会においては，コロナ感染症の具体的な対策や，後述する経済対策のための補正予算の審議を中心に展開していくことになる［沖縄県議会 2021］。感染はさらに拡大し，4月から本島内9市が「まん延防止等重点措置」の適用対象に指定された。5月には県独自の医療非常事態宣言を発出し，同月19日から6月20日まで県内全域が緊急事態宣言の対象区域に指定された。第4波（2021年3月〜7月）の累計陽性者数は1万2731人で，5月下旬をピーク

に減少した。7月から8月にかけて，全国的にアルファ株よりも感染力が強く，重症化頻度が高いデルタ株への置き換わりが進んだ。県内では7月下旬ごろから急速に置き換わりが進み，入院調整が困難となり，自宅や施設で酸素投与を受ける感染者が増加した。このような状況下において，県と市町村および医療界，経済界が合同で沖縄県緊急共同メッセージを発出する事態となった。8月下旬から9月上旬には全ての波において最多となる入院患者数，重傷者数を記録し，入院体制は極めて逼迫した。第5波（2021年7月〜9月）の累計陽性者数は2万8208人で，8月下旬をピークに減少に転じ，それ以降は小康状態が継続した。県としては，対策本部を中心に対策に当たり，総括情報部にワクチン接種等戦略課，総務班に店舗巡回見回りグループ，感染拡大防止認証プロジェクトグループ，医療体制整備班に入院待機ステーショングループ，対策支援班に学校・保育PCRチーム，予防班に広域ワクチン接種チームを設置して，必要なグループを新たに立ち上げて対策を実施してきた。また，9月から保健医療部主催の専門家会議の分科会「疫学・統計解析委員会」でとりまとめられた内容を，県対策本部会議において総合的に判断するため，同委員会を専門家会議から独立させ，知事が主宰する会合として改組した［沖縄県保健医療部 2024：20-22］。

　県としては，夏場のデルタ株への置き換わりに伴う大規模感染拡大により，病床が逼迫し重症患者も入院調整が困難となるなか，ECMOネットの支援を受け，管理キャパシティの増加を図り，重症者への対応態勢の強化を図ったことが評価されている。また酸素投与が必要な中等症患者が入院調整できない事態に際し，入院待機ステーションを整備・増設したことで医療提供体制を維持することができたことも評価された。自宅療養者に対しても，健康観察を行いながらの酸素濃縮器の貸し出し，受診調整や在宅医療，往診，遠隔診療，訪問看護を提供し，医療逼迫の低減に取り組んだとされた。ワクチン接種についても，担当課の設置により，市町村における接種を円滑に支援することができたとされた。課題としては，引き続き対策本部内の業務や労務管理の徹底が課題とされた。また，入院待機ステーションの安定的な運

営体制の確保，宿泊療養施設における退所後の消毒・清掃方法の改善，発熱者の診療をためらったり対応できなかったりする医療機関の影響で，一部の医療機関へ有症状者が殺到してしまうことなどが課題とされた。検査体制については，一部検査で予約が取りにくい状況が生じたことや，経済活動の回復に向けて，ワクチン接種対象年齢とならない層やワクチンが打てない年齢層に対する検査の拡充などが課題となった。情報発信については，若い世代からの感染拡大やワクチン接種率の低迷が見られたため，若年層に対する対策が課題となった［沖縄県保健医療部 2024：32-34]。

1.4　第6波〜8波（2022年1月〜23年1月）

　第6波〜8波は，重症度は低いが感染力が強いオミクロン株への置き換わりにより爆発的な感染拡大を繰り返し，新規陽性者数の最多を記録した時期であった。医療機関や福祉施設でクラスターが多発し，施設内療養も最多となった。そのため，発生届の限定化など，高齢者等重症化リスクの高い者を守りつつ通常医療を確保する方向へシフトしていく。他方で，感染拡大の中においても，緊急事態宣言等の行動制限は行わず5類感染症への移行を見据えた時期だった。初めて県内でオミクロン株感染が確認されたのは，キャンプ・ハンセンに勤務する日本人従業員であり，その後のゲノム解析の結果により，キャンプ・ハンセンから市中感染が拡がったと推測された。オミクロン株による感染が急拡大し，政府は2022年1月9日に県に対してまん延防止等重点措置を適用し，飲食店に対する酒類提供と営業時間の短縮などを要請した。3月にはオミクロン株 BA.2 が県内で確認され，ゴールデンウィーク後に感染拡大が確認されたため，5月に沖縄県はコロナ感染拡大警報を発出した。6月にはオミクロン株 BA.5 が県内で確認され，BA.5 系統への置き換わりにより7月には爆発的に感染が拡大した。7月21日，県は医療非常事態宣言を発出し，軽症の場合や検査目的での救急受診を控えるよう呼びかけた。8月には新規陽性者が6412人と過去最高を記録し，第7波（2022年3月〜9月）は180日間にわたり，累計陽性者数は38万222人と過去最高を

記録した。第8波（2022年11月〜23年1月）の累計陽性者数は約5万人であり、2023年5月をピークに減少した［沖縄県保健医療部 2024：35-36］。

　県はこの厳しい感染状況の中、新型コロナ担当対策課を3課体制とし、専任統括監を設置するなど組織体制を強化し、また入院待機ステーションなどの医療体制の強化に取り組んだ。コロナ感染者検査体制についても、抗原定性検査キットの活用、登録センターの開設など、全国に先駆けて先進的な取り組みを実施し、医療機関、検査機関の逼迫を緩和することができたとしている。

　県のコロナ対策は、2023年5月の感染症法上の分類の5類への移行までの間、8回の感染の波を経験した。県内の累計感染者数は58万3708人に上り、人口当たりの感染者数は全国最多となったが、他方で感染者に占める死亡者（1025人）の割合（0.17%）は、全国平均（0.22%）より低く抑えられた。これは、コロナ対策本部に常駐した医療コーディネーターとの密な連携により、医療や介護の現場で生じている課題がコロナ対策本部と共有されたことが大きかったと、保健医療部は分析している［沖縄県保健医療部 2024：48-49］。県中部地区医師会感染症担当理事であった新屋洋平も、同様に、医療コーディネーターの存在が県医療本部および重点医療機関双方の負担軽減につながったと分析している［新屋 2022］。経済学者の安孫子勇一は、都道府県別のコロナ感染者の経済的背景として、従属変数を累計感染者として、独立変数を人口密度、宿泊業・飲食業従事者の割合、県外就業率、空港の旅客数としその効果を推定している。有意な独立変数のインパクトを都道府県比で見ると、沖縄県においては、人口密度、宿泊業・飲食業従事者の割合、空港旅客数の高さが、感染率を押し上げたことが推計されている［安孫子 2021］。離島観光圏としての経済的基盤が、累計感染者数の増加に寄与していることがわかる。2020年から2023年の間にコロナ対策本部総括情報部が実施した取り組みにかかわる予算執行額は合計約1800億円であり、前例のない規模でコロナ対策に取り組んだ［沖縄県保健医療部 2024：48-52］。

2．沖縄県の経済対策基本方針の推移　2020〜21年

　沖縄県は，コロナウイルスの県内での感染拡大に伴い，2020年から21年にかけて，経済対策基本方針を打ち出した。同基本方針では何が重点的な経済対策として実行されたのか。以下で時系列に沿って明らかにする。

2.1　基本方針策定以前

　沖縄県は，2020年5月28日のコロナ感染症に伴う経済対策基本方針の決定以前に，すでに経済対策を開始していた。商工労働部は，「中小企業セーフティーネット資金による金融支援（融資対象4の災害として認定）」を同年2月3日に開始した。対象事業者は，沖縄県内の市町村において事業歴が3カ月以上で，コロナウイルス感染症の影響を受けた中小企業者，協同組合等であった。融資限度額は運転・設備計3000万円，融資期間は運転7年，設備10年であった。融資利率は0.8〜1.6％，保証料率0.40〜0.85％，担保は必要に応じて求め，保証人は原則として代表者を除いては徴求しないものとした［沖縄県商工労働部中小企業支援課 2020a］。同年5月，商工労働部は「新型コロナウイルス感染症対応資金（融資制度）」を開始した。本制度は，中小企業に対して，国の制度を活用し，最大で実質無利子（当初3年間），無担保，保証料ゼロ，据置最大5年の融資を可能とするものであった。対象事業者は，県内中小企業のうち，セーフティーネット保証4号・5号，危機関連保証の市町村の認定を受けたものであった[1]。融資限度額は6000万円であり，融資利率0.8〜1.6％，保証料率0.85％，融資期間10年以内，無担保という融資条件であった［沖縄県商工労働部中小企業支援課 2020b］。

表6-1　沖縄県のコロナ感染症対策のための４つのフェーズ

フェーズ１	新型コロナ感染症拡大に伴う経済損失への緊急対策	・緊急事態宣言 ・自粛要請
フェーズ２	経済活動の再開の準備および部分的再開	・沖縄県での緊急事態宣言解除 ・自粛要請の段階的解除
フェーズ３	経済活動の部分的再開と段階的拡大	・緊急事態宣言の全都道府県での解除 ・各都道府県間の移動自粛解除
フェーズ４	コロナチェンジの展開	・コロナウイルスの収束

出所：沖縄県新型コロナウイルス感染症の影響等に係る緊急経済対策本部緊急経済対策PT（2020：
　　　3）より筆者が作成。

2.2　「新型コロナウイルス対策に係わる沖縄県の経済対策基本方針」 （2020年５月28日）

　2020年当時沖縄県は，沖縄経済の現況について「緊急事態宣言の実施等により経済活動が著しく停滞している。国は2020年５月14日に緊急事態宣言を実施すべき区域から沖縄県を含む39県を解除した。しかし，依然として，外国航空便および国内航空便のかなりの部分が停止し，サプライチェーンも滞っており，さらに民間消費も冷え切ったままであり，経済の再開には至っていない」［沖縄県新型コロナウイルス感染症の影響等に係る緊急経済対策本部緊急経済対策PT 2020：3］と分析していた。業況判断D.I.（全産業）はコロナ以降，マイナス13と大きく落ち込み，倒産企業件数も増加傾向をみせ，2020年２〜５月の入域観光客の減少に伴う観光消費額は1166億円の減少を見せた。また，企業の債務返還危機が懸念されていた。沖縄県は上記の状況に鑑み，経済対策を緊急対策から４つのフェーズごとの対策へと移動していく基本方針を策定した。フェーズは以下のようになっていた（表

6-1）。

　フェーズ1は，「新型コロナ感染症拡大に伴う経済損失への緊急対策」期として位置づけられた。経済損失への緊急対策として，緊急融資，支援金，生活を支えるための支援を行い，さらに貿易体制，医療体制の強化を図ることが目指された。2020年3月と5月にはコロナ対策関係の補正予算が執行され（計630億円），新型コロナウイルス対応県単融資事業（542億），うちなーんちゅ応援プロジェクト（40億），医療体制構築，感染拡大防止（21億），生活困窮者住居確保金（4億）などがその内訳であった。県民向けの対策としては，困窮者世帯等への生活支援，給付金，個人向けの緊急小口貸し付けなどが行われ，企業向けには資金繰り支援（セーフティーネット資金），既往債務の返還猶予や無利子等への借り換え，雇用の維持・確保，雇用調整助成金の上乗せ，経営相談，給付金，固定費の支援などが計画された。

　フェーズ2は，「経済活動の再開の準備および部分的再開」期として位置づけられた。フェーズ2では，フェーズ1の諸施策を継続しつつ，「新たな生活様式」の県民生活への定着状況を踏まえ，経済活動再開のための環境を整えていくことが目標とされた。航空便や船便の段階的な運航再開を促しサプライチェーンの修復を図り，「三密」回避などの感染症対策をしつつ，県民向けイベントや会議などの自粛も漸次解除していくことが目指された。コロナ感染対策関係県予算も，第三次補正予算，第四次補正予算と組まれることが予定された。具体的な対策としては，民間消費の回復，県民による県内市街地，行楽地への周遊や県内旅行などの需要喚起，自粛解除による企業活動の再開，航空輸送・海上輸送の段階的再開，離島も含めたサプライチェーンの回復，県民向けイベント等の段階的解除，Eラーニングの推進，観光受入れ環境の充実を図るためのキャッシュレス化促進支援，文化・芸術産業の推進，沖縄文化の象徴である首里城の復元・復興（フェーズ4に至るまで），防疫・医療体制の整備，感染症対策体制の継続的な強化，検査・治療に係る資機材整備などが計画された［同上：4-5］。

　フェーズ3は，「経済活動の部分的再開と段階的拡大」期として位置づけ

られた。同フェーズでは，緊急事態宣言の全国での解除や各都道府県間の移動自粛解除がなされるなかで，コロナ感染症に関しては「新たな生活様式」のもと対応し，観光産業の復活に向けて誘客を進めるために，まずは国内の航空旅客数の回復および国内観光の推進が図られる。その後，各国の状況を見極めながら，外国人観光客の誘致に向けて取り組みの促進が計画された。企業の資金繰りに関しては引き続き，沖縄振興開発金融公庫や民間金融機関との連携を図り，金融面での支援がなされる。具体的な対策としては，遠隔医療，遠隔教育，テレワーク，ワーケーション等の推進，ターゲットごとの国内観光のプロモーション，デジタルトランスフォーメーション（DX）の推進，県産品の移輸出の支援，インバウンドの回復プロモーション，次の感染拡大の波に備えた防疫・医療体制の構築，感染症対策体制の継続的な強化，検査・治療，公衆衛生に係る人材育成が計画された［同上：6］。

　フェーズ 4 は，「コロナチェンジの展開」期と位置づけられ，コロナの収束に伴い，再発防止対策をしつつ，V字型回復を志向するものである。そこでは，従前の需要牽引型の経済から技術進歩による持続的発展に転換していくとされ，世界的潮流となっている SDGs の理念にマッチする自然環境を保持した発展を志向しつつ沖縄の自立型経済の確立が目指されている。具体的対策としては，沖縄科学技術大学院大学（OIST）との先端科学技術の県内企業への移転やスタートアップ企業育成のための連携，先端情報技術を導入するための施策の拡充，持続的観光指標（STI：sustainable tourism index）について関係機関と連携して設定し，経済，環境，住民のウェルフェアーの三位一体の観光を推進，観光ブランディングの強化，インバウンドの拡大キャンペーンが計画された［同上：6-7］。

2.3 「新型コロナウイルス対策に係わる沖縄県の経済対策基本方針改定案の方向性」（2020年 9 月18日）と「新型コロナウイルス対策に係わる沖縄県の経済対策方針　改訂版」（2020年11月 9 日）

　基本方針策定から 4 カ月後の2020年 9 月，「新型コロナウイルス対策に係

わる沖縄県の経済対策基本方針改定案の方向性」が発表された。この間，業
況判断 D.I. はマイナス35を記録し，1974年の調査開始以来の最低値を記録
した。在庫水準 D.I. もマイナス５前後で推移し，６月期にはマイナス22.7
を記録した。同改正案の方向性においては，「感染拡大状況に応じて，疫学
的フェーズへの対応と経済への影響を勘案した対策を重層的に講じる必要が
ある」[沖縄県新型コロナウイルス感染症の影響等に係る緊急経済対策本部
2020a：1]とされ，基本計画におけるフェーズごとの単線的な推移が修正
されていった。具体的には複数の感染流行の期間を「感染拡大限定期」と定
め，流行期から拡大限定期への移行期を「回復期・出口戦略」と定め，また
流行期から収束期への移行期を「成長期・出口戦略」と定義している。前者

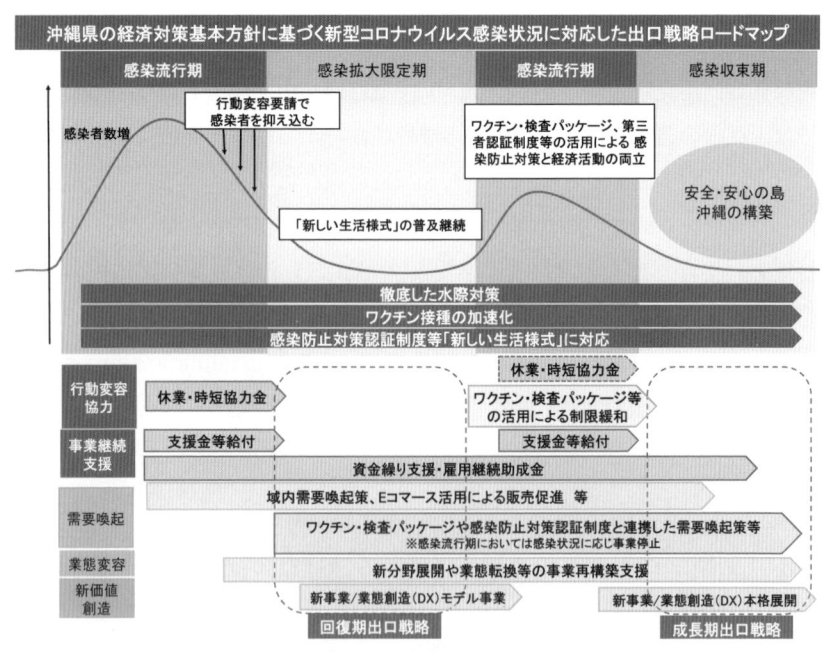

**図6-4　沖縄の経済対策基本方針に基づく新型コロナウイルス感染状況に対応した出口
　　　　戦略ロードマップ**

出所：沖縄県新型コロナウイルス感染症の影響等に係る緊急経済対策本部 (2020b：12) から抜粋。

の「回復期・出口戦略」では，防疫・水際対策の徹底と，新しい生活様式に対応したビジネススタイルへの移行を前提に，需要の回復や拡大を図る施策が中心に実施される。また DX によるビジネスモデルを試行的に実施するなどの短期的戦略がとられる。後者の「成長期・出口戦略」は，新沖縄発展戦略と連動し，新たな価値創造を図るビジネスモデルへの移行を促進し，新しい生活様式にマッチした中長期的な復興・発展戦略が図られた。経済対策の基本方針は，引き続き前提となる「安全・安心の島沖縄の構築」，緊急対策から経済回復のための中長期の取り組みの展開，とりわけダメージの大きい観光関連サービス業などへの対応を強化しつつ，他の産業への対応もあわせて行うことが目指された。2020年9月には，入域観光客数は前年同月比のマイナス71.9%（22万7600人）であり，有効求人倍率も0.64倍と前年同月比のマイナス0.55ポイントを記録した。県内のコロナ感染症による内外の観光消費，家計消費，公共投資，設備投資，住宅投資などの需要減少の合計は，対前年度比で6482億円と推計された［同上：5］。

　上記の改定案の方向性に準じ，同年11月に「新型コロナウイルス対策に係わる沖縄県の経済対策方針　改訂版」（2020年11月9日）が策定された（図6-4）。同年6月には第三次および第四次補正予算が採択され，（1）「安全・安心の島"沖縄"の構築」施策と（2）「県民の事業と生活を維持し，将来を先取りした経済の礎を築く取組」施策に対し，計368億円が追加計上された。また同年8月には第五次補正予算が採択され，77億円が計上された。さらに同年9月には第六次補正予算が採択され，103億円が計上され，10月には第七次補正予算が採択され，86億円が計上された。第一次補正予算からの累計では，1265億円が計上された［沖縄県新型コロナウイルス感染症の影響等に係る緊急経済対策本部 2020b：24-25］。

2.4　追加の経済対策の開始

　2021年4月から商工労働部は，「新型コロナウイルス感染症対応伴走型支援資金」制度を設けた（2023年3月まで）。加えて期間中に同支援資金の利

用者を対象に，最大３年間の利子補給金が交付された［沖縄県商工労働部中小企業支援課 2021a］。また，「中小企業再生支援資金（新型コロナウイルス感染症対応貸付）」が同年４月に設けられた（2024年３月まで）。対象事業者は中小企業，協同組合等で，県内で３カ月以上継続して同一事業を営む事業者のうち，沖縄県中小企業活性化協議会，おきなわ経営サポート会議などの支援を受けて作成した再生計画に従って事業再生を行うものであった。融資限度額は8000万円以内で，融資機関は運転，設備資金ともに15年以内，融資率は取扱金融機関所定金利，保証率は0.00〜1.00％，担保は必要に応じて求められ，保証人は必要に応じて徴求するという内容であった［沖縄県商工労働部中小企業支援課 2021b］。

2.5 「新型コロナウイルス対策に係わる沖縄県の経済対策基本方針 新訂版」（2021年12月27日）

前年の改訂版発行から約１年後の2021年12月，「新型コロナウイルス対策に係わる沖縄県の経済対策基本方針　新訂版」が発行された。新訂版は，「ワクチン接種や治療薬の開発などが進み，「成長期・出口戦略」を具体的に見通すことが可能になったことを受け，今後の経済対策の基本的方向性を確認するもの」［沖縄県新型コロナウイルス感染症の影響等に係る緊急経済対策本部 2021：4］として位置づけられた。2020年10月の県内の完全失業率は2.7％で，前年同月の4.0％と比して1.3ポイントの低下となった。県は，「県経済が依然として厳しい状況にある中，雇用調整助成金や県の上乗せ助成などによる失業抑制効果に加え，社会経済活動の再開により，完全失業率の持ち直しの動きが見られるものの，引き続き，状況を注視していく必要がある」［同上：6］との現状理解であった。日銀短観景況 D.I.（全産業）は，2020年３月以降大幅に下落し，同年12月には回復傾向を見せたものの，2019年12月比で30ポイント超の下落を見せ，2021年９月ではマイナス26ポイントを記録した。とりわけ全国でも沖縄でも，宿泊および飲食サービスの景況D.I. は2019年12月比で約60ポイントの下落を見せ，2021年９月では全国

マイナス73ポイント，沖縄マイナス70ポイントを記録した［同上：7］。これらの現状を踏まえつつ沖縄県は，コロナ感染症のこれからの再拡大も見据えた経済対策を行う路線を確認した。このようにして，コロナ禍における経済対策方針は組織され，実行されていった。

3．結論

　本章では，沖縄県におけるコロナ感染症対策に関して，主に県行政の感染症対策と感染症拡大に伴う経済的危機に対する経済対策過程を，行政資料から再構成した。本章では第一に，沖縄におけるコロナ感染症は，同県の観光県という性格や，宿泊業・飲食業従事者が多く，人口密度や航空機での旅客数の多さなどを背景として，外からの感染が引き金となり，コロナウイルス株の変わり目をきっかけとして，流行と収束を繰り返しながら2023年5月の5類感染症への分類移行を迎えたことが明らかとなった。沖縄県は，コロナ感染症拡大防止のため，大規模な補正予算を組みながら，コロナ対策本部に常駐した医療コーディネーターとの感染拡大初期からの連携により，効果的に感染症拡大に対する対策を講じてきた。第二に，コロナ渦における経済対策過程に注目した。感染拡大初期には，県議会でもコロナ対策と経済維持の双方が議論され，県としても県内の企業活動の多くを構成する中小企業支援を中心に展開していった。補正予算の成立を根拠としながら，支援対策の多くが個別の融資制度として具現化していった。このようにして，コロナウイルス感染症対策と経済対策が展開していくことになった。現在ではすでに忘れ去られた感もあるコロナウイルス感染症の対策の過程を再考することを通して，今後再び到来するであろう感染症のパンデミックに備えることが肝要である。

〔注〕

1）セーフティーネット保証4号：（1）県内において1年間以上継続して事業を行っていること。（2）災害の発生に起因して，当該災害の影響を受けた後，原則として最近1カ月の売上高などが前年同月に比して20％以上減少しており，かつ，その後2カ月を含む3カ月間の売上高などが前年同期に比して20％以上減少が見込まれること。セーフティーネット保証5号：（1）最近3カ月の売上高などが前年同期比で15％以上減少していること。（2）最近3カ月間の売上高などが前年同期比で5％以上減少し，かつ最近1カ月間に対応する前年同月の売上高が2020年1月29日時点における直近の決済の月平均売上高などと比較して15％以上減少していること。一般保証：（1）最近1カ月間の売上高が前年同月比で15％以上減少していること。（2）最近1カ月間の売上高が前年同月比で5％以上減少し，かつ前年同月の売上高が2020年1月29日時点における直近の決算の月平均売上高などと比較して15％以上減少していること。

〔参考文献〕

安孫子勇一［2021］「新型コロナ感染者（人口あたり）の都道府県別差異の経済的背景」『生駒経済論叢』19⑴，pp.17-32。

沖縄県オープンデータカタログサイト［2023a］「（1）発生届に基づく陽性者一覧」。https://data.bodik.jp/dataset/470007_corona/resource/8b62c698-13e4-4326-a55d-2b07984b9354?inner_span=True/download（2024年10月30日取得。以下取得日同様。）

沖縄県オープンデータカタログサイト［2023b］「（5）発症日別クラスター発生の一覧」。https://data.bodik.jp/dataset/470007_corona/resource/9c9f0a91-3d26-4609-beb2-f3c02c06a466?inner_span=True/download/download/download

沖縄県議会［2020a］「令和2年（2020年）　第1回沖縄県議会（定例会）第2号2月20日」。

沖縄県議会［2020b］「令和2年（2020年）　第1回沖縄県議会（定例会）第3号2月21日」。

沖縄県議会［2021］「令和3年（2021年）第2回沖縄県議会（臨時会）第1号4月15日」。

沖縄県商工労働部中小企業支援課［2020a］「中小企業の皆さまへ：新型コロナウイルス感染症で影響を受けた事業者に対する中小企業セーフティネット資金の適用について」。https://www.pref.okinawa.lg.jp/_res/projects/default_project/_page_/001/018/281/sn.pdf

沖縄県商工労働部中小企業支援課［2020b］「沖縄県　新型コロナウイルス感染症対応資金」。https://www.pref.okinawa.lg.jp/_res/projects/default_project/_page_/001/018/281/coronayushi_tirashi.pdf

沖縄県商工労働部中小企業支援課［2021a］「【令和6年度】新型コロナウイルス感染症対応伴走型支援資金利子補給金のご案内」。https://www.pref.okinawa.lg.jp/_res/projects/default_project/_page_/001/019/811/tirasi_2024.pdf

沖縄県商工労働部中小企業支援課［2021b］「中小企業再生支援資金（新型コロナウイル
　　ス感染症対応貸付）概要」。https://www.pref.okinawa.lg.jp/_res/projects/default_
　　project/_page_/001/018/281/r5saisei_korona.pdf

沖縄県新型コロナウイルス感染症の影響等に係る緊急経済対策本部緊急経済対策PT
　　［2020］「新型コロナウイルス対策に係わる沖縄県の経済対策基本方針」。https://www.
　　pref.okinawa.lg.jp/_res/projects/default_project/_page_/001/010/297/200528_
　　keizaitaisaku_kihonnhousin.pdf

沖縄県新型コロナウイルス感染症の影響等に係る緊急経済対策本部［2020a］「新型コロ
　　ナウイルス対策に係る沖縄県の経済対策基本方針（改定案の方向性）」。https://www.
　　pref.okinawa.lg.jp/_res/projects/default_project/_page_/001/010/296/keizai_0918.
　　pdf

沖縄県新型コロナウイルス感染症の影響等に係る緊急経済対策本部［2020b］「新型コロ
　　ナウイルス対策に係わる沖縄県の経済対策方針　改訂版」。https://www.pref.okinawa.
　　jp/_res/projects/default_project/_page_/001/010/298/kihonnhoushin_kaiteiban.pdf

沖縄県新型コロナウイルス感染症の影響等に係る緊急経済対策本部［2021］「新型コロナ
　　ウイルス対策に係る沖縄県の経済対策基本方針新訂版」。https://www.pref.okinawa.
　　lg.jp/_res/projects/default_project/_page_/001/010/301/sinteibankeizaitaisakuki-
　　honhousin.pdf

沖縄県保健医療部［2024］「沖縄県における新型コロナへの取組について」。https://
　　www.pref.okinawa.lg.jp/_res/projects/default_project/_page_/001/018/248/
　　010318.pdf

新屋洋平［2022］「沖縄県における新型コロナウイルス感染症対策について：第6波にむ
　　けて」『日本在宅医療連合学会誌』，3（suppl.-1），pp.18-21。

第7章
問い直された医療システム
——専門性の揺らぎのなかですごされた医師たちの日常

髙口 僚太朗

1．転換期をむかえた私たちの生活と医療システム

　新型コロナウイルス感染症（以下，コロナ感染症）の影響下，世界中で痛ましい状況が報じられていたことは記憶に新しい[1]。日本も例外ではなく，連日，関連する多くの報道がなされていた。厚生労働省（以下，厚労省）から発表される「都道府県の医療提供体制等の状況（医療提供体制等の負荷・感染の状況）」に束の間の安堵感を覚える日がありながらも[2]，いつ急転するかもわからない感染者数の増加に，本当の意味での「心の落ち着き」を取り戻せる日が遠く先のことのように感じられていたのではないだろうか。実際，厚労省が「新型コロナウイルスを想定した『新しい生活様式』の実践例」を公表したのは[3]，2020年5月のことである。マスクの装着が自己判断でよいとされるようになったのが，2023年5月のことであるから[4]，単純に考えても，実に3年もの間，私たちは「新しい生活とは何か」を模索しながらすごしていたように思われる。

　コロナ感染症に関連した報道がなされるなかで，私たちが連日見聞きする話題があった。それが「医療崩壊」である。医療崩壊とは，厳密に言えば，「医療提供体制の崩壊」のことであり，すなわち，「医療を受けたい人が受診することができない」，「入院を必要とする人が入院することができない」という状況が常態化していることである。

　医療に携わる医療従事者たちが，昼夜を問わず，私たちのいのちと生活を守るために奔走していたことはいうまでもない。この間，多くのいのちが失われたことを決して忘れてはならないが，同時に，これらが，現場で奮闘していた医療従事者たちの身を削るような想いや悔しさと隣り合わせであったことも忘れてはならないだろう。

　しかし，そうであるならば，本来「医療従事者の奮闘」と「医療崩壊」とは反比例のかたちをとりながら報道されなければならなかったのではないだろうか。すなわち，「医療従事者たちの奮闘のおかげで医療が崩壊せずに何とか踏み留まっている」ということであればよいのだが，実際にはそうなってはいなかった。それどころか，「医師たちの奮闘むなしく」というようなロジックで「医療が崩壊していること」のみが報じられていたように思われる。

　たしかに，医療従事者たちは奮闘していたが，しかしそれでも医療の崩壊は起きていたのだろう。ところが私たちは，矛盾するこれら両者の関係性に対する視点をこれまでもっていなかったため，「一体，医療従事者たちがどのような奮闘をしていたのか」や「医療提供体制のどういったところが崩壊していたのか」ということを考慮してこなかったのではないだろうか。また，ここにいう「医療従事者」ひとつとってみても，「救急医」のことは想像できていたとしても，それ以外の診療科の医師たちはどのような日常を送っていたのかさえ，つかむことができていなかったのではないだろうか。加えて，「医療崩壊」というフレーズに煽られることとも重なって，結局，私たちはコロナ感染症影響下の医療現場のことを何も知らないまま生活していたのではないかとさえ思えてくる。

2．医療システムの崩壊が私たちの生活にもたらしていること

　コロナ感染症影響下の「医療提供体制のどういったところが崩壊していたのか」を明らかにしていくうえで，現在の医療現場がどのような状況にある

のかを確認しておくことは有効であろう。

　ひとつには「病院の経営赤字」が挙げられる。厚労省が「ポストコロナ医療体制充実宣言」を出したのは[5]，2023年11月6日である。しかし，そもそも医療を提供する病院自体がきわめて危機的状況であることがここには明記されてはいない。翌月12月15日付の日経メディカルには，「5類移行で補助金にはもう頼れない」という見出しで以下のような記事が掲載されている[6]。

病院の6割は補助金なしだと経常赤字，復調の鍵は地域の連携体制

　新型コロナウイルス感染症（COVID-19）の感染症法上の扱いが5類に移行してから半年以上がたちました。医療提供体制は有事から平時体制への移行が進みつつあります。この10月からは病床確保料や診療報酬上の特例など，補助上限が大幅に引き下げられました。（中略）

　日本病院会，全日本病院協会，日本医療法人協会が11月25日に公表した「病院経営定期調査」では，2022年度の経常損益が赤字だった病院は23.3％で，前年度の18.1％から5.2ポイント増加しました。コロナ関連の補助金を除くと，経常損益の赤字病院割合は2022年度で60.1％と実に約6割に上ります。

　日経メディカルによれば，コロナ感染症関連の補助金が交付されなくなったことで，2022年度の経営損益が赤字であった病院が全体の6割にも上ったと報じられている。

　病院の経営赤字は，2024年になっても解消されていない。たとえば，2024年10月4日に国立大学病院長会議がおこなった第3回定例記者会見では，「大学病院がなくなるかもしれない次元」と病院経営赤字の実態を表現している[7]。国立大学病院長会議の会長で，千葉大学医学部附属病院病院長の大鳥精司は次のように述べている。

　　20億円以上の赤字を出している病院も散見され，非常にゆゆしき状況であります。大学病院がなくなるかもしれない次元の問題だと思います。

　国立大学病院長会議の発表によれば，2024年度の収支見込みにおいて，42大学病院のうち赤字見込みは32大学病院であるという。赤字額の合計も260億円に上ると明かされている。年度当初の見込みでは，42大学病院の合計で58億円の赤字であった。近年の物価高騰や人事院勧告に伴う人件費の増額などの影響もあるが，コロナ感染症関連補助金の廃止も原因のひとつに挙げられている。

　しかし，ここで疑問が生じるのは，コロナ感染症影響下で交付されていたコロナ感染症関連補助金が廃止されることと病院の経営赤字とが，なぜそれほどまでに密接に関連しているのかということである。逆説的にいえば，コロナ感染症関連補助金は，コロナ感染症が流行する前までは黒字であった部分に充てられていて，それが廃止になると赤字に転換してしまうということなのだろうか。そうだとするならば，コロナ感染症が流行する前から病院は経営赤字であったことになり，「コロナ感染症関連補助金が廃止されたから病院が経営赤字となった」という主張それ自体が成立しなくなる。

　ここで重要となる視点が，コロナ感染症影響下では医療提供体制が崩壊していたことをミクロにとらえる視点である。結論を先取りすれば，「外科」の医療提供体制が崩壊していたことが，今日の病院経営赤字に大きく影響を及ぼしている。たとえば，ある内科医（大学医学部勤務）は次のように語っている。

　　結局，病院が何で利益を上げているか，儲かっているのかって言えば，「入院」と「手術」なんだよね。結局そこなんだよ。だけど，コロナで，緊急の手術，よっぽどの緊急性を要する手術以外は延期，延期になっていったんだよ。……病床も減らされてたしね。入院の患者さんも少なく

なっていっただろうしね。……だから，どうなんだろうね，まぁ，暇ってほど暇じゃないとは思うけど，言っても外科は暇だったんじゃないかな（コロナ禍では）。もちろんいつもの忙しさに比べたらの話よ。

　この内科医の語りからは，「外科」における医療提供体制の崩壊がどういった「崩壊」であったのかが非常によく示されている。つまり，外科における医療崩壊とは，手術をおこなったり，入院を促すことができなかったことである。通常の「外科という医療システム」が機能しなかったことが，コロナ感染症影響下における「外科の崩壊」を表現している。
　外科という医療システムがコロナ感染症影響下では機能していなかったことが，今日の病院経営赤字を引き起こしている一因ではないかと考える医療従事者は少なくない。たとえば，ある解剖学講座の教員（医科大学勤務）は次のように語っている。

　　外科の先生方は今もご苦労が絶えないと思います。……結局，あのときの（コロナ感染症影響下で）延期された手術の分（の収入）が今も回収できていないわけですよね。そのことが今の病院赤字にもつながっているとは思うんです。……黒字にしないと，少なくとも，赤字は脱しないと，ということで上から「どうにかしろ」と言われているわけですからね。……（コロナ感染症影響下で手術を延期しなければならないことはわかっていたわけだから）最初から違う方法で（手術ではない方法で）患者さんと向き合うようにもなっていたと思うので，患者さんのほうも，手術以外の方法があると知った人のなかには，病院に（外科に）戻ってこない人もいると思いますね。

　この解剖学講座の教員も語るように，コロナ感染症影響下で外科という医療システムが崩壊していたことが今日の病院の経営赤字の原因のひとつにはある。「手術以外の方法」を患者も知る機会となったことで，今後も「病院

には戻ってこない」のではないかと述べている。

　コロナ感染症関連補助金が交付されていたころは，通常であれば外科手術と入院で見込まれていた収入を補助金で補塡していたのだろう。しかし，補助金が廃止されたことで，補塡する手段を失ったばかりではなく，今も患者が戻ってきていないなかで再建を試みなければならないのだが妙案があるわけでもないのが現状である。

　コロナ禍が明けたことで，たしかに私たちの生活はコロナ禍以前にまで回復したと思えるようになった。しかし，私たちの生活と同様に，医療提供体制もコロナ禍以前にまで戻ったとは言い難い。むしろ，医療システムが崩壊していたコロナ感染症影響下の余波が今になってやってきているようにも思われる。

3．小児科医の語りから
──普段できていたことができないもどかしさ

　ミクロな視点から医療崩壊をとらえたことで，コロナ感染症影響下の「外科」という医療システムにおいては「手術」数と「入院」数の激減という崩壊が起きていたことが明らかとなった。そしてそのことは，今日の病院経営赤字とも密接に関係していることが，内科医や解剖学講座の教員の語りから浮き彫りとなった。

　では，外科以外ではどのような崩壊が起きていたのだろうか。そして，病院の経営赤字以外に，どのような今日的課題と結びついているのだろうか。ここからは，ある小児科医（大学医学部勤務）の語りを通してこの問題を解明していきたい。

3.1　最初の1カ月

　ある小児科医は，コロナ感染症影響下にあった当時の様子を次のように語る[8]。

　最初の1カ月間はとにかく（厚労省から）言われるままに院内，病棟もかな，を整えていって，必要なものを揃えて診察にのぞむって感じだったかな。救急（医）とか（小児）感染症の先生たちほどじゃないにしても，それなりに忙しくはありました。……医療崩壊はあったと思うし，実際，崩壊してたと思います。救急（医）の先生たちに聞くとまた違ったことを言われると思うけど，最初の1カ月の時点で（医療）崩壊はいきなりやってきた感じだったですね。

　小児科医は，救急医や小児感染症の専門医は「また違ったことを言われると思う」としながらも，「最初の1カ月の時点で（医療）崩壊はいきなりやってきた」と語っている。具体的にどのようなことが挙げられるのだろうか。小児科医は次のように続けている。

　当たり前といえば当たり前なんだけど，「今までできていたこと」がほとんど全部できなくなってしまったんですよね。できない，やれないことばかりで，でも患者さんは来るし，親御さんも子どもを心配する気持ちも（コロナ禍ということも相まって）増していたし。……たとえば，「防護服を着て診察しましょう」ってそんなに大したことはないんですよね。大したことないというか，まぁ，大したことあるといえば，あるんだけど，（防護）服を着たり脱いだりって手間だし，時間もかかって，そのぶん，診察時間が遅くなってしまうということで。まぁ，でも，それも慣れてくるんですよね。……そう，それよりも，「いざ診察」で「はい，診察終わりました。でもここ（外来）では（コロナ禍なので）何もできません」ってことなんですよね。そういうレベルでの「何もできない」ってこと。……たとえばさ，「（当該患児の疾病に起因する）ちょっとお腹が痛くって，張ってて……」って患者さんがきて，診察の結果「浣腸したほうがいいな」ってことになったんですけど，でも接触禁止だったから浣腸（薬）だけ渡して（処方して），おうちの人にやっても

らってねって感じだったんですよね。お腹痛くて，しかもコロナのなか
でやっとこさ来院したのに，「浣腸出しとくからおうちでおうちの人に
やってもらってね」って，「何しに病院きたんだよ」って感じですよね，
患者さんからすれば。……（「何もできない」という事例は）他にもた
くさんありますよ。たとえば，吸引ですね，吸引もやってあげないと
なぁって患者さんがいるじゃないですか，でも，やっちゃいけないって
言われているからそれもおうちの人にお願いするということでした。本
当に，何しに病院に来たんだよって感じだと思うんですよね，患者さん
からすればですね。

　小児科医の語りから，コロナ感染症影響下における小児科外来の崩壊の様
子がよくうかがえる。ただこの語りからは同時に，「医療崩壊」が「通常の
患者に加えてコロナ感染者も急増していることで外来がパニックになってい
た」という様子ではないこともよくうかがえる。つまり，私たちが「医療崩
壊」としてイメージしている，あるいは，理解した気になっている様子とい
うのは，小児科医や既出の内科医，解剖学講座の教員などの言葉を借りるな
らば，救急医や小児感染症専門医の日常のことである。私たちは，あまりに
も平面的な理解しかできていなかったように思われる。
　小児科医は，「今までできていたことが何もできなかった」ことを「崩壊」
として語っている。そしてここにいう「何もできなかった」とは，「診察」
から「処置」，「処方」という一連のフローが機能停止に追い込まれていたこ
とを指している。すなわち，防護服の着脱の煩雑さはありつつも「診察」を
することはできていたが，それを反映させる手段としての「処置」は，コロ
ナ感染症影響下では接触禁止が大前提であったため，実行することができな
かったのである。
　「外科」同様に「小児科」をミクロな視点でとらえたとき，「診察→処置→
処方」という一連のフローが機能停止に追い込まれていたことが小児科にお
ける医療提供体制の崩壊のひとつといえよう。

3.2　患者さんを減らしていくしかなくなる

　しかし,「何もできない」としても,病院を閉めるわけにもいかないこと
はいうまでもない。では一体,小児科医たちはどのようにして患児や家族と
の関係性を継続していったのだろうか。小児科医は次のように語っている。

　　　外来にきてもらってもできることは本当にわずかだし,そこで,電話
　　診療とかができるように,やるようになったんですよね。……そうそう
　　そう,定期の通院の患者さんには薬だけ処方したり,薬も,できる範囲
　　で多めに処方したり,だから次の通院までの間も長くできるから,そう
　　やってできる患者さんには対応していましたね。
　　（筆者「でも,それで何とかなるものなんですか？」）
　　　そう,何とかなってしまったんですよね。そりゃもちろん,全部が全
　　部ってわけじゃないけど,そうやって,だいたいは何とかなってしまっ
　　たんですよ。そうするしかなかったっていうのもあるんですけどね。
　　（筆者「それで支障はなかったんですか？」）
　　　そうね,そのときはね。

　小児科医が「何とかなってしまったんですよね」と語るように,少なくと
も当時の医療提供体制においては支障をきたすことはなかったようである。
　小児科医は次のように続けている。

　　　そうだよね,「そのときは」って気になるよね。……当時は患者さん
　　とつながっておくためにとか,「何もできない」じゃ済まされないなっ
　　て理由から,やれることを始めていったんですよね。で,今（現在）も
　　その感じが続いている患者さんもいるんですね。要は,患者さんも「そ
　　んなに病院行かなくていいんだ」みたいな「薬さえあれば」みたいなこ
　　とに気づいてしまったんですよね。気づいてしまったという言い方もよ

くないのですけど，別に隠してたわけではないのですが，患者さんも気づいたという感じですかね。……たとえばだけど，肩が痛い腰が痛いって言って病院に行って，待合室で患者さん同士で世間話して，湿布だけもらって帰るみたいな高齢者って，イメージできますよね？　つまり，そういう患者さんたちが病院にこなくなったということです。そういう患者さんたちって今も（病院には）戻ってはいないんですよ。要は，それと同じような，経過観察がメインとなるような患者さんが小児科にも一定数いて，実際，（そうした患児とその家族も）病院には戻ってきていないんですよね。（筆者「赤字の原因にも？」）いや，外科（手術や入院）ほどじゃないですけどね。ただ，そのぶん，本当に病院に行かなければならない患者さんにとってはいいことだからさ，それはコロナによって明らかになったことではありますよね。

　小児科医は，患児やその家族との関係性を継続させる方法として，また，「何もできない」ことを回避する意味でも電話診療を実施していた。しかしそのことは，いわゆる，「定期通院」をしている患児やその家族に対しては「そんなに病院に行かなくてもいいんだ」ということが明白になった経験として語られている。
　一方でこの小児科医は，このことを「本当に病院に行かなければならない患者さんにとっては良いこと」として位置づけてもいる。病院の経営赤字に加えて，コロナ感染症影響下以前ほどの患者は戻ってきていないという今日的課題はあるものの，「本当に病院に行かなければならない患者」を診るということは，「医療の本質」でもあるのではないだろうか。

3.3　「読み替え」ていく技法の習得

　コロナ感染症が5類になったのは，2023年5月のことであるが，このときまで小児科の外来や病棟の混乱が継続していたとは考えにくい。医師たちはどのような日常を送っていたのだろうか。小児科医は次のように語ってい

る。

　　すぐには（コロナ禍が）収まらないっていうのは誰の目から見てもわ
　かりましたよね。最初（の 1 カ月間）ほど上から（厚労省から）“ああ
　しろ，こうしろ”は無くなっていたけど，さっきも言ったけど，最初の
　（1 カ月）時点で普段できていたことができない環境に作り替えられ
　ちゃったわけだから，それに慣れるしかないよね，診療していくなら。
　……コロナ仕様に環境が作り変えられちゃったなら，「そういうもん」
　だと思ってあとは現場レベルで読み替えていくしかないねって話してま
　したね。

　最初の 1 カ月で「コロナ仕様に環境が作り変えられた」ことで「何もでき
ない」ことを実感した小児科医は，徐々に「そういうもん」だと思って「現
場レベルで読み替え」ながら診療にあたっていたという。そしてこの「読み
替え」の技法こそが，コロナ感染症影響下で「崩壊した現場」において，日
常を達成するために用いた医師たちの実践にほかならないのである。
　次節では，解剖学教授の語りのなかからこのことをみていきたい。

4．解剖学教授の語りから──ご遺体との向き合いかた

　大学で解剖がおこなわれる講座は，3 種類ある。1 つ目は，病院などで病
気で亡くなった患者さんの死因を解明し，治療法の改善につなげるための病
理学講座である。2 つ目は，社会的な要求に基づき事故や事件などで亡く
なった方などの死因を究明する法医学講座である。そして 3 つ目が，篤志の
ご献体を用いて医学部生，歯学部生を教育する解剖学講座であり，大きく分
けると，「ご遺体をつかってお身体の構造を解剖しながら隅々まで」学ぶ，
いわゆる，肉眼解剖学といわれる分野と，「身体の様々な場所，たとえば，
皮膚，肝臓，すい臓，心臓，血管などを薄く切片に切って染色して顕微鏡で

見る」，いわゆる，組織学といわれる分野からなっている。ここからは，ある解剖学教授（医科大学勤務）の語りを通して，コロナ感染症影響下における解剖学講座の様子を記述するとともに，今日的課題を明らかにしていきたい。

　医学教育のために欠かせない「ご献体」を必要とする解剖学講座にあって，コロナ感染症の影響はどのようなものであったのだろうか。

4.1　最初の 1 カ月

　ある解剖学教授は次のように語る[9]。

　　まずですね，ご献体のことを担当してくださっている専任の技官さんがおられて，（献体して構わないと生前に登録していた団体に）入会していた方がお亡くなりになられたら，病院とか葬儀屋さんから連絡がきて，ご遺体を受け取って，防腐処置をします。防腐処置というのは，点滴と同じように固定液，ホルマリンを，太ももの付け根あたりの大きな動脈だったり，手首の大きな血管から入れて全身を循環させて，しっかりと防腐処置をします。……うちの大学はだいたい（学生が）4 人で 1 体，3 カ月半くらいかけて，頭のてっぺんから足のつま先まで勉強させてもらいます。

　コロナ感染症影響下でなければ，「ご献体をご提供いただくフロー」は整っていた。では，コロナ感染症影響下ではこのフローがどのように変化したのであろうか。解剖学教授は続けて次のように語っている。

　　（まず，ご遺体が運ばれてこないということが起きていることに言及するなかで）……これは全国の医学部，歯学部もそうなんですが，それぞれの大学に「白菊会」といった名前の献体の会が付属しているんですね。……で，（それぞれの大学が白菊会と個別につながっているため「献

体」をめぐる）大学間の横のつながりはないんですね。そうすると何が
起こるかというと，これはコロナ（感染症の影響とは）関係なくなのです
が，「どこそこの大学はいつもご遺体がギリギリで足りない」と。
……医学部の解剖実習には 1 年でだいたい30体は必要なんですね，ご
遺体の数が，教育するのに。それが，もうギリギリでやっているという
医学部が，全国で約半数くらいあると思うんですね。
(筆者「コロナ感染症の影響は関係なく，そもそも？」)

　はい，そもそも。で，そのような現状というか，前提があるなかで，
さっき言ったように，運ばれてきたご遺体は技官，技術職員や解剖（学
所属）の教員が管理するんですが，この管理のルールがコロナのときに
2 つに分かれたんですね。ひとつが，「全面停止だ」（コロナ禍下はご遺
体を受け取らないという方針）という大学と，もうひとつが，「まぁ，
半分くらいにしよう」（15体〜25体は受け取ろうという方針）という大
学とに分かれたんですね。
(筆者「どちらにしたって環境変えすぎですよね？」)

　そう，変えすぎたんですよね。でも，最初 1 カ月，もうちょっとかな，
は，そうやるってことになったんですよね。

　解剖学教授は，コロナ感染症の影響の有無にかかわりなく「ご献体」が入
手困難な大学があることに言及したのち，コロナ感染症影響下では，「ご遺
体受け入れを全面停止」にする大学と，平時の「半分」にする大学とに方向
性が分かれたと語る。
　「全面停止」はもちろん，解剖学講座を運営していかなければならない状
況下，「半分」であったとしてもきわめて厳しい環境にあるのではないだろ
うか。「外科手術」が延期されていた外科医の日常と通ずるものがあるよう
に思われる。また，外科と同様に，最初の 1 カ月を乗り越えたとしても，改
善する見通しのない環境下で解剖学の教職員たちはどのような日常を送って
いたのだろうか。

4.2 「おっかなビックリだったのは最初の最初, 半年だけだったですかね」

解剖学教授は続けて次のように語っている。

　うちの大学は「半分ぐらいにしよう」と, 20（体）ぐらいに抑えたんですね, 受け入れを。ただ, 2020年ごろって, もう,「原因が何の病気なのかもわからないぞ」ってころで,「どうやら呼吸器感染病っぽいぞ」と言われてた時代に, やっぱり, 最期, ご老体になると, 誤嚥とか肺炎とかで亡くなることが多いから, つまり, 呼吸器症状が結構伴うわけですよね。でも,（亡くなった）原因が「本当は何で亡くなったのか」とかは, あんまり（ご献体に付けられている書面に）書いてないわけですよ。だから, 本当に, おっかなビックリ, 最前線の人たちは（解剖学教職員たちは）「やっていいんですか」,「解剖していいんですかこのご遺体」みたいな, 葛藤しながらご遺体に向き合っていたんですね。しかし, 大学からも, お上から（厚労省から）も何も言われないし, ものすごい混乱があって, で, やっていくなかで（解剖していく途中で）危ないと思ったときに, 完全に止めた大学もあったという感じですね。……そうですよね。はい, なので, こうした経験からいろいろ考えさせられたんですよね, コロナのときに。（筆者「先ほどおっしゃっておられた「向き合いかた」とかですか？」）はい。

　コロナ感染症が「何の病気なのかもわからない」ときに,「本当は何で亡くなったのか」がわからない献体を受け入れ, 解剖を進めるなかで「危ないと思ったときに」初めて解剖を中止していた様子が解剖学教授の語りから明らかとなった。そして, 解剖中止にいたる過程で,「せっかく私たちのところへ来てくださったご遺体なのに」「申し訳ないという気持ち」を多くの解剖学者がもったのではないだろうか。「ご遺体との向き合いかた」を, コロ

ナ感染症影響下以前よりも考えるようになったことは，語りの端々から読み取れるものである。

　コロナ感染症影響下での解剖学講座では，これまで以上に「ご遺体との向き合いかた」を考える機会を生んだだけではない。解剖学教授は次のように続けている。

　　　そしたらですね，要は，解剖している最中に解剖をストップするみたいなことが起きると，「やっぱりうちの大学もご遺体の受け入れを完全停止しよう」という大学が増えてくるわけですね。そうすると，うちの大学だけでも混乱しているのに，他の大学や献体の会から「もっと（ご遺体を）受け入れてくれ」とかですね，要請があって，本当に大混乱していました。

　解剖学教授の語りからは，「ご遺体の受け入れ」が各大学の方針としてまちまちであったことに起因する混乱の様子がうかがえる。たとえば，本来の業務が遂行できていない，あるいは，遂行することができないという点においては「外科」の崩壊と重なる部分が多い。しかし，一律に手術の延期を余儀なくされていた「外科」とは異なり，一定の裁量を認められていたがゆえに，解剖学講座の混乱と崩壊は生じたのではないかと考えられる。この解剖学教授が所属する大学のように，受け入れを続ける選択をした大学が，かえって窮地に立たされていることは特筆すべきではないだろうか。

　その一方で，この解剖学教授は，「おっかなビックリだったのは最初の半年だけだったですかね」とも語っている。

　　　おっかなビックリだったのは最初の最初，半年だけだったですかね。（筆者「え，そうなんですか？」）はい。これは解剖学職員だから，常日頃そうなんですが，ご遺体を，特に最初に処置をする人は，いつも，いつなんどき，どんなウイルスがいるのかわからないので，普通よりも強

力な医療用マスクや手袋をしているんですね。（筆者「あぁ，なるほど，そうか」）これは，まぁ，昔からずっとそうだったので，やることは変わらないんですね，結局は。一応，（ご献体となった患者さんの）カルテには，死因は最期「老衰」とか書いてあっても，既往歴は書いていない，たとえば，エイズとか，肝炎ウイルスＢ型Ｃ型とか，何をもっているかハッキリわからないってなかで，みなさんずっとやってきたことなので。だから，最初の，半年間くらいですかね（おっかなビックリだったのは）。あとは解剖（が専門）の人は，そんなに怖がらなかったんじゃないですかね。

　コロナ感染症影響下における解剖学講座の混乱は，解剖学の教職員たちがコロナ感染症とはかかわりなくこれまで実施してきた専門性を担保することによって沈静化していったことが解剖学教授の語りから読み取れる。ご遺体の防腐処置など「いつなんどき，どんなウイルスがいるのかわからないので」「昔からずっとそうだったので，やることは変わらないんですね，結局」という語りは，きわめて象徴的である。ただ，これは決して，医療崩壊がなかったというほど楽天的であったわけではない。そうではなく，医療が崩壊しないように，「これまでもそうだったじゃないか」ということを思い出しながら解剖学の教職員たちが仕事をしていたからである。

　　髙口さん（＝筆者）も言うように，さっきも言いましたけど，「これまでもそうだったじゃないか」ということですよね。仕事をしていた。……それは，結局，読み替えなんですよね。（てんやわんやしていたのは）やっぱり１年間，それ以上かな，はあったし，決して何かが劇的によくなったというわけではないですからね。それはまさにおっしゃるとおりです。

　小児科医ともまた異なる「読み替え」の技法を習得し，実践することで，

コロナ禍を乗り越えようとする解剖学講座の日常が読み取れるものである。

4.3　忘れ去られゆく「ご献体」という行為とコミュティの解体

　では，混乱はありながらも崩壊させないように継続していた解剖学教職員たちの今日的課題には，どのようなものが挙げられるのだろうか。

　　臨床の先生方がよく言われていると思うのですが，「患者さんが戻ってこない」というやつですね。それと同じように（コロナ感染症の余波がいま現在やってきているという意味で）「ご献体の登録がない」，「ご献体がない」ということがまさにいま起きています。医学部，歯学部もそうですが，年間だいたい30から50くらいのご献体をいただかなければならないのですが，（筆者「コロナ以前でも足りていない大学はあったんですよね？」）そうですそうです。……それで，深刻なのは（白菊会への）入会のほうで。ご献体って「自分がしたいぞ」って，「自分が死んだあと医学のために役立ててほしい」と思った人が，それぞれ近くの（医学部のある）大学に入会するんですが，その数（入会者数）が減ったんですね，全国で。たとえば私たちの大学では，令和2（2020）年には，（コロナ感染症流行以前の）約半数にまで減って，いまもまだコロナ前には戻らないんですね。それで，なんとか，全国で，ご献体の啓蒙活動をしなければならないという機運にあるんですね。「献体とはこういう意義があるんですよ」というようなことを伝えていくんですね。そういった活動が，実は20年に1回はこれまでもおこなわれてきて，そのたびに1回増えて，それで落ち着いて，というのを繰り返しているんですけど。それで，「なんで（白菊会への登録が）減ったんだろう」ということを考えるとですね，おそらく，あのころ（コロナ禍）は人びとは接触を避けたので，遠くにいる家族とは会えない，とくに高齢者は感染を避けるために接触を避けましょうと言われていましたよね。だから高齢者が，献体をまじめに考えたいんだけど，遠くにいる子どもと会

えない，つまり，家族会議ができないというのがひとつあるんじゃない
かなと思うんですね。

　臨床医が「患者さんが戻ってこない」ことに危機感をもっているように，
解剖学教職員は「ご献体の登録」協力が得られないことを危惧している。た
だ，たんに数多く「ご献体」を提供してもらえるように大々的なキャンペー
ンを実施すればいいというわけでもない。このことは，コロナ感染症影響下
でご遺体と向き合うなかで一層強く感じるようになったことでもある。
　解剖学教授は続けている。

　　ご献体っていう言葉は，そんなに目にしないですよね。どうやってそ
　もそも入会するんだろうとか，あまりみなさん死後のオプションとして
　（ご献体として，「私の体を使ってもいいですよ」という）イメージでき
　ないですよね。たとえば，臓器提供は最近では広く知られるようになっ
　たと思うのですが，それと同じくらいにまではなっていないというか，
　「ご献体」というオプションはまだまだ市民には（それほど浸透してい）
　ないですよね。なので，既に（白菊会に）入会している人たち，高齢者
　のコミュニティが，知り合いに「こういう制度もあるんだよ」とか，口
　伝で広がっていた歴史があるんですよ。だけど，コロナ感染症の影響で
　1年か2年くらいそのコミュニティが途絶えたんですよね。……（臨床
　医のいう「患者が戻ってこない」ことは今後是正されていくのだと思う
　のだけれど「ご献体」を登録いただくのはそこはちょっと違っていて）
　だから，解剖学教職員の側から積極的に働きかけないと（コロナ禍以前
　のようには）戻らないと思うんですよね。それに，お願いをする側も躊
　躇する部分がいつもあるんですよね。コロナを経たことも関係はしてい
　るんですけど，亡くなったあとのことではあるし，ハッキリいえば「お
　体をください」ということを（啓蒙活動として）説いてまわるわけです
　からね。だけど，そうですね，いまの入会数は結局10年後に響いてく

るんですよね，学生が，医者の卵が学ばせていただくことができなく
なってしまうんですよね。……だからどうしたら市民に届くのか，広ま
るのか，かといって，（やっぱりその人の死生観とか倫理観ですとか，
デリケートな部分もありますから）普及のしかたを今，工夫していると
ころです。

　医学生はまず，ご遺体をもとに，「正常な人体の構造がどうなっているの
か」を解剖学，組織学の授業や実習で勉強する。それらを経たのち，「正常
な組織に対して癌組織はどういうふうになってしまうのか」など，正常と病
気の組織とを比較しながら，病気になったときの人体構造変化を病理学とい
う授業や実習で学んでいく。そしてこれらすべては，「ご献体」があっては
じめて実施することができる医学教育である。コロナ感染症影響下にあって
も，「ご遺体があった」ということが，解剖学教職員たちの日常を担保する
第一条件であったことはみてきたとおりである。

5．放射線科医の語りから──医療の到達点

　さて，ここまで，小児科医と解剖学教授の語りを通じて，医療崩壊とは何
だったのかについて考えてきた。両者とも，救急医と自身の経験とを対比さ
せながら当時を語ることで，「崩壊」のさまざまなバリエーションを示すこ
とが可能となったように思われる。
　他方で，「崩壊」のなかにあっても，小児科医や解剖学講座の「専門性」は，
コロナ感染症影響下以前と同等とまではいえないにしても，達成されていた
ように思われる。この背景には，いわゆる，大学病院で両者が働いていると
いうこともあるのではないだろうか。コロナ感染症影響下で明らかな変化が
生じ，それを受け容れなければならなかったことはたしかであるが，診療科
の壁が取り壊され，専門性を越境する業務を求められるような日常ではな
かっただろう。

　小児科医や解剖学教授の語りは，コロナ感染症に関連する多くの報道がなされていた当時，私たちが見聞きしていた「崩壊」の語りではない。ただ，これらの語りからだけで，コロナ感染症影響下の医療提供体制を総括することはあまりにも不誠実であろう。

　最後に，ある放射線科医（公立病院勤務）の語りから「崩壊」をみていきたいと思う。

5.1　最初の1カ月

　ある放射線科医は「最初の1カ月」について次のように語っている[10]。

　　最初の1カ月というよりかは，もうずっとこの状態が続いていて，どこからどこまでが今まで自分がやっていた仕事だったのか，それで，いつ今月が終わったのか，本当によくわからないなかで毎日がすぎていっていましたね。……よくドラマとか映画とかで，こう，飛行機のシーンとかかで具合が悪くなった人，急病人がでるようなシーンがあるじゃないですか。そのときCAさんとかが「お客様のなかにお医者様はいませんか？」みたいなシーンがあるじゃないですか。あの，「お客様のなかにお医者様はいませんか？」を毎日言われているような感じで，「あー，私，医者だけど放射線科医だしなぁ……」とか「私が出て行っていいのかなぁ，でも，医者だしなぁ……」という，そんな感じですよ。……毎日当直に当たっているというかですね。

　この放射線科医は，沖縄県にある公立病院に勤務している。沖縄県はひときわコロナ感染症の影響を受けた都道府県であることはよく知られている。

　この放射線科医は，県外の国立大学医学部に進学し，医師免許を取得したのち，地元・沖縄県に戻ってきた。放射線科医を志したのは，「見て，治す」ことが「沖縄の患者さんには合ってそう」だったからだそうだ。

　「お客様のなかにお医者様はいませんか」を毎日言われている，あるいは，

「毎日当直に当たっている」ようだったとコロナ感染症影響下での日常を表現しているように，既出の小児科医や解剖学教授と同様，救急医ではないにもかかわらず，その語りの内容は明らかに既出の両者とは異なっていることがわかる。

　放射線科医のこの語りは，専門性が揺らぎながらも担保はされていた小児科医や解剖学教授の語りとは異なっている。この語りの違いは，大学病院に勤務しているか，公立病院に勤務しているかに依るところが大きいのではないだろうか。すなわち，放射線科医のこの語りは，診療科の壁が取り壊され，専門性を越境するような業務を求められていた当時の公立病院に勤務していたことに起因する語りであろう。自身が「何の専門医であるか」という思考さえ許されないほどの緊急事態であった沖縄県の公立病院に勤務しているということは，「医師かどうか」だけが自身の専門性を担保し，また存在意義でもあったのではないだろうか。

5.2　専門性を求められないなかで

　筆者は，この放射線科医に，「『見て，治す』というところなのですが，もう少しお聞きしたいのですが」という質問を投げかけている。

　　そうですよね。放射線科医は，文字どおり，放射線を利用して，レントゲンとか CT とか MRI とかですね，を利用して画像診断をおこなったり，放射線治療の検討をおこなったりするんですね。……コロナ（感染症が流行中）なので，自分も診察に入ることはありますね。……（筆者「でも，普段やられているお仕事の内容とはかけ離れていますよね」）はは（笑）でも，コロナ（禍）で呼ばれて出ていくとき（外来に出るとき），放射線科医というよりかは「ただの医者」というか。（筆者「放射線科医としてではなく？」）はい，専門とか一切関係ないですね。ま，一切ということはないんでしょうけど，（専門性は）関係ないと思いますね。

　このように，放射線科医の語りからは，既出の小児科医や解剖学教授との
比較において，コロナ感染症影響下での日常のとらえかたばかりではなく，
専門性が発揮されないなかでの日常であったことも垣間見える。たしかに，
小児科医は，「何もできない」と語ってはいたものの，ここにいう「何もで
きない」とは，「診察→処置」という一連の流れが実行できないという意味
での「何もできない」であった。つまり，小児科医としての「見立て」はお
こなっているのである。また，解剖学教授の語りからは，「これまでもそう
だったじゃないか」と，むしろ専門性を「思い出す」ことでコロナ感染症影
響下にある日常を生き延びていたことがうかがえた。対して，放射線科医の
語りからは，大学病院と公立病院という病院の機能の違いはあるとしても，
これら両者のような専門性を確認することはできない。

　専門性をそぎ落とされながらも，それでも「目の前にやってくる患者さん
たち」と向き合い続けるなかで，放射線科医は「医療崩壊のその先を不安に
思った」という。

5.3　医療とは何か，生きるとは何か

　放射線科医は「医療崩壊のその先」をどのようにみていたのだろうか。

　　まぁ，とくに，高齢者ですよね。高齢者がコロナと診断されて，運よ
　く（病院の）ベッドが空いてて，入院して，で，治療にあたって，寛解
　して，「あぁ，よかった」と思うんですね。でも，コロナで入院してい
　るうちに，足腰が弱ったり，口数が少なくなったりして。食欲が（感染
　以前の状態まで）戻ればいいんですけど，なかなかそうもすぐには（戻
　ら）ならなくて。「大丈夫ねー」と声をかけたりしてはいますけどね。（筆
　者「回復は見込めないんですか？」）いやいや，時間はかかるけど，だ
　いたいの患者さんは寛解，正常に戻りますね。ただ，……それが，その
　（足腰が弱っていったり，食事ができなかったりする）期間が長く続け

ば続くほど，何が起きるかというと，結局その状態が続くと，病院から出れない患者さんが増えていくんですよ。退院できない，退院したくても退院できない患者さんがです。「社会的入院」をしている，しなければならなくなった患者さんですね。……社会的入院って，……介護施設代わりに病院を使っているとか，入院の必要性がないのに入院して，生活のためにしている，というのは社会問題としてありますけど，コロナ（に感染した患者さん）もそのなかに含まれるようになったんじゃないかと思いました。

　放射線科医は，コロナ感染症影響下の崩壊した医療現場で専門性をそぎ落とされながらも「目の前の患者さんたち」を救うために奔走していた。だからこそ，「自分がかかわった患者さんたち」が寛解したあとでどのようにして日常生活に復帰してゆくのかには関心を寄せていたという。ところが，「自分がかかわった患者さんたち」が寛解したあとの日常が「社会的入院」であることを知っていくこととなった。放射線科医は，「何のために治療したのか」と考えるようになっていったという。

　　（筆者「何のために治療したのかというのは，社会的入院をさせるくらいだったら……という意味でしょうか」）
　　いやいや，違いますよもちろん。
　　（筆者「何のために治療したのかってところ，もう少しお聞きしたいのですが」）
　　そのぉ，「医療」って，医療というか医学というか，「医療」って，たしかにある時期までは「生まれてから死なない」ためにやってきた（進歩してきた）と思うんですよ。それが，「生まれてから死なない」から徐々に，「どう生きていくか」，「人生100年時代」といわれるようになっていったわけですよね。（筆者「あー」）あ，わかりますよね？　そう，それで，コロナってまたもう一度「生まれてから死なない」の医療に逆

戻りしたと思うんですよ。とにかく（感染している）患者さんが運ばれてきて，診察して処置して，……救って，ですが，その患者さんの残りの人生が社会的入院というのが，なんとも。

（筆者「なんとも言えない結末？」）

　ですね。結末というほど結末じゃないのかもしれませんが，最近の医療からは外れているというか，わかりますか？（伝わりますか？）

（筆者「はい，わかります。伝わっていると思います。その，「生まれてから死なない」から「死ななくなった」「死なないで済むようにもなった」を人類は獲得したから，「どう生きるかを考えたり，楽しめるようになった」に変わった，進歩した。なのに，コロナ禍の医療って，人類が到達したはずのものをぶっ壊したんだ，みたいな感じですか」）

　ありがとうございます。そうですそうです。人類が到達したはずの医療をぶっ壊したんですよ。

　放射線科医の「何のために治療したのか」という語りは，コロナ感染症影響下での「治った」という表現が，現代医学の到達点からはあまりにもかけ離れていることに対する違和感からである。すなわち，「生まれてから死なない」を目指していた医療は，これを達成し，現代では「どう生きるか」を考え，享受することができるようになった。しかし，コロナ感染症影響下にあっては，「死なせない」ことが最優先事項となり，放射線科医も「それはもちろんそうなんですけど」としながらも，「寛解したあとに待っていた結末が社会的入院だったというのは」，現代医学の技術的達成が根本から問い直されたことと同義であるように思えてならないのである。

　放射線科医は，最後に次のように語っている。

（筆者「先生の「見て，治す」という放射線科医の専門性ですけど，言ってしまえば，すごく「現代医学の到達点」みたいなところからの医術だと思うのですが，先生のお話を伺って，お考えと選ばれた分野がすごく

合っているように感じました」）

　はは（笑）こちらこそありがとうございました。「医療崩壊」ってい
われているけど，単純に「人手が足りない」ということだけじゃないと
思うんだけどなぁと思っていたことが晴れました。

6．医療システムの崩壊からみえてきた「医療の本質」

　本章は，「コロナ感染症と医療」をテーマに扱ってきた。とくに，救急医
ではない医療従事者たちが，一体どのような奮闘をしていたのか注意深くみ
ていくことから，「医療提供体制のどういったところが崩壊していたのか」
という問いに対する考察を加えてきた。小児科医，解剖学教授，放射線科医
の語りをみていく過程で，私たちが，いかに「医療崩壊」というフレーズを
平面的にとらえ，日常をすごしていたのか，結局のところ私たちは，コロナ
感染症影響下の医療現場のことを何も知らなかったのだと痛感せざるを得な
かったのではないだろうか。

　小児科医の語りからは，「何もできない」環境が作られていくなかで，「何
かしなければ」を実行するための技法としての「読み替え」の習得がなされ
ていったことが明らかとなった。また，「患者さんが戻ってこない」という
コロナ感染症影響下から続く今日的課題については，真に医療を必要として
いる患児とその家族にとっては恵まれた環境へと昇華されたのではないかと
考えられる。そしてこのことは，小児科医自身も「いいこと」と語るように，
コロナ感染症影響下で浮き彫りとなった「医療の本質」のひとつの側面では
ないだろうか。

　解剖学教授の語りからは，人間の尊厳とは何か，献体いただいた「ご遺体」
とはどのように向き合うべきかを，解剖学教授だけでなく私たち自身も考え
させられる契機となったように思われる。また，混乱するコロナ感染症影響
下での解剖学講座であったものの，「これまでもそうだったじゃないか」と
専門性に依拠し，「思い出し」ながら，混乱を乗り越えていったことが明ら

かとなった。

　放射線科医の語りからは，コロナ感染者の多かった沖縄県の医療現場の様子が，救急医の視点とはまた異なった視点から明らかとなった。毎日，「お客様のなかにお医者様はいませんか」と声をかけられているような感覚，あるいは，「毎日当直に当たっている」ような感覚だったという語りからは，私たちが想像していた以上の「医療崩壊」の様子が読み取れた。加えて，放射線科医の語りにおいて興味深いのは，そうした，緊急性の高い医療の現場に従事していたことで，医療崩壊とはすなわち，現代医学の技術的達成それ自体が崩壊したことと同義ではないだろうかというとらえを導くことができたように考えられる。

　私たちは，コロナ感染症とともに，実に長い年月をすごしてきた。「COVID-19」の「19」という数字は，「2019年に最初の感染者が確認されたことを忘れないために付けられている」という説明を聞くと思い出す。それから３年半もの間，この状態が続くとは思いもしなかった。本章が今日の私たちの生活にほんの僅かにでも貢献できたらと願う[11]。

〔注〕
1 ）本章は，2024年12月に執筆されたものである。
2 ）https://www.mhlw.go.jp/stf/seisakunitsuite/newpage_00035.html （2024年12月閲覧）
3 ）https://www.mhlw.go.jp/stf/seisakunitsuite/bunya/0000121431_newlifestyle.html （2024年12月閲覧）
4 ）朝日新聞2023年１月26日付朝刊「新型コロナ，５月８日に「５類」に変更へ　マスク着用は個人の判断に」。
5 ）https://www.mhlw.go.jp/stf/newpage_36211.html
6 ）https://medical.nikkeibp.co.jp/leaf/all/blog/nhc/202312/582259.html
7 ）https://www.m3.com/news/open/iryoishin/1236912
8 ）小児科医への聴き取りは，2024年８月に実施した。
9 ）解剖学教授への聴き取りは，2024年10月に実施した。
10）放射線科医への聴き取りは，2022年９月に実施した。
11）本章執筆にあたり，ご協力をいただいた３名の医療従事者には心より感謝申し上げる。

また，普段なら書かないのだが，コロナ禍を一緒にすごした家族・史織と真知にはこの場を借りて改めて感謝を伝えたい。

第8章
日本の教育行政の有事対応の形
——コロナ禍にどう対応したか

広瀬 裕子

1．敬遠される有事対応議論

　社会科学の領域では，有事対応の議論は敬遠されてきた。独裁を連想させるからである。平時の制度が想定しない要素を手駒として持つ有事対応の議論は，平時が想定（許容）しない統治要素の出現を前提とすることになり，独裁に通底すると考えたからである。

　有事対応を積極的に論じた一人である政治学者カール・シュミットは，その著書『政治神学』［シュミット 1971］の冒頭で，主権について定義しているのだが，その定義方法に有事を使った。すなわち，「主権とは例外状態において決断を下す者である」という定義である。通常の法秩序が通用しない「例外状態」において，法を一時的に停止して秩序を回復するために特別な権力を行使する存在こそが主権者だ，という意味であり，有事状態に判断する人を主権者としたのである。この定義の当否はおくとして，「例外状態」という有事要素を想定したこうしたカール・シュミットの定義の仕方それ自体も，独裁への誘導要素を持つアイコン的な存在だとされている。

　たとえば，ホモ・サケルの議論で知られるイタリアの哲学者ジョルジョ・アガンベンは，シュミットのいう例外状態が，現実においては一時的なものではなく恒常的なものになってしまう危惧があると警鐘を鳴らす［アガンベン 2007］。例外状態のようなものを想定することそれ自体が独裁を誘い込

むと警戒するのだが，独裁を許容しない趣旨で有事議論を警戒するアガンベンのこうしたシュミット批判は，しごく良識的なものだといってよい。

　しかし，この「良識的」なアガンベンのアプローチは，コロナ禍に孤立することになった。2020年から本格化したコロナ禍は，地球規模で人と物の移動を止めなければならないほどの拡大を見せ，WHOに報告されている全世界の累積感染者数は3億2361万370人，累積死亡者数は552万9693人[1]を数える未曾有の惨事となった。

　コロナ禍でアガンベンは，シュミットを批判していた論理を使って，感染拡大防止のために政府が行動自粛を求めたことのみならず，それに人々が従ったことを批判した。政府の行動自粛に人々が従う構図が，自分が警戒していたシュミットの例外状態の日常化そのものだと考えたからである。感染を恐れて自粛要請に従った多くの人々には，独裁という政治的危機に無頓着かつ無警戒だと不満をあらわにした［アガンベン 2021］。

　感染拡大の初期には，政府の行動規制やそれに従った人々の行動自粛を，独裁と紙一重の危険なものだとして警戒するこうしたアガンベンの主張は，確かに聞くべき一つの良識的立場であった。しかし，感染による死亡者が急増し，特に医療崩壊が深刻であったイタリアで感染することは，誇張でなく死と隣り合わせを意味するようになった。そうした段階でも主張を変えないアガンベンを擁護する者は次第に少数派となり，彼の議論は「言論の場から文字通り締め出され」，「嘲笑と黙殺の対象」となっていったのである［高桑和巳 2021］。

　フランスの哲学者ジャン゠リュック・ナンシーは，この著名な思想家，すなわちアガンベンのコロナ禍における主張に異を唱えた一人である。シュミットの「例外状態」を批判しながら政府の行動自粛政策を批判的に語るアガンベンの批判論法を，「拙速な同一視によってカール・シュミットの亡霊を出現させ」るお決まりの「安易」な論法だとした［ナンシー 2021］。加えてナンシーは，アガンベンに限らずに用いられていた自由の抑圧批判は，コロナ禍にあっては必ずしも一貫した政策批判の論理にはなっていないとし

て苦言を呈した。人々は、「病人や危篤状態のひととの面会が禁じられる」
と、自由の侵害であると批判し、逆に、「学校の再開が告げられると、今度
はすぐさま自分の身を守る自由が必要だという反対」をしたからである。

　同様に、イタリアの哲学者セルジョ・ベンヴェヌートは、アガンベンが、
イタリアでとられている措置について「例外状態」を腹の底で熱愛している
指導階級の先制的本能の結果だとするのは、「歴史の陰謀論」に陥った妄想
的解釈であるとした［ベンヴェヌート 2020］。また、哲学者スラヴォイ・
ジジェクも、アガンベンを批判する文脈で、コロナ禍を例外状態やフーコー
の監視と制御というお馴染みの範例へと自動的に切り縮めて論じるようなこ
とは妥当ではないとした［ジジェク 2020］。

　平時にあっては良識的であった議論は、どうやら有事には効果を持たな
かったということだ。近代社会にとって、有事に関する議論は不要ではな
かった、ということでもある。ちなみに、シュミットの例外状態を批判的に
論じるアガンベン自身も、「公法学における例外状態の理論は今日において
もなお欠如している」［アガンベン 2007：7］とし、議論そのものはしな
ければならないとしている。だからこそ、アガンベンは警鐘を鳴らしつつ、
その欠如を埋める試みとして例外状態批判を展開したのではあるが。という
ことは、しなければならない有事議論は放置されてきた、ということである。
必要でありながらも厄介視され続けている有事議論の立ち位置は、「近代国
家に取り憑いている亡霊のようなものだ」とは大澤真幸のたとえである［國
分功一郎＋大澤真幸 2020］。

２．法治国家における有事対応ということ

　法治国家にとって有事議論は、扱うにしても、厄介な課題である。独裁を
連想させるからというのもひとつの理由だが、例外状態への対応は法治国家
の理論枠ではそもそも処理できない法治に違う要素を含むからだ。

　しかし、コロナ禍に限らず、あるいは戦乱状況を想定するのでなくとも、

有事は日常的に想定しうる事柄でもあろう。たとえば，制度破綻などは身近な一例だ。制度は，通常，若干の不具合が生じてもそれを修復するメカニズムを内蔵し，平時形態を回復できるものだが，修復できないほど重篤な機能不全が起こる場合もある。そうした場合は，制度が想定（＝許容）していない，そういう意味では，脱法手段を駆使して修復するか，修復を諦めて機能不全を放置黙認するかのどちらかということになる。あるいは，土台（＝法）そのものを変えるという選択肢もあろう。また，激甚な災害の発生にあたって，平時の制度（＝ルール）の継続が不可能なばかりかそれを適用することが不適切である場合には，それを一旦停止させてでも眼前の緊急問題の解決に当たらなければならないだろう。その場合の緊急対応手法には脱法状態が付随することになる。

　議論すべきは，有事対応をすることの是非ではなく，どのような有事対応をすべきかなのである。平時の制度枠組みを「逸脱」することは回避できないとして，どのような「逸脱」を是とできるかなのである。その判断基準としては，一般的に「必要性」に言及されることが多い[2]。しかし，議論は，そこに止まらずにすでに深化している。2011年に起きた有事的事態ともいうべき東日本大震災を題材に，震災緩和通知について論じた佐々木昌二は，民法学の中で緊急避難の要件として指摘される次の3つの要素に注目している［佐々木 2020］。すなわち，「緊急性」（著しく激甚な非常災害が発生していること），「必要性」（通知等によって一定の措置を行うことが必要と認められること），「相当性」（通知等による被侵害利益と保全利益のバランスが取れていること）である。従来言及されてきた必要性に加えて，緊急性と相当性を合わせた3つを指標として使う構想であり，より精緻な指標となっているといってよい。

　同じく東日本大震災を題材にして法の欠缺問題を論じた鈴木庸夫は，例外状況や災害を例外的各論のテーマとして扱うのではなく本来の原理原則がシビアに問われる場面として扱うべきとする棟居快行の姿勢に言及しながら，有事は平時の法治主義との連続としての「例外」でなければないという視座

から具体を構想しようとしている［鈴木 2015］。有事対応の場面でも平時の法治主義が依拠する論理と連続性を持って対応できているかどうかに注目して是非を判断しようという提案である。首肯しうる観点である。

　まずは，厄介な課題である有事対応の議論が，すでに身近なしかも現実的な議論に乗っていることは確認しておくべきであろう。さて，そのように有事議論が「亡霊」ではなくなり始めている流れの中で，今般のコロナ禍を有事の発生と押さえたうえで，そうした有事に日本の教育行政がどのように対応したのかを振り返り，対応方法の特徴を把握してみたいと思う。

3．教育におけるコロナ有事の特徴

　教育領域におけるコロナ有事の内実は，人の移動を止めた中で教育機能を継続させる未経験のマネジメントであった。

　周知のように，コロナ禍初期に教育領域で注目されたのは，首相による全国一斉休校要請である。この要請に法的根拠があるのかないのかも話題になった。法的に根拠がないから要請だったのだろうが，多くの自治体と学校が，要請された方向でほぼ瞬時に大掛かりな休校措置に動いた。メディアが注目したのはこの動きであった。要請受け入れの力学を，首相の横暴，ないし先のアガンベンになぞらえれば，警戒すべき独裁要素の出現だとする批判言説が流布されたわけだが，力学はそれほど単純なものではない。住民や保護者の中には，首相の要請以前に休校を求める声はあったし，また首相の休校要請そのものも概してポジティブに受け取られてもいた[3]。危機内容が不透明な中では，一斉休校も政治的に取りうる選択肢の一つであったということでもあるからだ。

　一斉休校で多くの現場が苦しんだのは，休校の要請が出されたというその点についてではなく，要請の内容と要請内容を実行するために使用可能な時間の量が均衡を欠いていた切迫事情に対してである。準備のための時間があまりに短かった。要請が出されたのは2020年2月27日木曜日で，週明け3

月２日月曜日からの休校を求めていた。そして，休校のまま３月の春休みに入ることが想定されていた。とすると，その年度の予定をどのように終了させるか，春休み中の行事はどうするか，そして次年度開始へのロードマップをどうするかを，２日後の土曜日には具体的な休校対応方法とともに児童生徒と保護者に伝えなければならないのである。翌日の金曜日１日しか準備のための時間がない中で，怒濤の手探りが始まったのであった。

　コロナ禍の混乱的な脅威が収まりかけてはいたがまだ完全にニューノーマルに移行していない時期（2020年11月から21年７月）に，筆者は荒井英治郎（信州大学）の協力を得て，教育行政領域が教育「有事」にどのように対応しているのかを知るために，教育長，教育委員会事務局，校長など地方教育行政に関わる計７人から20時間以上の緊急的なヒアリングを行った。初回３回（2020年11月から21年２月）でパイロット的ヒアリングを行い，それを基に質問項目を立て，それを軸に他の６人のヒアリングを行った。パイロット的ヒアリングの内容は広瀬［2021a］および広瀬［2021b］に，また，７人のヒアリングの内容は広瀬［2024］に整理した。詳細はこれらの論考を参照されたい。

　ヒアリング対象者は以下の７人である[4]。肩書きはコロナ対応当時のものである。

　教育長３名
　　東京都三鷹市教育委員会教育長　貝ノ瀬滋氏
　　（市内は小学校15校，中学校７校，児童生徒数約１万3000人）
　　長野県飯田市教育委員会教育長　代田昭久氏
　　（市内は小学校19校，中学校９校，児童・生徒数約8000人）
　　長野県池田町教育委員会教育長　竹内延彦氏
　　（町内は小学校２校，中学校１校，児童生徒数約200人程度）
　教育委員会事務局１名
　　東京都豊島区教育委員会指導課長　佐藤明子氏

　（区内は小学校22校，中学校８校，児童生徒数約１万2000人）
　校長３名
　　東京都杉並区立阿佐ヶ谷中学校校長
　　東京都杉並区立荻窪中学校校長　小澤雅人氏
　　（阿佐ヶ谷中学校　生徒数約230名／荻窪中学校　生徒数約210名）
　　北海道小樽市立朝里中学校校長　森万喜子氏
　　（生徒数約260名）
　　埼玉県越谷市立新方小学校校長　田畑栄一氏
　　（児童数約200名）

　これらのヒアリングは「有事」に直面した現場のフロントにおいてどのようなマネジメントが行われたのかを知ることを目的としたため，学校現場で起こったことの解像度を上げるために，市区町村レベルの教育委員会と学校に焦点を当てている。ヒアリング対象者は全員が学校現場を熟知して教育のマネジメントに携わる方々である。教育委員会関係者（教育長および教育委員会事務局担当者）も，１名を除き教員経験を持ち，教員経験のない１名も長年にわたって教育関係領域で仕事をしており領域を熟知している。また，いずれもアクティブにリーダーシップを発揮していた方々であり，教育行政や学校運営に行動的積極的な取り組みを行い，また各種の教育行政関係の役職を経験し，あるいは書籍等によって強い情報発信力を持つ。したがってここから得られた知見は，有事対応の一般的動向の全体を把握するというよりは，フロント対応に注目する事例収集という性格を強く持つ。
　ヒアリングからは概して以下が確認された。

・一斉休校要請を，現場は，教育機能の停止要請とは受けとめず，人の移動を止めた休校形態のもとで教育機能を継続させる要請と受けとめた。
・首相からの一斉休校要請に，対応の困難を感じたものの，その要請自体に対する否定的評価は見られなかった。その是非を判断する情報自体を

持たなかった。

・コロナ感染や対応方法などの情報を得られる限り収集しつつ，しかし誰一人として確たる情報と明確なビジョンが得られない中での手探りの対応が始まった。

・得体の知れない危機という感触を得た段階でも，例年のインフルエンザ対策以外の具体策を想定することができなかった。

・対応における教育委員会と学校の関係は，教育委員会が大枠方針を決め，具体策は学校の判断に委ねるという形が多かった。しかし，地域によって一様ではない。

・現場のフロントである学校では校長のリーダーシップが期待され，校長も手段を選ばずに対応を模索した。文部科学省は，それらイレギュラーを平時枠組みに拾い込む特例を含む多くの通知を発出した。

・地域内の校長の力量によって対応に差が出ることもあり，差の調整を教育委員会がサポートし，校長同士の支援もあった。

・三密回避のために行事の中止や縮小，分散登校などが行われた。

・子どもの支援のみならず，保護者対応も重要であった。

・勤務形態は，中学校では在宅勤務が導入されていたが，通常勤務を行ったところが多かった。特に小学生の生活のケアには教職員の対応が必要であった。

・オンラインツールが最大限活用され，逆に，コロナ危機がGIGAスクール構想を一気に進めた。

　現場では，刻々と変化する危機内容を背景にして，対応指針はアップデートされ続けた。時には現場判断で緊急的「脱法的」な対応もなされることになる。そうしたイレギュラー要素を，文部科学省は，ほぼ並走しながら特例を含む多くの通知を発出することによって平時枠組みに拾い込んでいった。法治国家としての体裁をかろうじて保ちつつ有事対応が走った形をここに確認することができる。

　以下，第４，５節において，ヒアリングによって得た情報も参考にしながら，コロナ禍で進められた日本の教育行政の有事対応の特徴を浮き彫りにしてみたい。

４．有事対応のフロント　学校と教育委員会

　一斉休校要請をきっかけに事態がコロナ禍モードとなったわけだが，一斉休校は，一斉「休業」を意味してはいなかった。学校も教育委員会も，休校することによって教育活動・学習活動それ自体を止めることを想定していなかった。これは例外なくそうであった。休校措置をとっている間の，つまりは対面で授業ができない間の教育をどのように遜色ないものとするか，という課題を学校現場も教育委員会も当然のように共有していた。

　学校は，季節性インフルエンザの流行などについての対応ノウハウ，つまり感染症対策のノウハウを持っている。コロナ感染についても，手洗い・うがいを基本方針とした上で必要に応じて学校閉鎖というオプションが想定されていた。首相からの休校要請も，その方向性の上で受け取られていた。ただ，うけとり度合いには地域で温度差があった。近隣地域にはまだ一人も感染者が出ていなかった長野県の代田氏と竹内氏の地域では，両氏ともに報道では感染拡大に関する情報を得ていてもコロナ問題は「他人事」（竹内氏）というのが実感であったともしている。しかし，首都圏と北海道では早い時期から海外からの感染者到来ないしは地域内発生があり，首相の休校要請も蓋然性を持って受け取られている。貝ノ瀬氏は，「私たちがたとえば別途三鷹市に研究所か何か持っていて，独自に調べて（コロナ感染が：広瀬）それほど大したことではないという情報でもあれば別ですけど，そういう情報がない中で，やはり総理大臣という職の重さをしっかり受け止めた」というように語っている。

　休校要請が出された時点では，春休みが明けた新学期から授業を開始することも予想されていたが，感染状況は収まる気配を見せなかった。早速，卒

業式や入学式の実施方法が検討され，生徒たちの入試の段取りなど，可能な形での春休み中の通常ルーティーンの遂行が追求された。新学期になると，三密回避が試行錯誤され，教室配置を変更し，感染防止のための備品を調達し，時短授業や分散登校などの形態を考えた。給食の提供形態と食事形態を変更し，並行して夏休みや行事をどのように実施するかを考えた。感染防止対策を徹底しつつ行う，大掛かりなオペレーションが展開された。

　休校の間も教員が出校しなかったわけではない。特に小学生については学校で生活のケアをするなどの対応が取られており，子どもを預かるために教職員が対応するなどしている。三鷹市では小学校の子どもたちの居場所確保のために子どもを預かるシステムを作り，人員を確保しながら昼食を出すなどの工夫を行った（貝ノ瀬氏）。1クラスあたり10人程度が学校に来ていたという。飯田市でも，小学校はエッセンシャル・ワーカーの子どもたちなど全児童の1割が学校に来ていたといい，「学校もしくは児童クラブで受け入れて職員総出で対応」することにしたという（代田氏）。

　対して中学校は教員を在宅勤務にしたところが多かったようである。小澤氏も森氏も在宅勤務を入れたようであるが，ただ，平時にはとられない体制であるために手続きに工夫をしたという。「災害事故休暇」を使ったり（森氏），自宅への出張扱いとしたり（小澤氏）などの処置がとられている。佐藤氏の東京都豊島区では，役所も「3分の1」の分散勤務体制をとり，学校にも「在宅を推奨した」としているが，在宅勤務の手続きとして，「A4半分程度の簡単な報告書」を出してもらう一種形式的な処理をして対処したとしている。

　通常授業にすぐには戻れないことが見えてきた段階で，終えるべき学習内容が授業のみでは扱いきれない事態を勘案してカリキュラムの組み直しが必須となったわけだが，学習面におけるダメージを最小限にするために家庭学習の組み込みも避けられなかった。たとえば森氏は「家庭学習は自律的な学習者になるチャンスでもある」として，教育の質の損減を防ぐために家庭学習ノートの活用を行い（中学校），小学校の田畑氏は，プリント使用で工夫

をしたという。無料公開プリントを利用しながらそれを「下駄箱に連絡ボックスを設け」て対面を避けながら受け渡しをするなどしていた。オンライン教材も活用された（小澤氏）。ただ，オンラインのインフラが整っていない段階であり，さらに，デジタル機器に関しての公式ルールも障害となったようで，必要にせまられて考えた対応に市の許可が得られない場合には許可を待つのではなく，たとえば市が認めていないモバイルルータを独自に手配したり（森氏），オンライン会議のプラットフォームの一つである Zoom 使用が市のルールが障害になって実施できない場合に，私物の携帯端末を駆使してリモート会議の体制を整えたりもされている（田畑氏）。また，保護者との情報共有の手法として当初は親の反対にあいながらも有効性を信じて学校でツイッター（現在の X）を始めたりもされている（田畑氏）。ツイッターについては，情報共有に有効であることを知ると親の反対は無くなったという。

　有事対応における教育委員会と学校の位置関係は，地域の特性により異なっている。日頃の関係性を土台として対応が動くために，教育委員会が主導する場合もあれば，校長らのイニシアチブが強くなる場所もあったようである。日頃校長がイニシアチブをとっている地域で教育委員会が動くと，学校現場が不自由を感じたりもしたらしい。森氏は，校長会が主導する特徴を持つ小樽市での教育委員会の動きを，「自治体として頑張って対応している姿勢を見せる形式的対応に感じた」などとしている。

　しかし，概していうならば，学校の自主的対応を促す教育委員会の姿勢が顕著に見られた。教育委員会が大枠を提示し，個別対応の判断は学校が行う，という関係が多かった。貝ノ瀬氏（東京都三鷹市），は「子どもの最善の利益」を考えるという判断基準だけは示し，具体的な対応は「現場レベルで工夫してやってくださいというスタンス」をとったとしている。教育委員会（東京都豊島区）の佐藤氏は，基本的に個々の校長に委ねながらも「学校間での対応が統一するよう，教育委員会での合意形成」を行い，また，「校長の力量の差を補填」するサポートに入ったとしている。日頃からコンセンサス重視

の地域であった代田氏（長野県飯田市）は，「地域教育委員会が基本方針を出す場合でも，ほぼ学校とコンセンサスを取りながら」，とにかく「死に物狂いで」現場の困りごとに対応したと語る。

　対応フロントの各場面では，一斉休校に突入した後の子どもたちへのダメージを最小限にとどめるために，試行錯誤しながら積極的な対応策が打ち出されていたことがわかる。森氏の言葉を借りるならば，「手段を選ばず対応方法を模索した」のであった。

5．イレギュラーを平時枠に拾い込む

　学校教育法施行規則が求める授業時数が確保できないほどの，長期の休校がコロナ禍で発生したわけである。平時には認められないイレギュラーな事態である。同時にこれは，法的拘束力を持つ学習指導要領で定められた内容が年度内に終わらないことも意味しており，当然ながら平時には許容されない状況である。各学年を修了するために必要な児童生徒の出席日数の確保も難しくなった。さらに，長期休校から生じるダメージを繕うために取られた修補的救済措置そのものも，平時には受容させないイレギュラー要素を含んでいた。休校中，家庭学習に切り替えて独自の教材を用意したり，遠隔で授業したりするなどの，通常授業の不足を埋めるための工夫がされたわけだが，そうした補完方法自体，平時には授業の代替とは認められないものである。また，学校の通信環境が整わない窮状を凌ぐために，教職員が私物の携帯端末や回線を使って切り抜けたのも，いうまでもなく平時では許されない対応である。

　イレギュラーな状況は義務教育段階に限らない。教員免許を取得するために教職課程を履修していた学生たちは，教育実習や介護等体験ができない状況となり，平時枠では免許が取得できない。また，大学では入構制限が行われ，対面授業は中止となり，突貫工事で準備されたオンライン授業に切り替わった。平時枠では，60単位を超えるオンライン授業は，通信制大学でな

い限り卒業単位には認められない。卒業要件を満たせない状況が全国的に出
現したことになる。すでに取得された教員免許を定期的に更新するための更
新講習も，対面方法で認可されている講習は実施できなくなったし，各国で
入港制限があったために水産高校の遠洋実習は中止となり，三級海技士（航
海）試験の受験資格が得られないという状況も発生した。

　コロナ禍に直面して，教育領域では制度改正も法改正も行われてはいな
い。平時枠は続いたままである。とすると，こうしたイレギュラー状態やそ
こから生じた不利益は看過され捨て置かれたのか，また，脱法的イレギュ
ラーな工夫や修補的措置は違法として糾弾されたのかというと，そうではな
かった。文部科学省は現場の試行錯誤に並走しながら特例を含む多くの通知
を発出し，現場に出現した各種のイレギュラーを平時枠組みに拾い込んで
いった。

　中でも，「学びの保障」をうたった2020年5月15日の通知[5]は，コロナ禍
を乗り越えるために「あらゆる手段」の使用を解禁し，あわせて各種の特例
を示した。たとえば，学習指導要領が定める内容を令和3（2021）年度ま
たは令和4（2022）年度までを見通して次学年または次々学年に移すこと
を認めたり，感染を警戒して出席を避ける児童生徒については，欠席扱いに
しない[6]などとした。それに先立つ3月24日には大学のオンライン授業の縛
りを緩和する特例が出されてオンライン授業だけでも卒業が可能となり[7]，
3月31日には対面方式で認定を受けた免許状更新講習の形態変更を認める
特例が出された[8]。また翌年4月6日には，遠洋実習ができなくなったこと
についても試験を免除する特例が出され[9]，4月13日には教員免許取得に不
可欠な介護等体験については代替措置を可能とする特例が出された。

　こうして，一斉休校から始まった日本の教育のコロナ禍の時期は過ぎて
いった。

6．おわりに

　教育領域におけるコロナ禍への対応を，有事対応という観点から振り返った。現場における困難は多大であった。子どもはじめ各層のアクターは有事であるがゆえのダメージを被った。しかし，どうやら学校教育は持ち堪えた。

　有事対応の過程で，平時には許容されない2つレベルのイレギュラー(違法状態あるいは違法要素)が生じた。すなわち，感染防止のための長期休校が学校教育に生み出した，教育内容を充足できない等の不利益的イレギュラー状態と，そのイレギュラーによるダメージを少しでも緩和するために取られた手段を選ばない修補的対応に付随する脱法的イレギュラー要素である。教育領域に出現したこの二重のイレギュラーは，文部科学省から並行して発出された各種特例通知によっていわば泥縄的に合法の枠の中に拾い込まれていった。結果的に，大がかりな法改正をすることなく，教育領域の有事対応は平時の制度枠組みを維持したまま行われる形となった。

　とりわけ，急場を凌ぐために試行錯誤された手法，つまり脱法的要素をも含んだ有事対応の手法はいったい是とされるか否かという点についていうならば，教育領域の場合は是とされていたということである。事態が進行しつつある中で是と判断されたがゆえに，「あらゆる手段」が解禁され，むしろ現場の自主的対応に有事対応の実質的運用が期待されたのだと考えるべきであろう。

　では，「あらゆる手段」の解禁が，なぜ法治国家の逸脱に向かわなかったのであろうか。この問いは，有事対応が独裁に繋がらない要件は何か，という根本的問いに通底する問いでもある。今回のケースでいうならば，学校も教育委員会も例外なく，子どもたちの学びを止めないという方向性，言いかえれば有事対応の方向性が，平時制度の方向性を土台にして動いていたことにポイントがある。学校，教育委員会，中央政府の各層に不一致がなく，見解の対立や利害の対立も見られなかった。そのため，教育行政の対応として

は，中央の文科省は特例通知により「あらゆる手段」を解禁し，各地の教育
委員会は学校の自主的対応を推奨して支援した。このことは，有事対応にお
いて各層のフリーハンドが可能となった背景的特徴として確認しておくべき
ところである。

　以下のようにまとめることができよう。教育領域におけるコロナ有事の対
応は，有事対応から生じる各種のイレギュラーを教育行政が特例通知によっ
て平時枠に拾い込む方法をもって行われた。法治国家の枠を手放すことなく
「有事」に対峙する一つの形をここに見ることができる。また，脱法要素の
出現も含めて，各層がフリーハンドで動くことが不当とされなかったのは，
教育領域では，関係各層に平時の法治主義が依拠する論理が行動原理として
保たれていたこと，すなわち，有事対応の行動原理に法治主義との連続性が
保持されていたことに大きな要因があったといってよい。

〔注〕
1）COVID-19 Weekly Epidemiological Update（WHO）による死亡者などの情報は厚
　　生労働省検疫所ウェブサイトに紹介されている。
　　https://www.forth.go.jp/topics/20220110_00005.html#:~:text=WHO
2）アガンベンも「必要」に注目して例外状態を論じている［アガンベン 2007：51-
　　62］。
3）たとえば，次のような調査結果など。「結果として，この一斉休校の判断は，学校給
　　食の問題や学童保育の拡充問題等，教育現場に混乱をもたらす結果となった。しかしな
　　がら，その一方で，子どもの感染を心配する保護者等からは，安倍首相の決断を歓迎す
　　る声が多くあがり，3月6日から3月8日にかけて実施されたNHKの世論調査35では，
　　臨時休校の要請は「やむを得ない」との回答が69％を占めるなど，国民からは一定の
　　評価を受けることになった」［民間臨調一般財団法人アジア・パシフィック・イニシア
　　ティブ 2020］。また，筆者が行ったヒアリングでも，日頃から独自のネットワークで
　　保護者の声を把握していた校長（田畑氏）は，一斉休校要請のまえに，保護者の中に休
　　校を望む声が多かったことを摑んでいる［広瀬 2024］。
4）それぞれの方の当時の時点での経歴を簡単に記すと以下のようになる。
　　・貝ノ瀬滋氏（東京都三鷹市教育委員会教育長）は，三鷹市立第四小学校校長，三鷹市
　　　教育長，教育再生実行会議有識者委員，文部科学省参与などを歴任するなど，地方教
　　　育行政のみならず中央教育行政にも関わっている。

・代田昭久氏（長野県飯田市教育委員会教育長）は，民間企業に就職した後，起業など経験し，2008年に東京都杉並区立和田中学校の民間人校長に登用され教育界に入る。和田中で5年間校長を務め，その後，佐賀県の武雄市で3年校長などを務めた後故郷の飯田市に戻り教育長を務め6年目になる。
・竹内延彦氏（長野県池田町教育委員会教育長）は，大学で心理学を学んだのちにフリースクールに関する活動に従事し，外国籍の子どもと出会う経験を活かしながら民間会社勤務やNPO活動を経て，出身地の長野県庁次世代サポート課で若者支援全般に関わる。2019年から池田町の教育長。「子どもがまん中」を合言葉にした発信を続けている。
・佐藤明子氏（東京都豊島区教育委員会指導課長）は，中学校家庭科教員を務めたのち，都立肢体不自由児特別支援学校，公立中学校で18年間の教員経験を経て教育行政に入る。豊島区，練馬区で勤務したのち小中一貫校で副校長を務め，統括指導主事，さらに中学校の校長を歴任し，豊島区の指導室課長を務める。
・小澤雅人氏（東京都杉並区立阿佐ヶ谷中学校校長，荻窪中学校校長）は，東京都の社会科教員となり，その後中学校校長，教育委員会勤務を歴任し，東京都中学校校長会副会長ののち会長などを務める。コロナ禍開始時に異動が重なり，年度末に阿佐ヶ谷中学校で，翌年度から荻窪中学校で対応にあたる。
・森万喜子氏（北海道小樽市立朝里中学校校長）は，千葉県で教員を経験した後に北海道で教員となり，30年以上小樽市内の中学校に勤務し，教頭職を7年務めた後，校長を歴任する。
・田畑栄一氏（埼玉県越谷市立新方小学校校長）は，埼玉県の中学校国語教員となり，県内の養護学校や中学校で教鞭をとる。荒れた学校で勤務する中で生徒指導に力を入れて教育論文賞の最優秀賞を受賞し，また「はつらつ先生」として県から表彰される。不登校が多かった中学校で子どもに働きかける方法として教育漫才を始める。
5）「新型コロナウイルス感染症の影響を踏まえた学校教育活動等の実施における「学びの保障」の方向性等について（通知）」2020年5月15日。
6）不登校児童生徒などの場合には，平時においてもオンラインでの授業参加も出席扱いする特別措置はある。
7）「令和2年度における大学等の授業の開始等について（通知）」2020年3月24日
8）「新型コロナウイルス感染症への対応に関する免許状更新講習の実施における留意事項及び実施方法の特例等について（通知）」2020年3月31日。
9）「新型コロナウイルス感染症対策に対応するための令和3年度における遠洋実習の特例の適用方針について（周知）」令和3（2021）年4月6日。

〔引用文献〕
アガンベン，ジョルジョ［2007］上村忠男・中村勝己訳『例外状態』未來社。

アガンベン，ジョルジョ［2021］高桑和巳訳『私たちはどこにいるのか？』青土社。

國分功一郎＋大澤真幸［2020］「対談　哲学者からの警鐘」大澤真幸『コロナ時代の哲学』
　　左右社。

佐々木昌二［2020］「震災緩和通知に関する法的検討」『日本災害復興学会論文集』
　　No.16。

ジジェク，スラヴォイ［2020］松本潤一郎訳「監視と処罰ですか？　いいですねー，お
　　願いしまーす！」『現代思想　緊急特集＝感染／パンデミック』2020年5月号。

シュミット，カール［1971］『政治神学』未來社。

鈴木庸夫［2015］「震災緩和と法治主義」『自治総研』436号。

高桑和巳［2021］「翻訳者解説」ジョルジョ・アガンベン『私たちはどこにいるのか？』
　　青土社。

ナンシー，ジャン゠リュック［2021］伊藤潤一郎訳『あまりにも人間的なウィルス—
　　COVID-19の哲学』勁草書房。

広瀬裕子［2021a］「「コロナ下」での一斉休校—その時何があったのか（1）—東京都公
　　立中学校校長小澤雅人氏ヒアリング記録　その1—」専修大学社会科学研究所月報，
　　No.697。

広瀬裕子［2021b］「「コロナ下」での一斉休校—その時何があったのか（2）—東京都公
　　立中学校校長小澤雅人氏ヒアリング記録　その2—」専修大学社会科学研究所月報，
　　No.700。

広瀬裕子［2024］「「コロナ下」での一斉休校：その時何があったのか（3）；非常事態に
　　おける教育ガバナンス検証のための素材」専修大学社会科学研究所月報，No.731。

ベンヴェヌート，セルジョ［2020］高桑和巳訳「隔離へようこそ」『現代思想　緊急特集
　　＝感染／パンデミック』2020年5月号。

民間臨調一般財団法人アジア・パシフィック・イニシアティブ［2020］『新型コロナ対
　　応・民間臨時調査会　調査・検証報告書』ディスカヴァー・トゥエンティワン。

第9章
コロナ禍における子どもの生活実態

鈴木　奈穂美

はじめに

　新型コロナウイルス感染症対策は，「新しい生活様式」を浸透させ，人び
との暮らしを一変させた。「新しい生活様式」とは，新型コロナウイルス感
染症対策を通じて広まった新しい習慣や価値観に基づいて変化した人びとの
生活や行動様式のことである。主なものとして，テレワーク，オンライン会
議といった情報通信技術を活用したオンラインでのコミュニケーションの普
及や，ソーシャルディスタンス，手指消毒やマスク着用といった徹底した衛
生管理などを挙げることができる。「新しい生活様式」は，新型コロナウイ
ルス感染症対策という名のもと，個人の暮らしや経済活動に政府が介入した
ことで誕生し，子どもの暮らしを含め社会全体にも影響を及ぼした。

　たとえば，学校教育では，小学校から高等教育に至るまでオンライン授業
が実施され，急速にデジタル化が進んだ。文部科学省が進める GIGA スクー
ル構想は，当初，2023年度の実現をめざしていたが，パンデミックを契機
に予定を前倒しし，2020年7月末までに1人1台の学習用端末の配布と学
校のネット環境の充実を進めるよう，2020年5月に文部科学省が都道府県
等に強く要請した。これを受けて，公立学校でもオンラインを活用した自宅
学習環境の整備を推進した。

　日本では，2020年3月2日，新型コロナウイルス感染症対策のため，小

学校，中学校，高等学校，特別支援学校等が一斉臨時休校したことは記憶に新しい（詳細は第8章参照）。一斉臨時休校が終わった後も，「三密」を防ぐ政策がとられたことで，対面活動を重視した学校の課外活動（部活動・クラブ活動，運動会，修学旅行等）や習い事等も縮小した。

　本章では，コロナ禍前後で，子どもの生活時間や生活行動がどのように変化したのかを明らかにすることを目的とする。本章の構成だが，次節では，コロナ禍に実施した各種調査結果から，子どもの暮らしの変化を概観する。第2節では，分析に用いる社会生活基本調査（以下，社会調という）の概要を説明する。第3〜5節では，社会調の集計結果から10〜14歳の生活の特徴を整理する。第6節では，コロナ禍で変化の大きかった生活時間行動「休養・くつろぎ」を説明する要因を明らかにする。

1.　先行研究にみるコロナ禍の子どもの生活

　以前と比べて，コロナ禍では子どもの暮らしが変化したと言われている。たとえば，国立成育医療研究センターの調査では，小学高学年以上の3割に就寝時間の遅れや乱れがあったこと，スクリーンタイムが1時間以上増加した子どもが4割以上いたことが明らかになった［国立成育医療研究センター 2020：19，22］。同センターが実施した別の調査では，先生や大人への話しかけやすさや相談しやすさが5割程度減少したこと等も指摘されている［国立成育医療研究センター 2021：50］。ベネッセ教育総合研究所の調査では，平日の遅寝，休日の遅寝・遅起きが顕著に表れており，学年が上がると，睡眠時間が減り，週末の生活リズムのズレが顕著にみられた［ベネッセ教育総合研究所 2021：4-8］。これを「社会的時差ボケ」といい，その存在が子どもにもでていることがわかった。また，デジタル機器の活用をみると，小学生はテレビを見る時間が長いのに対し，中学生，高校生と年齢が上がるにつれて，スマホの使用時間が長くなっていた。この結果に呼応する形で，寝る直前までスマホ等の画面を見ている子どもの割合が，学年が上がるにつ

れて上昇し，コロナ禍には，子どものスクリーンタイムの増加や生活リズムの乱れがあったと言われている。

　他にも，コロナ禍では，さまざまな経験の機会が失われた。国立青少年教育振興機構は，定期的に子どもの体験活動[1]や生活経験等の動向を調査している。調査結果によると，2010年代を通して子どもの自然体験は減少傾向にあったものの，2019年の50％から2022年の36.7％へと大きく減少した［国立青少年教育振興機構 2024：18-34］。また，「小さい子供を背負ったり，遊んであげたりしたこと」「道路や公園などに捨てられているゴミを拾ったりしたこと」という生活体験は，2010年代にそれぞれ85％前後，70％前後で推移していたが，2022年にはそれぞれ76.8％，60.7％に減少した。さらに，文化芸術に関わる作品や活動を直接観たり，聴いたりしたことがある割合は，2019年の67.6％から22年の62.7％へ減少した。公的機関が行う行事への参加状況をみると，児童館・公民館等の公共施設，子ども会・スポーツ少年団等の青少年団体，PTA・自治会等の地域の団体，スポーツクラブや学習塾等は，16年から19年にかけても参加割合が減少したものの，22年には大幅に減少し，参加しなかった割合が半数以上を占めた[2]。つまり，自然体験，生活体験，文化芸術体験，公的機関が行う行事への参加のいずれも，コロナ禍に減少していたことがわかる。

　これらコロナ禍に実施された調査で指摘された変化は，政府統計である社会調からも確認できるのか。以後，分析していく。

2．社会生活基本調査の概要

　本章で分析に用いるデータは，総務省統計局が実施している社会調である。社会調は基幹統計の一種で，5年に一度実施しており，最新のものは2021年調査である。主な調査項目は，1日の生活時間と過去1年間の生活行動（学習・研究活動，ボランティア活動，スポーツ活動，趣味・娯楽活動，旅行・行楽）である。1日の生活時間は，2種類の調査票（調査票A，調査

票B）で調査している。調査票Ａは，回答者が自身の行動をあらかじめ指定された20種類の行動分類の中から選んで，15分ごとに記入するプリコード方式（選択回答方式）を採用している。調査票Ｂは，回答者が日記のように詳しく記入した行動を，集計時に，あらかじめ定めた分類基準に従って分類するアフターコード方式（自由回答方式）を採用している[3]。これらのうち，本章では，プリコード方式を採用した調査票Ａの結果を分析する。

　調査票Ａで採用している20種類の行動分類は，大きく３区分にまとめられる。睡眠，身の回りの用事，食事という生理的に必要な活動を「１次活動」，学業，仕事，通勤・通学，家事，介護・看護，育児，買い物という社会生活を営む上で義務的な性格の強い活動を「２次活動」，これら以外の活動で各自が自由に使える時間における活動を「３次活動」と呼ぶ［総務省統計局2021］。

　社会調では2016年から，調査票Ａの生活時間編で，スマートフォン・パソコンなど[4]の使用[5]（以下，スマホ等の使用という）に関する項目が追加された。ここでいう「スマホ等の使用」とは，生活時間の調査日に，スマートフォン等を使用した合計時間数を６区分で示し，合計時間数が「１時間未満」から「12時間以上」の５区分を「使用した」としている。

　本章では，子どもの生活の変化をとらえるため，分析対象を10〜14歳とする。社会調では，1996年調査から，一部の設問を10歳以上の世帯員が回答するようになったため，この年から時系列的な変化をみていく。調査は，各調査年の10月に実施している。したがって，生活時間は調査年の10月の時間配分であり，生活行動は，前年10月20日〜調査年10月19日までの過去１年間の実態を示している。たとえば，2021年調査では，生活時間は2021年10月の実態を，生活行動は2020年10月20日〜21年10月19日の実態をとらえていることとなる。

　以上のような調査の特徴を理解した上で，次節以降，社会調の結果から，子どもの暮らしの変化を整理する。

3．子どもの生活時間の時系列的変化

　本節では，10〜14歳の集計がはじまった1996年から2021年の生活時間
の変化に加えて，2016年と2021年を比較し，コロナ禍前後の変化もとらえ
ていく。

3.1　社会調「1次活動」の実態

　1次活動では，睡眠で特徴的な変化があった。男子の1996年から2021年
の変化をみると，平日は514分から509分へと減少したものの，土曜は522
分から549分へ，日曜は563分から578分へと増加した（図9-1）。女子は，
平日が501分から505分へ，土曜が521分から561分へ，日曜が568分から
589分へと全ての曜日で増加した（図9-2）。コロナ禍の行動制限によって
家庭内で過ごす時間が増加し，睡眠が増えた可能性がある。

　また，男女ともに01年から06年に土曜の睡眠時間が増加している。これ
は，文部科学省が2002年度から公立学校で週5日制を導入した影響と推察
する[6]。この後に確認する学業時間と関係した変化であると認識している。

　睡眠時間と関連して，就寝・起床の状況と社会的ジェットラグについても
経年的な変化をとらえておく（表9-1）。

　まず，就寝時刻をみると，男子の平日・土曜では年々早まり，日曜は16
年まで遅くなっていたが，21年には過去15年間で最も早くなった。女子は，
平日が一貫して早まり，土曜・日曜では，16年まで早まり，21年までほぼ
横ばいであった。22時30分以降に就寝した者の割合をみると，男子は平日・
土曜で，女子は全ての曜日で減少傾向にあり，日曜の男子のみ，16年まで
上昇したが，21年に最も減っていた。

　次に，起床時刻をみると，男女ともに，各曜日で16年までおおむね早まっ
ていたものの，21年に数分から20分遅くなっている。7時30分以降に起床
した者の割合をみても，男女とも，全ての曜日で21年が最大の値を示して

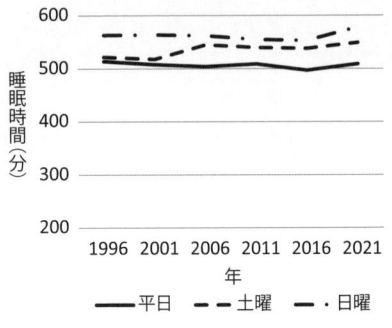

図9-1　10〜14歳男子の1日の睡眠時間

資料：総務省統計局　社会生活基本調査（各年，調査票A，生活時間編）をもとに筆者作成。

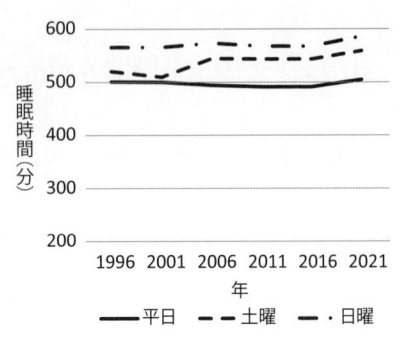

図9-2　10〜14歳女子の1日の睡眠時間

資料：図9-1と同じ。

いた。平日は学校があるため，21年の男子が6時40分，女子が6時39分と男女差がほとんどないが，土曜は男子7時25分，女子7時47分，日曜は男子7時35分，女子8時04分と，女子の起床が顕著に遅くなっていた。このことと関連して，7時30分以降に起床した女子の割合が，土曜56.4％，日曜68.1％と，男子と比較して高くなっていた。先行研究では起床や就寝の時刻が遅くなる等，コロナ禍に生活の乱れが発生したと指摘されていたが，社会調では土日での遅起きが確認されるにとどまった。

　そこで，社会調において，10〜14歳の生活の乱れがあったかをみるため，社会的ジェットラグを算出した。社会的ジェットラグとは，「生物時計と社会時計（出勤や登校など）の間の乖離により生じる種々の精神身体症状（睡眠障害，眠気，倦怠感，消化器症状など）」［三島 2019：35］のことであり，「社会的な時差ボケ」とも呼ばれる。つまり，「社会的な時間と私たちの体の時計が合わないこと（misalignment，乖離），ならびに misalignment によって生ずる不調」［駒田 2021：59］であり，「平日と休日の睡眠中央時刻のずれ」［駒田 2021：58］によって社会的ジェットラグが生じる。社会調では，起床の平均時刻と就寝の平均時刻が公表されているため，各曜日の睡眠中央

時刻を算出し，土曜—平日の社会的ジェットラグと，日曜—平日の社会的ジェットラグを算出した。

　表9-1によると，2つのジェットラグとも，性別を問わず16年までは縮小もしくは横ばいであったものの，21年に数分であるが拡大した。八木田・笹脇らが日本の高校生を対象に実施した研究では，社会的ジェットラグが2時間を超える睡眠習慣がある場合，顕著な睡眠の質低下および日中の強い眠気と関連すると結論づけた［Sasawaki et al. 2022］。このことから，社会調の結果によると，10～14歳の男女は，週末の寝だめが習慣化しているとはいえず，コロナ禍に生活が乱れたとは断定できなかった。

　身の回りの用事をみると，男子は，平日55分から60分へ，土曜52分から60分へ，日曜53分から61分へと，女子は，平日64分から78分へ，土曜が63分から75分へ，日曜が68分から80分へと，いずれの曜日も増加していた。食事に関しては，平日は，男女ともに減少していた。男子は88分から81分へ，女子は89分から84分へであった。他方で，土日は増加しており，男子の場合，土曜は91分から104分へ，日曜は97分から107分へと，女子の場合，土曜94分から105分へ，日曜100分から111分へと増加していた。

　以上から，過去15年間で，就寝時刻は早くなる傾向がみられ，22時30分

表9-1　10～14歳の就寝・起床時刻と社会的ジェットラグ（2006～21年）

単位　時：分

| | | 平日 | | | | 土曜 | | | | 日曜 | | | | 社会的ジェットラグ | |
		就寝時刻	起床時刻	22:30以降就寝行動者率 %	7:30以降起床行動者率 %	就寝時刻	起床時刻	22:30以降就寝行動者率 %	7:30以降起床行動者率 %	就寝時刻	起床時刻	22:30以降就寝行動者率 %	7:30以降起床行動者率 %	平日-土曜 分	平日-日曜 分
男	2006年	22:27	6:45	51.8	7.4	22:30	7:27	52.5	44.5	22:10	7:40	38.7	48.9	18	19
	2011年	22:18	6:41	46.4	9.0	22:27	7:22	51.7	42.9	22:10	7:27	38.8	43.7	29	19
	2016年	22:19	6:38	46.0	6.8	22:25	7:13	45.1	38.4	22:17	7:19	47.1	43.8	20	19
	2021年	22:15	6:40	42.1	10.1	22:19	7:25	44.8	46.4	22:07	7:35	37.2	53.1	24	23
女	2006年	22:33	6:43	55.2	5.6	22:41	7:38	59.9	52.0	22:30	8:06	54.5	62.4	29	40
	2011年	22:30	6:35	56.8	4.8	22:37	7:37	58.1	49.8	22:25	7:43	50.3	57.5	37	31
	2016年	22:25	6:31	50.7	4.0	22:30	7:33	53.0	48.0	22:20	7:44	46.1	55.7	33	34
	2021年	22:22	6:39	47.6	7.2	22:31	7:47	51.1	56.4	22:20	8:04	43.3	68.1	38	41

注：就寝時刻・起床時刻に関する年齢階級別集計は2006年調査からおこなわれていた。
資料：総務省統計局　社会生活基本調査（各年，調査票A，平均時刻編）をもとに筆者作成。

以降に就寝する割合は減少傾向にあった。他方で，起床時刻は遅くなる傾向がみられ，土日には， 7 時30分以降に起床する割合が上昇しており，特に女子が土日で起床が遅くなる傾向が確認できた。他方，健康に悪影響を及ぼすほど大きな社会的ジェットラグが生じているとはいえず，コロナ禍の睡眠の乱れは確認できなかった。また，身の回りの用事は男女とも経年的な増加が確認され，食事は平日の減少と土日の増加がみられた。

3.2　社会調「 2 次活動」の実態

　次に， 2 次活動だが，義務教育中の年代であることから，学業と通勤・通学で特徴的な変化が見られた。学業をみると，平日は，男子が1996年の375分から2021年の438分へ，女子が377分から447分へと増加した（図 9 - 3 ・ 9 - 4 ）。他方，土曜は，男子が180分から73分へ，女子が188分から80分へと，日曜は，男子が65分から53分へ，女子が73分から57分へと減少していた。平日は01年以降増加傾向にあったが，土曜は男女ともに，公立学校週 5 日制の導入に伴い減少した。3.1において確認した睡眠の変化は，この教育制度に起因した変化であることはすでに指摘した。また，通勤・通学は，学校週 5 日制の導入に伴い，06年以降の土曜で減少がみられ，日曜の水準となった。平日の場合，男子が96年の44分から21年の43分へ，女子が46分から44分へと微減した。土曜の場合，男子が29分から 9 分へ，女子が30分から11分へ，日曜の場合，男子が 5 分から 2 分へ，女子が 5 分から 3 分へと減少した。

　家事労働に関する時間は，学校のない土日をみても短く，過去25年間で顕著な変化は見られなかったが，強いてあげるとするならば，土日に買い物はしていた。男子では，土曜が11分から19分の間を，日曜が21分から27分の間を推移し，女子では，土曜が20分から24分の間を，日曜は36分から46分の間を推移していた。日常的に料理や掃除をするいわゆる「お手伝い」の様子は確認できなかった。

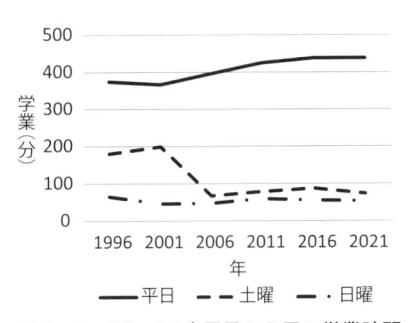

図9-3　10〜14歳男子の1日の学業時間
資料：図9-1と同じ。

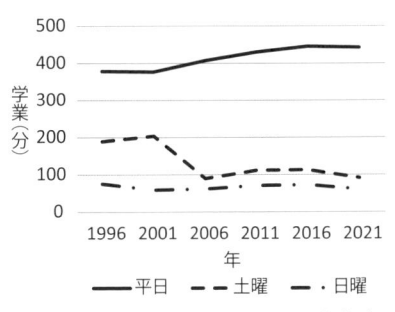

図9-4　10〜14歳女子の1日の学業時間
資料：図9-1と同じ。

3.3　社会調「3次活動」の実態

　3次活動では，休養・くつろぎとテレビ・ラジオ・新聞・雑誌（以下，テレビ等という）に顕著な変化があった。休養・くつろぎは，男女とも25年間で大幅に増加した。男子をみると，平日は1996年の79分から2021年の112分へ，土曜は84分から190分へ，日曜は，84分から194分へと増加した。女子は，平日が87分から117分へ，土曜が97分から205分へ，日曜が98分から211分へと増加した（図9-5・9-6）。土日の増加が多く，コロナ禍前の16年から21年の変化率をみると，男子では土曜が39.7％増，日曜が43.7％増，女子の場合，土曜が45.4％増，日曜が51.8％増であった。休養・くつろぎの増加は，LINE，TikTok，Instagram 等のソーシャルメディアの使用と関係があるものと推察されるが，社会調の調査票Aでは，ソーシャルメディアとの接触の実態を把握できないことから，休養・くつろぎ時間におこなう行動について，さらなる調査・分析が必要である。

　テレビ等は，男女ともに25年間で減少していた。男子をみると，平日が110分から40分へ，土曜が170分から82分へ，日曜が186分から86分へ，女子では，平日が109分から34分へ，土曜が175分から82分へ，日曜が187分から81分へと，いずれの曜日でも減少が確認された（図9-7・9-8）。い

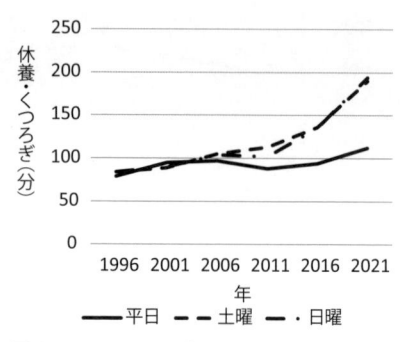

図9-5　10〜14歳男子の1日の休養・く
**　　　つろぎ時間**
資料：図9-1と同じ。

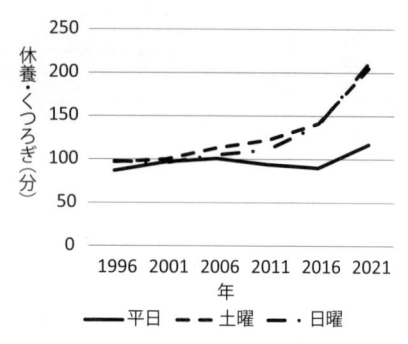

図9-6　10〜14歳女子の1日の休養・
**　　　くつろぎ時間**
資料：図9-1と同じ。

わゆる「テレビ離れ」や「マスメディア離れ」の実態が明らかになった。

　趣味・娯楽，スポーツ，交際・付き合い，学習等でも生活時間の変化があっ
た。趣味・娯楽をみると，1996年から2021年の間に男子は平日38分から
52分へ，土曜86分から132分へ，日曜108分から137分へと増加し，女子は
平日24分から36分へ，土曜50分から104分へ，日曜62分から99分へと増加
した。趣味・娯楽も，2016年から2021年にかけて増加しており，男子で平
日11分，土曜24分，日曜27分であり，女子では平日9分，土曜24分，日曜

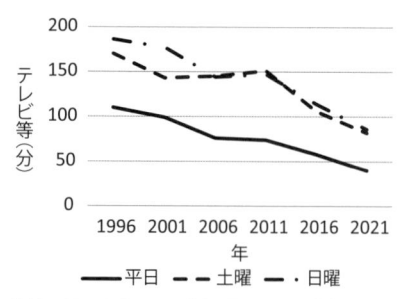

図9-7　10〜14歳男子のテレビ等の時間
資料：図9-1と同じ。

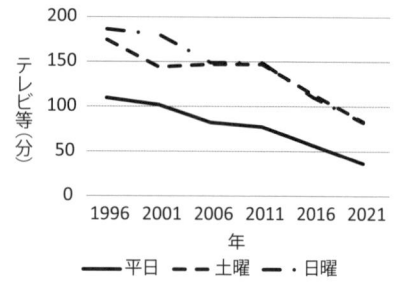

図9-8　10〜14歳女子のテレビ等の時間
資料：図9-1と同じ。

14分と，それぞれで増加していた。

　スポーツをみると，男子は平日が44分から32分へ，土曜が86分から101分へ，日曜が110分から80分へ，女子の平日が27分から17分へ，土曜49分から55分へ，日曜が69分から38分へと変化した。これも，学校週5日制との関係が考えられる。過去25年間をみると，男女ともに，平日と日曜は減少したものの，土曜は増加していた。しかし，2016年から21年の5年間に限定してみると，男子では，平日が8分，土曜が27分，日曜が49分，女子では，平日が10分，土曜が10分，日曜が25分と，全ての曜日で減少し，特に男子の土日の減少が大きかった。

　交際・付き合いは，25年間では，男子の平日が10分から5分へ，土曜が33分から19分へ，日曜が40分から22分へ，女子の平日が11分から5分へ，土曜が34分から18分へ，日曜が42分から20分へと減少していた。男女とも，いずれの曜日も，2016年から2021年にかけて減少がみられ，男子の平日は2分，土曜は14分，日曜は12分，女子の平日は1分，土曜は11分，日曜は7分の減少があった。

　学習・自己啓発・訓練（以下，学習等という）をみると，過去25年間で，男子では，平日47分から37分へ，土曜37分から39分へ，日曜31分から35分へ，女子では平日58分から47分へ，土曜48分から49分へ，日曜44分から45分へと変化した。男女ともに平日は10分程度減少したものの，土日は数分の変化にとどまった。

　ボランティア活動・社会参加活動については，平日はどの年も活動時間が0分から2分であり，傾向が見えなかった。しかし，土日は2016年まで数分から10分程度であったものの，2021年には，男子が平日0分，土曜1分，日曜1分，女子の平日0分，土曜1分，日曜1分と，土日ともボランティア活動・社会参加活動がほぼおこなわれていなかった。

3.4　本節のまとめ

　生活時間の時系列変化を分析したところ，10〜14歳は男女ともに，休養・くつろぎの増加とテレビ等の減少が起こり，コロナ禍の前後でその変化が際立っていた。また，スポーツと交際・付き合いは，2016から21年の間に全ての曜日で減少していたこと，またボランティア活動・社会参加活動はいずれの年も短い時間ながらも，明らかに2016から21年の間に土日で減少していたことから，いずれの行動もコロナ禍の行動制限が影響したものと考えられる。これらの行動の変化をふまえ，次節では，スマホ等の使用による生活時間の違いを確認する。

４．スマホ等の使用の有無にみる生活時間の特徴

　表9-2によると，スマホ等を使用した割合は全ての曜日において，男女ともに，2016年よりも21年のほうが高くなっていた。また，21年時点で，男子よりも女子のほうが全ての曜日で高い。また，使用時間をみると，使用時間の長い区分の割合が増加していた。つまり，男女とも，16年時点では，いずれの曜日も1〜3時間未満が最も高かった。しかし，21年になると，男子の場合，土日は6〜12時間未満が最も高く，女子の場合，土曜は6〜12時間未満，日曜は0.1ポイントの違いではあるが3〜6時間未満が最も高かった。このことから，10〜14歳は性別にかかわらず，過去5年間で，スマホ等の使用比率が上昇し，その使用時間が伸びていることがわかる。

　スマホ等の使用の有無別に，2021年時の生活時間構造を示したものが，表9-3である。20行動のうち，第3節で顕著な変化のあった9行動に限定して，その変化を示した。まず，睡眠をみると，性別，曜日にかかわらず，スマホ等を使用した者は，使用していない者よりも短かった。曜日別にみると，平日で差が大きく，男子は504分と使用していない者と19分の差があり，女子は498分と23分の差があった。また，全ての曜日で，スマホ等の使用の

表9-2　スマホ等の使用時間別にみる10〜14歳の構成比

単位　％

性別	スマートフォン・パソコンなどの使用時間	平日		土曜		日曜	
		2016年	2021年	2016年	2021年	2016年	2021年
男	推定人口（千人）	2,812	2,736	2,812	2,736	2,812	2,736
	使用しなかった	40.1	29.8	39.7	31.0	41.1	29.2
	使用した	59.9	70.2	60.3	69.0	58.9	70.8
	1時間未満	16.9	8.7	13.7	4.7	13.3	4.6
	1〜3時間未満	27.7	25.1	24.3	16.5	22.9	17.3
	3〜6時間未満	11.1	21.0	14.3	16.6	13.6	17.5
	6〜12時間未満	2.7	5.9	6.1	19.6	6.8	18.5
	12時間以上	0.7	1.0	1.3	4.4	1.6	5.3
女	推定人口（千人）	2,682	2,602	2,682	2,602	2,682	2,602
	使用しなかった	42.7	27.4	37.7	26.8	40.2	26.1
	使用した	57.3	72.6	62.3	73.2	59.8	74.0
	1時間未満	21.0	8.7	17.9	5.6	16.2	5.7
	1〜3時間未満	24.7	28.5	23.1	19.2	22.5	19.4
	3〜6時間未満	8.5	20.8	12.6	18.4	12.6	19.5
	6〜12時間未満	2.2	7.1	6.4	19.9	6.2	18.4
	12時間以上	...	0.7	1.5	4.0	1.4	4.0

注：表中の「…」は，サンプルサイズが10未満で，結果精度の観点から結果を表章しない箇所である。
資料：総務省統計局　社会生活基本調査（2016年・2021年，調査票A，生活時間編）をもとに筆者作成。

　有無によって就寝時刻に顕著な差があり，スマホ等を使用した女子の就寝時刻がより遅くなっていた（表9-4）。22時30分以降に就寝した割合をみても，使用していた者のほうが高い値であった。平日・土曜と平日・日曜の社会的ジェットラグとも，スマホ等を使用していた方が長かったが，生活の乱れというほどの長時間ではなかった。

　次に，学業は，平日は学校での授業があるため，男女ともにスマホ等の使用の有無で10分以内の差にとどまっていた（表9-3）。また，男子は，土曜・日曜もスマホ等の使用の有無で10分程度の差であった。しかし，土曜の女子は73分と，スマホ等の使用なしと比較し26分の差があった。この分，休養・つくろぎが長くなっていた。

表9-3　スマホ等の使用の有無別10〜14歳の生活時間（2021年）

単位　分

		平日		土曜		日曜	
		使用しなかった	使用した	使用しなかった	使用した	使用しなかった	使用した
男	睡眠	523	504	562	543	585	575
	学業	443	437	81	70	59	50
	テレビ・ラジオ・新聞・雑誌	47	37	87	80	105	78
	休養・くつろぎ	90	121	174	197	167	205
	学習・自己啓発・訓練（学業以外）	43	35	33	42	33	36
	趣味・娯楽	47	54	109	143	116	145
	スポーツ	28	33	104	100	94	75
	ボランティア活動・社会参加活動	0	0	1	1	1	1
	交際・付き合い	5	5	19	18	21	22
女	睡眠	521	498	573	557	597	586
	学業	454	443	99	73	57	57
	テレビ・ラジオ・新聞・雑誌	35	34	93	78	98	76
	休養・くつろぎ	101	123	174	217	189	219
	学習・自己啓発・訓練（学業以外）	50	45	47	50	44	45
	趣味・娯楽	23	41	84	112	88	103
	スポーツ	17	17	50	56	37	38
	ボランティア活動・社会参加活動	0	0	1	1	1	1
	交際・付き合い	5	5	24	16	16	22

資料：総務省統計局　令和3年社会生活基本調査（調査票A，生活時間編）をもとに筆者作成。

　次に，3次活動に関する行動の変化をみていく。時系列分析で大きく減少したテレビ等では，スマホ等を使用した者のほうが短くなっていた。特に，日曜で差が大きく，スマホ等を使用した男子は78分と使用しなかった者より27分短く，女子は76分と22分短かった。時系列分析で大きく増加した休養・くつろぎでは，スマホ等の利用者が，男女ともに全ての曜日で長くなっていた。スマホ等を使用してどのようなことをしているのかについて調査がなされていないため断定的な表現は避けるが，スマホ等のデバイスを学業や学習等で使用することもありうるものの，休養・くつろぎにスマホ等が使用されている可能性が高い。男子のスマホ等の使用者は，平日121分，土曜197分，日曜205分と，スマホ等の使用がない者と比べて，それぞれ31分，23分，38分長かった。女子は，平日123分，土曜217分，日曜219分と，そ

表9-4　スマホ等の使用の有無別にみる10〜14歳の就寝・起床時刻と社会的ジェットラグ（2021年）

単位　時：分，%

| | | 平日 | | | | 土曜 | | | |
		就寝時刻	起床時刻	22:30以降就寝行動者率 %	7:30以降起床行動者率 %	就寝時刻	起床時刻	22:30以降就寝行動者率 %	7:30以降起床行動者率 %
男	使用しなかった	22:01	6:38	32.1	8.2	22:02	7:18	31.5	43.7
	使用した	22:22	6:41	46.9	10.9	22:26	7:27	50.3	47.6
女	使用しなかった	21:57	6:34	31.9	3.2	22:09	7:40	40.1	57.0
	使用した	22:31	6:41	53.3	8.7	22:39	7:49	54.9	56.2

| | | 日曜 | | | | 社会的ジェットラグ | |
		就寝時刻	起床時刻	22:30以降就寝行動者率 %	7:30以降起床行動者率 %	平日-土曜 分	平日-日曜 分
男	使用しなかった	21:42	7:31	17.9	55.3	20	17
	使用した	22:17	7:37	44.6	52.3	25	25
女	使用しなかった	21:56	7:50	30.2	62.4	39	37
	使用した	22:27	8:08	47.4	69.8	38	41

資料：総務省統計局　令和3年社会生活基本調査（調査票A，平均時刻編）をもとに筆者作成。

れぞれ，22分，43分，30分長かった。併せて，休養・くつろぎ同様，趣味・娯楽も，スマホ等の使用者が長くなっていた。スマホ等使用者の男子は，平日54分，土曜143分，日曜145分と，それぞれ7分，34分，29分長く，女子は，平日41分，土曜112分，日曜103分と，それぞれ18分，28分，15分長くなっていた。この結果から，スマホ等のデバイスは趣味・娯楽で使用されている可能性も考えられる。このほか，スポーツでは，日曜にスマホ等を使用した男子が75分と，使用しなかった者と比べて19分短かったが，それ以外の曜日と女子は，スマホ等の使用の有無で大きな違いはなかった。

　以上のことから，男女ともにスマホ等の使用がある者は，睡眠，学業，テレビ等が短い傾向があり，休養・くつろぎと趣味・娯楽が長い傾向にあることを確認できた。また，睡眠に関して，スマホ等の使用がある者のほうが，就寝時刻が遅くなっていたが，社会的ジェットラグは問題視する長さではなかった。

5．子どもの生活行動の時系列的変化

　本節では，過去1年間の生活行動に関する行動者率をみていく（図9-9）。

　社会調の生活行動のうち，経年的に上昇傾向があったものは，学習等である。学習等は，2001年から06年にかけて男子40.0％から32.5％へ，女子49.5％から46.2％へ減少したものの，その後は上昇し，コロナ禍の21年も男子53.6％，女子57.8％であった。学習等の中分類7項目をみると，06年以降の増加が大きかった項目は，外国語と商業実務・ビジネス関係（以下，商業実務等という）であった。これら2項目は2016年から21年の増加も大きかった。外国語は，男子が16年の31.1％から21年の41.9％へ，女子が37.8％から44.8％へと上昇し，商業実務等は，男子が16年の9.2％から21年の19.0％へ，女子が10.4％から17.0％へと上昇した。

　趣味・娯楽は各年とも9割を超える高い値で推移していた。しかし，趣味・娯楽の中分類35項目をみると，コロナ禍の前後で特徴的な変化を見せた項目があった。スポーツ観覧・観戦，美術鑑賞，演芸・演劇・舞踏鑑賞（いずれも，テレビ・スマートフォン・パソコンなどは除く）は，それぞれ，16年から21年にかけて大きく減少した。スポーツ観覧・観戦は，男子40.4％から22.3％へ，女子24.9％から12.9％へ，美術鑑賞は，男子13.2％から6.5％へ，女子18.0％から10.4％へ，演芸・演劇・舞踏鑑賞は男子10.5％から3.3％へ，女子16.3％から5.9％へと減少していた。コンサートなどによるクラシック音楽鑑賞とポピュラー音楽・歌謡曲鑑賞も，16年から21年にかけて減少した。クラシック音楽鑑賞は，男子10.3％から3.0％へ，女子19.4％から5.6％へ，ポピュラー音楽・歌謡曲鑑賞は男子8.4％から2.7％へ，女子15.4％から4.2％へと減少した。このほか，16年から21年に大きな減少があった項目はカラオケである。男子は29.1％から12.3％，女子44.6％から20.7％へと変化した。また，遊園地，動物園，水族館などの

見物も減少し，男子49.8％から26.5％，女子54.2％から31.6％となった。これら減少した行動は，文化的な経験であり，いずれも外出を伴う行動である。他方，2016年から21年に増加した項目もある。CD・スマートフォンなどによる音楽鑑賞，スマートフォン・家庭用ゲーム機などによるゲームである。前者の音楽鑑賞は，男子55.4％から60.7％へ，女子69.4％から74.4％へ，後者のゲームは，男子78.3％から82.9％へ，女子68.9％から76.2％へと増加した。これらは家庭内でできる行動である。行動の制限のあったコロナ禍において，文化的な経験の機会が失われ，家庭内やオンラインでできる活動が選ばれていた。

　スポーツ，ボランティア活動，旅行・行楽は，コロナ禍の前後で減少傾向が確認された生活行動である。スポーツでは，男子は2001年以降95％前後で推移していたが，21年には90.5％となった。女子は，01年の90.6％から11年の83.5％へと減少が続くなか，16年に85.8％に回復したところであったが，21年は81.8％に減少した。2001年以降に調査されたスポーツの中分類24項目をみると，種目による男女差が大きい。男子の行動者率が高い種目である野球（キャッチボールを含む）をみると，男子は2001年の55.9％から減少が続き，21年には32.1％となった。同様にサッカー（フットサルを含む）も男子の割合が高く，2001年の44.1％から16年に41.1％となり，21年には34.4％まで低下した。女子の行動者率が高い種目は，バドミントンであるが，2001年の35.5％から11年の23.3％へ減少が続いていたものの，16年には30.7％に回復し，21年には30.1％と横ばいとなった。男女とも2001年に行動者率が高かったスポーツは，ボウリングと水泳である。ボウリングは，男子の場合，2001年の44.2％から16年に30.6％まで低下し，さらに21年には12.6％となった。女子では，01年の36.3％から16年には23.8％へと低下し，21年に8.7％まで落ち込んだ。水泳をみると，男子は2001年の64.9％から16年に45.4％となり，21年に30.6％へ減少した。女子は01年の59.2％から16年の43.2％へ，21年には25.0％となった。このように，多くの項目で長期的な減少をたどりつつも，コロナ禍に大きな減少がみ

られた。一方で，コロナ禍の前後で増加した項目も存在する。サイクリング
とウォーキング・軽い体操である。サイクリングは2006年から調査が始ま
り，その年は男子19.1％，女子15.6％であった。それが16年には16.3％，
12.4％と減少したが，21年に男子19.4％，女子13.9％と前回調査から数ポ
イント上昇した。ウォーキング等も2001年に男子36.5％，女子41.2％であっ
たが，16年には23.6％，29.3％まで減少後，21年に増加し，男子29.5％，
女子34.7％であった。子どもの「スポーツ離れ」が指摘される中，コロナ
禍で行動者率を下げた項目が多くあった一方で，個人でもできるスポーツは
増加していた。

　ボランティア活動は比較的行動者率の低い行動であるが，2016年から21
年にかけて大きく低下した。男子は2016年の25.2％から21年に12.0％へと
下落し，女子は27.9％から12.2％へと低下した。内訳をみると，比較的行
動者率の高かったまちづくりのための活動では，男子は2016年の12.1％か
ら21年に5.0％へ，女子は13.8％から5.3％へ低下した。

　旅行・行楽は，2001年以降，85％前後で推移していたが，2021年には，
男子62.2％，女子59.6％となった。行楽（日帰り），旅行（1泊2日以上）

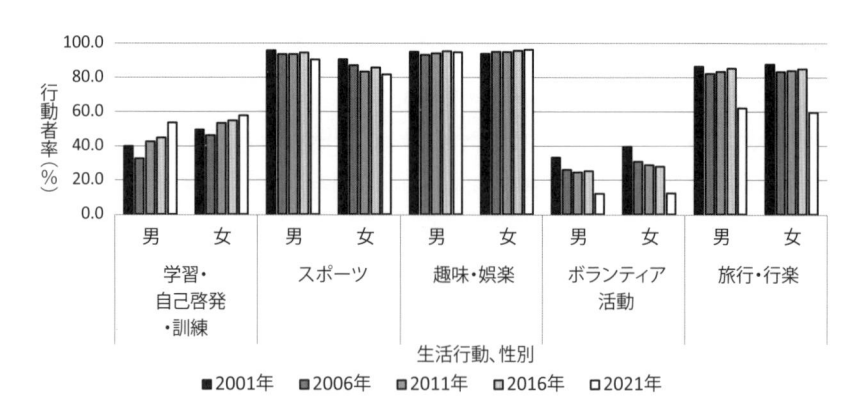

図9-9　10〜14歳の各種生活行動の行動者率

資料：総務省統計局　社会生活基本調査（各年，調査票A，生活行動編）をもとに筆者作成。

のいずれも21年に大きく減少した。行楽は，男子が2016年の70.1％から21年の51.3％へ，女子が70.8％から49.5％へ，旅行は，男子が72.2％から40.7％へ，女子が70.7％から39.6％へと低下した。

　以上，生活行動の変化をみてきたが，学習等では，過去10年間で増加しており，コロナ禍でも増加が確認された。他方，スポーツ，ボランティア，旅行・行楽ではコロナ禍で行動者率が減少しており，さらに，趣味・娯楽の行動者率は横ばいであったものの，文化的な経験につながる行動で減少がみられた。このことから，コロナ禍でさまざまな経験の機会が奪われた様子が確認できた。

6．コロナ禍に増加した休養・くつろぎ時間を説明する要因

　本節では，コロナ禍に増加した休養・くつろぎ時間に注目した分析をおこなう。つまり，休養・くつろぎ時間を，どのような変数で説明することができるのかを検証するため，47都道府県データを用いて1日の休養・くつろぎ時間を従属変数とした重回帰分析をおこなう。独立変数には，1日の生活時間に関する変数，スマホ等を使用した割合，過去1年間の生活行動に関する変数を用いる。いずれも47都道府県のデータがそろっている変数を使用する。まず，1日の生活時間に関する変数には，「身の回りの用事」「食事」「通勤・通学」「学業」「移動」「テレビ等」「学習等」「趣味・娯楽」「スポーツ」を使用する。10〜14歳の生活時間は，学校の日か否かによって時間配分が大きく異なる。この点を考慮し，47都道府県全てのデータが整っている平日と土曜に分けて分析をおこなう[7]。なお，多重共線性のおそれがあるため，「睡眠」を独立変数から取り除き，代わりに「22：30以降就寝の行動者率（％）」を睡眠に関する変数として使用する。「スマホ等を使用した割合」は，生活時間の調査日にスマートフォン・パソコンなどを使用した者の割合をいう。過去1年間の生活行動に関する変数には，「学習等」「スポーツ」「趣味・娯楽」「ボランティア活動等」の4変数を使用する。これらの変数は，過去

表9-5　各変数の内容・種類

変数	各行動の内容・種類
1日の生活時間（分）	
休養・くつろぎ	・テレビ・ラジオなどを視聴しながらくつろいだ時間は、「テレビ・ラジオ・新聞・雑誌」とする。 【内容】家族との団らん　仕事場または学校の休憩時間　おやつ・お茶の時間　食休み　うたたね　家族の見舞い
身の回りの用事	・自分のための用事をいう。 ・炊事，掃除，洗濯は含まない。 ・介護サービスなどを利用しておこなう場合もここに含める。 【内容】洗顔　入浴　トイレ　身支度　着替え　化粧　洗髪　ひげそり　理美容室でのパーマ・カット　エステ　巡回入浴サービスを利用した入浴
食事	・交際のための食事・飲食は含まない。 ・間食（おやつ）は「休養・くつろぎ」とする。 【内容】家庭での食事・飲食　外食店などでの食事・飲食　学校給食　仕事場での仕事・飲食
通勤・通学	・途中で寄り道をした場合も，ふだんの経路を大きく外れない場合の移動はここに含める。 【内容】自宅と学校（各種学校・専門学校を含む）との行き帰り　自宅と仕事場の行き帰り
学業	・必修科目としておこなうものでないクラブ活動・部活動はその内容により「趣味・娯楽」または「スポーツ」などとする。 ・学習塾での勉強はここに含める。 【内容】学校（小学・中学・高校・高専・短大・大学・大学院・予備校など）の授業や予習・復習・宿題　校内清掃　ホームルーム　家庭教師に習う　学園祭の準備
移動（通勤・通学を除く）	・「通勤・通学」以外の移動で，出発地から目的地までの時間をいう。 【内容】電車やバスに乗っている時間・待ち時間・乗換え時間　自動車に乗っている時間　歩いている時間
テレビ・ラジオ・新聞・雑誌	・テレビ（録画を含む）・ラジオ（録音を含む）・新聞・雑誌による学習は「学習・自己啓発・訓練（学業以外）」とする。 ・購入・レンタルなどによる DVD の視聴は「学習・自己啓発・訓練（学業以外）」または「趣味・娯楽」などとする。 【内容】テレビ・ラジオの視聴　新聞・雑誌の購読　テレビから録画した番組を見る　インターネットでニュースを読む
学習・自己啓発・訓練（学業以外）	・個人の自由時間におこなう学習をいう。 ・職場で命ぜられて受けた研修は「仕事」とする。 ・学校の宿題の「自由研究」は「学業」とする。 【内容】学級・講座・教室　社会通信教育　テレビ・ラジオによる学習　クラブ活動・部活動でおこなうパソコン学習など　自動車教習
趣味・娯楽	・菓子作り・園芸・日曜大工など，趣味としておこなっている場合は「趣味・娯楽」に含める。 【内容】映画・美術・スポーツなどの観覧・鑑賞　観光地の見物　ドライブ　ペットの世話　ゲーム機で遊ぶ　趣味としての読書　マンガを読む　クラブ活動・部活動での楽器の演奏
スポーツ	・運動としての散歩を含む。ただし，特別の目的がある移動（職場に歩いていく）は含めない。 【内容】各種競技会　全身運動を伴う遊び　家庭での美容体操　クラブ活動・部活動でおこなう野球など（学生が授業などでおこなうスポーツを除く）　つり
スマホ等を使用した割合	生活時間の調査日にスマートフォン・パソコンなどを使用した者の割合をいう。ここでいう「スマートフォン・パソコンなど」とは，スマートフォン・パソコンのほか，携帯電話やタブレット型端末を含む。ゲーム機や携帯音楽プレイヤーは含まない。また，「使用」とは，例えば移動中にスマートフォンを使用して音楽を聴いたり，仕事中にパソコンを使ったりするなどの使用をいう。睡眠中など，「操作する，見る，聞く」といった意識をしていない場合は含まない。10〜14歳のスマホ等を使用した推定人口÷10〜14歳総数の推定人口×100（%）で算出した。

表9-5　各変数の内容・種類（続き）

変数	内容・補足説明
過去1年間の行動者率（％）	
学習・自己啓発・訓練	・個人の自由時間の中で行う学習・自己啓発・訓練で，社会人が仕事としておこなうものや，学生が学業としておこなうものは除く。 【種類】外国語　商業実務・ビジネス関係　介護関係　家政・家事（料理・裁縫・家庭経営など）　人文・社会・自然科学（歴史・経済・数学・生物など）　芸術・文化　その他
スポーツ	・個人の自由時間の中で行うスポーツをいう。児童・生徒・学生が体育の授業でおこなうものや職業スポーツ選手が仕事としておこなうものを除き，次の23種類に区分した。 【種類】野球（キャッチボールを含む）　ソフトボール　バレーボール　バスケットボール　サッカー（フットサルを含む）　卓球　テニス　バドミントン　ゴルフ（練習場を含む）　グラウンドゴルフ　柔道　剣道　ボウリング　つり　水泳　スキー・スノーボード　登山・ハイキング　サイクリング　ジョギング・マラソン　ウォーキング・軽い体操　ヨガ　器具を使ったトレーニング　その他のスポーツ
趣味・娯楽	・個人の自由時間の中でおこなうものをいい，次の35種類に区分した。 【種類】スポーツ観覧・観戦（テレビ・スマートフォン・パソコンなどは除く）　美術鑑賞（テレビ・スマートフォン・パソコンなどは除く）　演芸・演劇・舞踊鑑賞（テレビ・スマートフォン・パソコンなどは除く）　映画館での映画鑑賞　映画館以外での映画鑑賞（テレビ・DVD・パソコンなどは除く）　コンサートなどによるクラシック音楽鑑賞　コンサートなどによるポピュラー音楽・歌謡曲鑑賞　CD・スマートフォンなどによる音楽鑑賞　楽器の演奏　邦楽（民謡，日本古来の音楽を含む）　コーラス・声楽　カラオケ　邦舞・おどり　洋舞・社交ダンス　書道　華道　茶道　和裁・洋裁　編み物・手芸　趣味としての料理・菓子作り　園芸・庭いじり・ガーデニング　日曜大工　絵画・彫刻の制作　陶芸・工芸　写真の撮影・プリント　詩・和歌・俳句・小説などの創作　趣味としての読書（マンガを除く）　マンガを読む　囲碁　将棋　パチンコ　スマートフォン・家庭用ゲーム機などによるゲーム　遊園地，動植物園，水族館などの見物　キャンプ　その他の趣味・娯楽
ボランティア活動・社会参加活動	・報酬を目的としないで自分の労力，技術，時間を提供して地域社会や個人・団体の福祉増進のためにおこなう活動をいう。 ・活動のための交通費など実費程度の金額の支払を受けても報酬とみなさず，その活動はボランティア活動に含む。 ・なお，ボランティア団体が開催する催し物などへの単なる参加は除く。 【種類】健康や医療サービスに関係した活動（献血，入院患者の話し相手，安全な食品を広めることなど）　高齢者を対象とした活動（高齢者の日常生活の手助け，高齢者とのレクリエーションなど）　障害者を対象とした活動（手話，点訳，朗読，障害者の社会参加の協力など）　子供を対象とした活動（子供会の世話，子育て支援ボランティア，学校行事の手伝いなど）　スポーツ・文化・芸術・学術に関係した活動（スポーツを教えること，日本古来の文化を広めること，美術館ガイド，講演会・シンポジウム等の開催など）　まちづくりのための活動（道路や公園等の清掃，花いっぱい運動，まちおこしなど）　安全な生活のための活動（防災活動，防犯活動，交通安全運動など）　自然や環境を守るための活動（野鳥の観察と保護，森林や緑を守る活動，リサイクル運動，ゴミを減らす活動など）　災害に関係した活動（災害を受けた人に食べものや着るものを送るなど，炊き出しなど）　国際協力に関係した活動（海外支援協力，難民支援，日本にいる外国人への支援活動など）　その他（人権を守るための活動，平和のための活動など）

資料：総務省統計局　令和3年社会生活基本調査の「用語の解説（調査票A関係）」にある「1年間の生活行動に関する項目」と，別表2・別表3・別表4をもとに，筆者作成。

表9-6　記述統計量

	単位	10～14歳男					10～14歳女				
		Mean	SD	min.	max.	N	Mean	SD	min.	max.	N
【従属変数】											
休養・くつろぎ時間（平日）	分	109.0	19.9	70	161	47	113.0	24.9	50	183	47
休養・くつろぎ（土曜）	分	196.1	25.2	145	253	47	211.3	34.3	148	308	47
【独立変数】											
1日の生活時間（分）											
〈平日〉											
身の回りの用事	分	61.3	9.0	42	83	47	77.0	10.8	54	106	47
食事	分	79.0	7.4	65	97	47	81.3	7.2	67	101	47
通勤・通学	分	42.7	5.4	34	57	47	42.2	6.5	30	62	47
学業	分	447.2	24.1	404	496	47	456.6	29.6	385	515	47
移動（通勤・通学を除く）	分	10.3	4.5	2	25	47	9.3	4.1	4	22	47
テレビ・ラジオ・新聞・雑誌	分	42.0	14.4	12	78	47	35.3	9.1	12	53	47
学習・自己啓発・訓練（学業以外）	分	35.5	13.1	14	69	47	45.1	14.4	10	83	47
趣味・娯楽	分	45.9	15.3	25	94	47	35.7	15.3	8	87	47
スポーツ	分	34.4	12.9	14	82	47	19.1	9.5	2	51	47
22:30以降就寝の行動者率	％	39.9	10.9	13.7	64.4	47	45.5	9.5	19.8	66.7	47
スマホ等を使用した割合	％	66.6	10.4	44.4	87.8	47	71.5	9.5	50.0	91.3	47
〈土曜〉											
身の回りの用事	分	59.6	10.9	40	87	47	75.3	11.1	55	111	47
食事	分	102.2	7.2	86	120	47	103.8	7.9	89	119	47
通勤・通学	分	9.0	4.0	2	18	47	9.1	4.7	2	23	47
学業	分	69.3	21.7	32	129	47	74.0	21.6	28	118	47
移動（通勤・通学を除く）	分	37.8	12.8	18	71	47	32.1	9.7	13	59	47
テレビ・ラジオ・新聞・雑誌	分	85.6	19.3	45	139	47	82.8	23.8	35	150	47
学習・自己啓発・訓練（学業以外）	分	35.8	17.2	13	94	47	49.0	14.3	22	92	47
趣味・娯楽	分	125.6	26.2	75	173	47	97.6	25.9	56	152	47
スポーツ	分	108.2	25.8	53	163	47	61.3	18.2	22	110	47
22:30以降就寝の行動者率	％	43.5	8.6	25.4	57.8	47	48.8	9.3	25.6	68.2	47
スマホ等を使用した割合	％	67.4	7.8	50.0	88.9	47	70.7	7.4	52.9	84.7	47
過去1年間の行動者率（％）											
学習・自己啓発・訓練	％	50.3	6.9	34.5	69.0	47	56.6	7.6	41.1	72.0	47
スポーツ	％	90.1	3.4	78.8	96.7	47	81.4	4.8	66.0	90.5	47
趣味・娯楽	％	94.1	2.7	87.4	100.0	47	95.6	2.7	87.9	100.0	47
ボランティア活動・社会参加活動	％	13.6	4.1	4.9	22.4	47	14.0	4.5	4.2	26.6	47

資料：総務省統計局　令和3年社会生活基本調査（調査票A，生活時間編，生活行動編，平均時刻編）の都道府県データをもとに，筆者が集計した。

1年間に，当該活動をおこなった割合を意味しており，平日と土曜で同じデータを使用する。表9-5には各変数に関する詳細な説明を，表9-6には各変数の記述統計量を示す。いずれの変数も，2021年に実施された社会調のデータを使用した。

表9-7　10〜14歳男子の休養・くつろぎ時間を説明するモデルの推計結果（重回帰分析，2021年）

	平日				土曜			
	偏回帰係数 (B)	標準誤差 (SE)	標準化偏 回帰係数 (β)	VIF	偏回帰係数 (B)	標準誤差 (SE)	標準化偏 回帰係数 (β)	VIF
1日の生活時間								
身の回りの用事	−0.710 **	0.288	−0.321	1.810	−0.891 **	0.331	−0.387	2.182
食事	−0.167	0.326	−0.062	1.587	−0.384	0.400	−0.109	1.361
通勤・通学	−0.089	0.447	−0.024	1.585	0.393	0.920	0.063	2.294
学業（通勤・通学を除く）	−0.559 **	0.114	−0.677	2.039	−0.436 **	0.150	−0.376	1.767
移動（通勤・通学を除く）	−0.410	0.637	−0.093	2.216	−0.592 **	0.261	−0.301	1.859
テレビ・ラジオ・新聞・雑誌	−0.616 **	0.219	−0.447	2.687	−0.608 **	0.187	−0.464	2.156
学習・自己啓発・訓練（学業以外）	−0.289	0.238	−0.191	2.618	−0.657 **	0.209	−0.448	2.144
趣味・娯楽	−0.570 **	0.180	−0.439	2.057	−0.473 **	0.124	−0.491	1.738
スポーツ	−0.435 +	0.227	−0.283	2.322	−0.660 **	0.119	−0.673	1.566
22:30以降就寝の行動者率	0.423 +	0.226	0.231	1.619	0.318	0.370	0.109	1.688
スマホ等を使用した割合	0.216	0.216	0.113	1.369	0.176	0.397	0.055	1.612
過去1年間の生活行動								
学習・自己啓発・訓練	−0.596 +	0.346	−0.206	1.523	−0.610	0.534	−0.166	2.240
趣味・娯楽	0.629	0.684	0.107	1.448	−0.768	0.901	−0.103	1.543
スポーツ	−0.430	0.908	−0.058	1.618	−0.916	1.273	−0.098	1.959
ボランティア活動・社会参加活動	−0.145	0.672	−0.029	1.998	−0.002	0.744	0.000	1.508
（定数）	485.292 **	118.961			704.397 **	128.787		
R-square	0.709				0.707			
adj. R-square	0.569				0.565			
F-statistic	5.045 **				4.982 **			
N	47				47			

** p<.01，* p<.05，＋ p<.1

資料：総務省統計局　令和3年社会生活基本調査（調査票A，生活時間編，生活行動編，平均時刻編）の都道府県別集計データをもとに筆者が推計した。

　休養・くつろぎ時間を説明するモデルの推計結果は，表9-7・9-8である。重回帰分析は，SPSS ver.26を使用し，強制投入法でおこなった。表9-7は10〜14歳男子の結果，表9-8は10〜14歳女子の結果である。修正済決定係数（adj. R-square）は，10〜14歳男子の平日モデルが0.569，土曜モデルが0.565，10〜14歳女子の平日モデルが0.669，土曜モデルが0.520であった。いずれも0.5を超えていることから，ある程度，当てはまりのよい回帰式が得られたといえる。

　10〜14歳男子の推計結果をみると，平日では，休養・くつろぎ時間に対して，身の回りの用事の時間，学業時間，テレビ等の時間，趣味・娯楽時間の偏回帰係数が1％水準で有意であり，いずれも負の値であった。土曜の推

表9-8　10～14歳女子の休養・くつろぎ時間を説明するモデルの推計結果（重回帰分析，2021年）

	平日				土曜			
	偏回帰係数 (B)	標準誤差 (SE)	標準化偏 回帰係数 (β)	VIF	偏回帰係数 (B)	標準誤差 (SE)	標準化偏 回帰係数 (β)	VIF
1日の生活時間								
身の回りの用事	−0.839 **	0.224	−0.362	1.300	−0.821	0.419	−0.266	1.771
食事	−0.450	0.431	−0.130	2.165	−0.695	0.522	−0.159	1.371
通勤・通学	0.046	0.372	0.012	1.318	−0.056	1.149	−0.008	2.398
学業	−0.463 **	0.110	−0.550	2.353	−0.416	0.264	−0.262	2.649
移動（通勤・通学を除く）	−0.503	0.664	−0.083	1.657	−0.804 +	0.408	−0.226	1.263
テレビ・ラジオ・新聞・雑誌	−0.888 **	0.297	−0.323	1.621	−0.794 **	0.225	−0.551	2.337
学習・自己啓発・訓練（学業以外）	−0.609 **	0.192	−0.351	1.696	−0.808 **	0.330	−0.337	1.808
趣味・娯楽	−0.754 **	0.166	−0.464	1.453	−0.758 **	0.181	−0.572	1.795
スポーツ	−0.734 **	0.277	−0.280	1.556	−0.683 **	0.254	−0.363	1.752
22:30以降就寝の行動者率	0.095	0.306	0.036	1.915	0.220	0.496	0.059	1.721
スマホ等を使用した割合	0.506	0.281	0.193	1.609	0.383	0.561	0.083	1.405
過去1年間の生活行動								
学習・自己啓発・訓練	0.587 +	0.313	0.178	1.262	−0.705	0.563	−0.156	1.481
趣味・娯楽	−2.371	0.952	−0.260	1.522	0.191	0.890	0.027	1.467
スポーツ	−0.198	0.535	−0.038	1.459	−0.683	1.513	−0.055	1.398
ボランティア活動・社会参加活動	0.276	0.640	0.050	1.878	1.327	0.901	0.175	1.356
（定数）	693.220 **	127.478			656.766 **	165.092		
R-square	0.777				0.676			
adj. R-square	0.669				0.520			
F-statistic	7.204 **				4.316 **			
N	47				47			

** p<.01，* p<.05，+ p<.1
資料：表9-8と同じ。

計結果は，身の回りの用事時間，学業時間，移動時間，テレビ等の時間，学習等の時間，趣味・娯楽時間，スポーツ時間の偏回帰係数が1％水準で有意で，いずれも負の値であった。10～14歳女子の推計結果をみると，平日は，身の回りの用事の時間，学業時間，テレビ等の時間，学習等の時間，趣味・娯楽時間，スポーツ時間の偏回帰係数が1％水準で有意であり，いずれも負の値を示した。土曜は，テレビ等の時間，学習等の時間，趣味・娯楽時間，スポーツ時間が1％水準で有意であり，いずれも負の値であった。これらの結果から，男女ともに，生活時間に関する複数の変数で減少がみられ，休養・くつろぎ時間の増加に影響を及ぼしていたことがわかる。とくに，全てのモデルでテレビ等の時間と趣味・娯楽時間が1％水準で有意であったことか

ら，性別や曜日にかかわらず，休養・くつろぎ時間の増加は，テレビ等の時間と趣味・娯楽時間の減少をもたらしたことが示唆された。他方，生活行動に関する変数は，5％水準で有意なものはなかった。

　また，標準化した偏回帰変数に注目すると，平日は，男女ともに学業時間の減少が休養・くつろぎ時間の増加に大きく影響していた。土曜は，男子ではスポーツ時間の減少，女子では趣味・娯楽の減少が休養・くつろぎ時間の増加に大きく影響していた。第3節で確認したとおり，コロナ禍では休養・くつろぎ時間の増加が曜日を超えて顕著にみられた。学業時間には，学級閉鎖などによる学校の授業時間の減少のほか，予習・復習・宿題といった家庭学習の時間や学習塾や家庭教師による学習時間の減少なども含まれる。社会調の調査票Aの結果では学業時間の内容まではわからないが，学業時間と休養・くつろぎ時間のトレードオフ関係があったことが確認できた。また，土曜は，男子ではスポーツ，女子では趣味・娯楽といった時間が減少したことで，部活動・クラブ活動や習い事などの体験活動に影響がでた可能性が示唆された。

おわりに

　本章では，社会調を用いて，10〜14歳男女の生活時間と生活行動の変化を分析した。

　この年代の男女の特徴は，1996年以降，休養・くつろぎの時間が伸び，テレビ等の時間が減少した点であり，この傾向はコロナ禍でも見られた。また，生活行動に注目すると，学習等が増加した半面，スポーツ，ボランティア活動，旅行・行楽がコロナ禍で減少した。

　コロナ禍に顕著に見られた休養・くつろぎ時間の増加を説明するため，47都道府県データを用いて，性別・曜日別のモデルを作成し，重回帰分析をおこなったところ，全てのモデルでテレビ等の時間と趣味・娯楽時間に1％有意水準で負の関係がみられた。また，土曜モデルでは，スポーツが1％

有意水準で負の関係があった。この結果は，休養・くつろぎ時間の増加と，さまざまな経験機会の喪失を関連づけるものであった。

　コロナ禍には，フードバンクやこども食堂が急増した。2000年に1団体から始まったフードバンクは，19年には116団体となった［流通経済研究所2020］。その後，22年の249団体からさらに増加し，24年は279団体であった[8]。こども食堂は，2012年に大田区で誕生したのを皮切りに，次第に全国に拡大していった。19年には3718カ所となり，2022年度には9132カ所まで増加した[9]。コロナ禍にこれらの活動が急増したことについて，筆者は，子どもたちの暮らしに異変が生じていることを察知し危機感を覚えた大人たちが，子どものために何か行動を起こさなければという使命感をもったものととらえている。

　コロナ禍に休養・くつろぎ時間が増え，さまざまな経験が喪失したという変化が，子どもにとってどのような影響を及ぼすかは，現段階では不明である。しかし，新型コロナウイルス・パンデミックによって，突如，生活が一変したことは事実であり，社会調という統計からもその姿が垣間見られた。2023年5月8日に新型コロナウイルスが5類感染症に移行したことで新たなフェーズに入ったが，引き続き，子どもの暮らしの変化について注視するとともに，今後は，子どもの暮らしの変化に対応しようとした地域の取り組みについても分析を進めていく。

〔注〕
1）体験活動には，自然体験，集団体験，地域行事，社会貢献活動，職業体験，文化芸術体験，科学体験，国際交流体験が含まれる［国立青少年教育振興機構 2024：1］。
2）同調査では，公的機関が行う行事に参加しなかった理由を尋ねている。これをみると，「子どもが関心を示さない」が最も多く，「保護者などの時間的負担が大きいから」「特に理由はない」と続き，新型コロナウイルス感染症の影響か否かは判断がつかない。
3）総務省統計局「平成28年社会生活基本調査のはなし」p.11（https://www.stat.go.jp/data/shakai/2016/guide/pdf/guide05-01.pdf）と総務省統計局 Web サイト「令和3年社会生活基本調査に関する Q&A（回答）」(https://www.stat.go.jp/data/shakai/2021/qa-1.html#i2）をもとに記述した（共に，2024年11月10日アクセス）。なお，生活時

間の記入方法について，調査開始当初は，プリコード方式（調査票 A）のみであったが，平成13年調査からアフターコード方式（調査票 B）が導入された。

4）スマホ等とは，スマートフォン・パソコンのほか，携帯電話やタブレット型端末を含むが，ゲーム機や携帯音楽プレイヤーは含まれない。詳細は，総務省統計局　令和 3 年社会生活基本調査サイト内の「用語の解説（調査票 A 関係）」(https://www.stat.go.jp/data/shakai/2021/pdf/kaisetsua.pdf　2024年12月10日アクセス）を参照のこと。

5）「使用」とは，移動中にスマホを使用して音楽を聴いたり，仕事中にパソコンを使ったりすることなどをいう。睡眠中など，「操作する，見る，聞く」といった意識をしていない場合は含まれない。詳細は，総務省統計局　令和 3 年社会生活基本調査サイト内の「用 語 の 解 説（調 査 票 A 関 係）」(https://www.stat.go.jp/data/shakai/2021/pdf/kaisetsua.pdf　2024年12月10日アクセス）を参照のこと。

6）文部科学省サイト「学校週 5 日制に関するこれまでの経緯」を参照のこと（https://www.mext.go.jp/a_menu/shougai/week/index_b.htm　2024年12月11日アクセス）。

7）日曜の都道府県別集計結果は，欠損値が複数の変数で存在し，平日・土曜と同じモデルで分析することが困難なため，今回は分析をおこなわなかった。

8）2024年11月15日に更新された農林水産省の公表しているフードバンク活動団体の数である。

9）認定 NPO 法人全国こども食堂支援センターむすびえが実施し，2024年 2 月に発表したこども食堂全国箇所数調査結果である。

〔引用文献〕

国立成育医療研究センター［2020］「コロナ×こどもアンケート第 3 回調査報告書」https://www.ncchd.go.jp/center/activity/covid19_kodomo/report/CxC3_finalrepo_20210206am3.pdf（2024年10月30日アクセス）。

国立成育医療研究センター［2021］「コロナ×こどもアンケート第 5 回調査報告書」https://www.ncchd.go.jp/center/activity/covid19_kodomo/report/CxC5_repo_20210525.pdf（2024年10月30日アクセス）。

国立青少年教育振興機構［2024］「青少年の体験活動等に関する意識調査（令和 4 年度調査）報告書」https://koueki.net/user/niye/110376019-1zentai.pdf（2024年10月30日アクセス）。

駒田洋子［2021］「睡眠負債と社会的ジェットラグの問題と対応：発達の視点から」,『行動医学研究』, 26(1), pp.58-64。

総務省統計局［2021］「用語の解説（調査票 A 関係）」https://www.stat.go.jp/data/shakai/2021/pdf/kaisetsua.pdf（2024年11月10日アクセス）。

内閣府［2022］第 5 回新型コロナウイルス感染症の影響下における生活意識・行動の変化に関する調査, https://www5.cao.go.jp/keizai2/wellbeing/covid/pdf/result5_covid.

pdf（2024年10月30日アクセス）。

浜銀総合研究所［2021］令和2年度「体験活動等を通じた青少年自立支援プロジェクト」青少年の体験活動の推進に関する調査研究。

ベネッセ教育総合研究所［2021］「子どもの生活リズムと健康・学習習慣に関する調査 2021ダイジェスト版」https://benesse.jp/berd/up_images/research/seikatsu_gakusyu 2021.pdf（2024年10月30日アクセス）。

三島和夫［2019］「社会的ジェットラグと睡眠」『学術の動向』, pp.32-39

Sasawaki, Y., Inokawa, H., Obata, Y., Nagao, S., Yagita, K.［2022］'Association of social jetlag and eating patterns with sleep quality and daytime sleepiness in Japanese high school students', "Journal of Sleep Research", 32(2), pp.1–10, https://onlinelibrary.wiley.com/doi/epdf/10.1111/jsr.13661（2024年10月30日アクセス）。

流通経済研究所［2020］「フードバンク実態調査事業」https://www.maff.go.jp/j/shoku-san/recycle/syoku_loss/attach/pdf/foodbank-22.pdf（2024年10月10日アクセス）。

終章
ポストパンデミック時代の社会構想

徐　一睿

1．各章の分析から得られた知見

　本書では，COVID-19パンデミックが日本社会にもたらした影響と変容を，経済，医療，教育など多角的な視点から分析してきた。各部の詳細な知見を以下のように整理できる。

第Ⅰ部：パンデミックと財政・経済システム

　第1章では，コロナ対策における緊急財政出動と制度的対応を分析した。2020年度には3度にわたる補正予算を通じて73兆円を超える大規模な財政出動が実施されたこと，地方創生臨時交付金の配分において，感染状況よりも財政力が重視される傾向がみられたことが明らかとなった。特に東京都など感染者数の多い大都市圏の自治体への配分が抑制される一方，感染者数の少ない地方自治体に手厚い配分がなされるという逆説的な状況が生じた。また，財政調整基金が地方自治体の初期対応において重要な役割を果たしたことも示された。

　第2章では，現代貨幣理論（MMT）の視点からパンデミック財政の理論的検証を行った。主権通貨制度下では，政府の財政的制約は金銭的なものではなく実物的なものであること，総需要管理政策の限界と，より直接的な政策介入の必要性が論じられた。特に，今回のインフレーションの本質が供給

制約と市場構造の問題にあることが指摘された。

第3章では，国際秩序と通商・産業政策の変容を分析した。グローバル・サプライチェーンの脆弱性が露呈し，半導体など重要物資の供給網見直しと国内回帰の動きが加速していること，経済安全保障の観点からの産業政策が復権していることが明らかとなった。特に米中対立の深刻化とデカップリングの進展は，従来のグローバル化の前提を大きく揺るがすものとなっている。

第4章では，半導体産業を事例に，現代資本主義の質的変化とパンデミックの位相を分析した。TSMCを中心とする半導体製造の寡占化と地政学的リスク，東アジアの工業化とグローバル企業のアウトソーシング戦略の変容，国家主導による産業政策への回帰など，重要な構造変化が明らかとなった。

第II部：危機管理体制と社会変容

第5章では，近現代日本における行政の感染症対応体制の歴史的経緯を検証した。明治期から現代までの感染症対策の制度的変遷，戦後の保健所体制の確立と1990年代以降の再編，パンデミック対応における保健所機能の限界と課題が明らかとなった。特に，感染症対策における専門性と行政の関係性の変容は重要な示唆を含んでいる。

第6章では，沖縄県におけるコロナ感染症対策を分析した。離島県という地理的特性を踏まえた感染症対策，医療提供体制の逼迫と対応，観光業への依存度が高い産業構造下での経済対策，米軍基地関連の感染症対策の特殊性など，地域特性と感染症対策の関係が明らかとなった。

第7章では，現場医師たちの証言から医療システムの変容を分析した。専門性の揺らぎと医療システムの再編，外科手術の延期など通常医療の制限による影響，オンライン診療など新たな医療提供形態の模索など，医療現場における具体的な変化が明らかとなった。

第8章では，教育行政の対応を検証した。全国一斉休校から始まった教育

現場の混乱，オンライン授業など新たな教育形態への移行，教育委員会と学校現場の関係性の変化，教育の機会均等と学習権保障の課題など，教育システムの構造的な課題が浮き彫りとなった。

　第9章では，コロナ禍における子どもの生活実態を分析した。生活リズムの乱れやスクリーンタイム増加の実態，体験活動や社会的交流機会の減少，教育格差の拡大，子どもの心身への影響など，パンデミックが子どもたちに与えた多面的な影響が明らかとなった。

　これらの分析からは，以下の3つの重要な横断的知見が得られた。

　第一に，新自由主義的な効率化政策の限界である。医療，教育，行政など様々な分野で，危機対応能力の低下が明らかとなった。

　第二に，既存の制度的枠組みの硬直性である。危機対応には柔軟な対応が必要とされたが，制度的制約がそれを困難にした場面が多く見られた。

　第三に，社会的格差の拡大傾向である。パンデミックは，既存の社会経済的格差を一層拡大させる方向に作用した。

　これらの知見は，ポストパンデミック時代の社会システム再構築に向けて，重要な示唆を提供している。特に，危機対応能力（レジリエンス）と社会的包摂性を両立させる新たな制度設計の必要性を強く示唆している。

2．新自由主義的政策の限界とその克服

　本書の分析は，1980年代以降，世界的な潮流となった新自由主義的政策の根本的な限界を明らかにした。新自由主義は，市場メカニズムの活用による効率性の向上を最重要視し，規制緩和，民営化，財政規律の強化を推進してきた。しかし，パンデミックという未曾有の危機は，この政策体系の脆弱性を以下の諸点において顕在化させた。

　第一に，公共財の供給における市場メカニズムの限界である。医療や公衆衛生は，その性質上，市場原理だけでは適切な供給水準を維持できない。効率性を重視した病床削減や保健所統廃合は，危機対応能力を著しく低下させ

た。特に，第7章で明らかにされたように，医療現場では，平時の効率性追求が危機時の対応能力を大きく制約することとなった。また，第5章が示すように，1990年代以降の保健所再編は，パンデミック対応において致命的な弱点となった。公衆衛生体制における「余剰」を無駄とみなし，徹底的な効率化を進めてきた政策の帰結が，ここに明確に表れている。

　第二に，グローバル化の負の側面である。効率性を追求したグローバル・サプライチェーンは，危機に対して極めて脆弱であることが判明した。第3章と第4章が詳細に分析したように，医療物資や半導体など重要物資の供給途絶は，経済安全保障上の重大な課題となった。特に半導体産業における東アジアへの過度の依存は，地政学的リスクとも相まって，新自由主義的なグローバル化戦略の限界を象徴的に示している。安価な労働力を求めて生産拠点を海外に移転し，サプライチェーンをグローバルに展開する戦略は，短期的な効率性は実現できても，システム全体の強靱性（レジリエンス）を著しく低下させることが明らかとなった。

　第三に，財政規律重視の限界である。パンデミック対応には大規模な財政出動が不可避であり，財政規律一辺倒の政策は現実的ではないことが明白となった。第1章が分析したように，2020年度には3度にわたる補正予算を通じて73兆円を超える大規模な財政出動が実施され，その過程で地方創生臨時交付金の配分において，感染状況よりも財政力が重視される傾向が見られた。特に東京都など感染者数の多い大都市圏の自治体への配分が抑制される一方，感染者数の少ない地方自治体に手厚い配分がなされるという逆説的な状況が生じたことは，従来の財政規律の考え方では対応できない事態が発生したことを示している。また，財政調整基金が地方自治体の初期対応において重要な役割を果たしたことも，平時の財政規律とは異なる基準での資金活用の必要性を示唆している。第2章が分析したように，MMTの視点は，主権通貨国家における財政的制約の本質が，金銭的なものではなく実物経済の制約にあることを示唆している。パンデミック対策における財政出動は，単なる「費用」ではなく，社会システムの維持・強化のための「投資」とし

て再評価される必要がある。

　第四に，社会的セーフティネットの脆弱化である。非正規雇用の増加など，労働市場の柔軟化を推進してきた新自由主義的政策は，危機に対する社会全体の脆弱性を高めた。第8章と第9章が示すように，教育におけるデジタル化対応の格差は，既存の社会経済的格差と重なり合って，より深刻な教育格差を生み出している。また，第6章が分析した沖縄県の事例は，観光業への依存度が高い地域経済の脆弱性を浮き彫りにした。

　第五に，専門性の軽視という問題がある。新自由主義的な行政改革は，効率性と数値的な成果を重視するあまり，医療や教育などの分野における専門職の自律性や専門性を軽視してきた。第7章が示すように，医療現場における専門性の揺らぎは，パンデミック対応を困難にする一因となった。同様に，第8章が分析した教育現場でも，教育の専門家である教師の判断より，効率性や数値目標が優先される傾向が見られた。

　これらの限界は，いずれも市場原理と効率性を絶対視する新自由主義の本質的な欠陥を示している。特に注目すべきは，これらの問題が相互に関連し，システミックなリスクを形成していることである。効率性の追求が専門性を軽視し，それが危機対応能力を低下させ，その結果としての混乱が社会的格差をさらに拡大するという悪循環が生まれている。この悪循環を断ち切り，より強靭で包摂的な社会システムを構築するためには，新自由主義的政策の根本的な見直しが不可欠である。

3．ポストパンデミック時代の社会構想

　新自由主義的政策の限界を克服し，より強靭で包摂的な社会システムを構築するために，本書の分析を踏まえて，以下の具体的な方向性を提起したい。

　第一に，公共財の適切な供給体制の再構築である。医療，公衆衛生，教育などの分野で，市場原理と公共性の新たなバランスを構築する必要がある。特に重要なのは，危機対応能力の観点から，一定の余剰能力（スラック）を

制度的に確保することである。第5章と第7章の分析が示すように，医療・公衆衛生体制においては，平時の効率性のみを追求するのではなく，危機時の対応も視野に入れた制度設計が必要である。具体的には，保健所機能の強化，感染症病床の確保，医療人材の育成などが急務である。また，第8章が示す教育分野においても，教育の質を担保するための人的・物的資源の確保が重要である。

　第二に，経済安全保障と効率性の両立である。完全な国内回帰は現実的ではないが，第3章と第4章が分析したように，重要物資については一定の国内供給力を確保し，信頼できるパートナーとの協力関係を構築する必要がある。特に半導体など重要な戦略物資については，リスク分散の観点から，複数の供給源を確保する必要がある。同時に，第6章が示す沖縄県の事例のように，地域経済の多様化と強靱化も重要な課題である。産業政策においては，単なる効率性だけでなく，サプライチェーンの強靱性や地域経済の自立性も重要な評価基準とすべきである。

　第三に，財政政策の新たな枠組みの構築である。第1章と第2章の分析が示すように，MMTの知見を踏まえつつ，実物経済の制約を考慮した持続可能な財政運営の在り方を模索する必要がある。特に重要なのは，社会的投資としての財政支出の意義を再評価することである。医療，教育，研究開発，環境対策などへの支出は，単なるコストではなく，社会の持続可能性を高めるための投資として位置づけるべきである。また，地方財政については，地域の実情に応じた柔軟な運営を可能にする制度設計が求められる。

　第四に，包摂的な社会保障制度の確立である。非正規雇用を含むすべての労働者を対象とした社会保障制度の構築や，教育機会の実質的な平等の確保が求められる。第9章が示すように，パンデミックは既存の社会経済的格差を一層拡大させる傾向がある。これに対応するためには，従来の「自己責任」論から脱却し，社会全体で支えあうシステムの構築が必要である。特に，デジタル化の進展に伴う新たな格差の発生を防ぐための制度的対応が重要である。

　第五に，デジタル化への戦略的対応である。パンデミックを契機に加速したデジタル化は，新たな可能性と同時に格差拡大のリスクも内包している。第8章が分析した教育分野での経験が示すように，デジタル技術の活用は，従来の制度的制約を超える可能性を持つ一方で，新たな格差を生む要因ともなりうる。これらを適切にマネジメントする制度設計が必要である。具体的には，デジタルインフラの整備，デジタルリテラシーの向上，プライバシー保護などの課題に総合的に取り組む必要がある。

　第六に，専門性の再評価と活用である。医療や教育などの分野における専門職の自律性と専門性を尊重し，その知見を政策形成に活かす仕組みが必要である。第7章が示す医療現場の経験は，危機対応において専門性が果たす重要な役割を明らかにしている。政策形成過程においても，専門家の知見を適切に取り入れる制度的な仕組みが求められる。

　第七に，市民参加と民主主義の深化である。危機対応においては，トップダウンの意思決定も必要となるが，長期的には市民の理解と協力が不可欠である。情報公開を進め，政策形成過程への市民参加を促進する仕組みづくりが重要である。特に，第5章が示す感染症対策の歴史的経験は，市民の理解と協力なしには効果的な対策が困難であることを示している。

　これらの方向性は，市場メカニズムを否定するものではないが，その限界を認識した上で，公共性，持続可能性，包摂性を重視する新たな社会経済システムの構築を目指すものである。その実現には，政府，企業，市民社会の協力が不可欠であり，それぞれの主体が従来の役割を超えて，新たな責任を担う必要がある。

4．結びにかえて
——グローバルな文脈における日本の課題と展望

　パンデミックは，新自由主義的政策の限界を露呈させると同時に，新たな社会システム構築の必要性を明確に提起した。本書の分析が示すように，この危機は単なる一時的な混乱ではなく，社会システム全体の構造的な転換点

となる歴史的な契機である。

　第一に，パンデミックは，効率性と市場原理を過度に重視してきた新自由主義的政策の脆弱性を明らかにした。医療や公衆衛生における余剰能力の削減，グローバル・サプライチェーンへの過度の依存，社会的セーフティネットの脆弱化など，これまでの政策の問題点が危機によって顕在化した。特に，医療システムの逼迫や供給網の混乱は，その典型的な事例である。

　第二に，この危機は，社会の様々な領域における既存の格差を拡大させる傾向を持つことも明らかになった。教育分野での影響は，その代表的な例である。デジタル化への対応力の違いが，既存の社会経済的格差と重なり合って，より深刻な教育格差を生み出している。地域経済への影響も，既存の地域間格差を拡大させる方向に作用している。

　第三に，パンデミック対応は，従来の政策枠組みでは対処できない新たな課題を提起している。財政政策の転換，産業政策の見直し，公共サービスの再構築など，いずれも既存の政策パラダイムの根本的な転換を必要としている。

　これらの課題への対応は，一国レベルの取り組みだけでは不十分である。グローバルな文脈における新たな協力体制の構築が不可欠である。具体的には以下の方向性が重要である。

　第一に，パンデミックなどの健康危機に対するグローバルな協力体制の強化である。WHO の機能強化はもとより，地域レベルでの公衆衛生協力の枠組み構築が求められる。とりわけアジア太平洋地域において，日本は積極的な役割を果たすべきである。

　第二に，パンデミックと気候変動など，他のグローバルな課題との統合的な取り組みの必要性である。両者は，人類の持続可能性を脅かす危機として共通の性質を持つ。SDGs の達成に向けた取り組みとも連動させながら，包括的な対応を模索すべきである。

　第三に，グローバル・サプライチェーンの再構築をめぐる新たな地政学的リスクへの対応である。トランプ政権以降，米国が推進する「フレンド・ショ

アリング」は，表面的には同盟国との協力を謳いながら，実質的には中国を排除した新たなサプライチェーンの構築を目指すものであり，これまで構築されてきたグローバル・サプライチェーンを分断する結果をもたらしている。第３章と第４章で分析したように，特に半導体産業において，この動きは深刻な影響を及ぼしており，米企業による急激な脱中国の動きは，かえって新たな供給不安定性やコスト上昇のリスクを生み出している。アジア太平洋地域における経済協力の枠組みは，こうした地政学的対立に基づく分断ではなく，既存のサプライチェーンの強靱性を高めながら，地域全体の持続的な発展を可能にする方向で再構築される必要がある。

　第四に，デジタル時代におけるグローバルガバナンスの構築である。データの越境移動，プライバシー保護，サイバーセキュリティなど，新たな課題に対する国際的なルール作りが急務である。同時に，デジタル技術がもたらす格差拡大のリスクにも国際的な対応が必要である。

　第五に，民主主義の深化と市民参加の促進である。パンデミック対応において，市民社会の理解と協力が不可欠であることが明らかとなった。情報公開，説明責任，市民参加のメカニズムを国際的な文脈でも強化する必要がある。

　第六に，新たな国際経済秩序の構築である。効率性一辺倒のグローバル化ではなく，公平性，持続可能性，強靱性（レジリエンス）を重視した国際経済システムの構築が求められる。この点で，日本の経験は重要な示唆を提供できる。

　このような取り組みの実現には，国際社会における建設的な対話と協力が不可欠である。同時に，各国は自国の社会システムの再構築にも取り組まなければならない。日本の場合，本書が分析した様々な課題——医療体制の強化，教育の質の確保，社会保障の充実，地域経済の活性化など——への対応が急務である。

　パンデミック後の世界は，単なる「新しい日常」の確立にとどまってはならない。より公正で持続可能な国際秩序と，それを支える強靱な国内社会シ

ステムの構築が求められている。そのためには，政府，企業，市民社会が，国境を超えて協力し，新たな責任を引き受ける必要がある。

　現代社会は今，歴史的な転換点に立っている。この機会を活かし，次世代に向けてより良い社会を構築できるかどうかは，私たちの選択と行動にかかっている。パンデミックの経験を，グローバルな社会変革の契機としなければならない。日本には，その過程で積極的な役割を果たすことが期待されている。

執筆者紹介 （執筆順）

徐　一睿（じょ　いちえい）
[現職] 専修大学経済学部教授
[専門] 財政学
[著書・論文]「中国の都市間税収格差の実態に対する基礎的考察」日本財政学会編『財政研究』第19巻，2023年。「ドイツ地方公営企業の企業間関係と内部資金調整—ハンブルク市港湾事業の事例分析」『専修大学社会科学研究所月報』第725巻，2023年11月。「地域経済と財政—老朽化が進むインフラにどう立ち向かうか」宮嵜晃臣編『日本における地域経済・社会の現状と歴史』専修大学出版局，2020年，ほか。

宮嵜晃臣（みやざき　てるおみ）
[現職] 専修大学経済学部教授
[専門] 日本経済論
[著書・論文]「アベノミクスの帰結—日銀の累卵化と産業のさらなる停頓化—」経済理論学会編『季刊　経済理論』第61巻第2号，2024年7月。「川崎市における電機産業の形成・発展とその斜陽化」小池隆生・兵頭淳史編『川崎の研究—産業・労働・くらしの諸相』専修大学出版局，2024年。「長野県北信地方の産業集積の形成過程について」『専修経済学論集』第57巻3号，2023年3月，ほか。

佐藤一光（さとう　かずあき）
[現職] 東京経済大学経済学部教授
[専門] 財政学・環境経済学
[著書・論文]「現代貨幣理論の構造と租税論・予算論からの検討」『財政研究』第16巻，2020年。『環境税の日独比較：財政学から見た租税構造と導入過程』慶應義塾大学出版会，2016年。"Input Output Analysis on Chinese Urban Mine" in *The Economics of Waste Management in East Asia*, Routledge, 2016, ほか。

森原康仁（もりはら　やすひと）
[現職] 専修大学経済学部教授
[専門] 国際経済論，国際政治経済学，産業論
[著書・論文]「地政学的緊張と『レジリエントなサプライチェーンの構築』——極端なグローバル化の修正と政府関与の復権」日本比較経営学会編『比較経営研究』第48号，2024年3月。『米中経済摩擦の政治経済学——大国間の対立と国際秩序』晃洋書房，2022年（共著）。*International Economic Governance in a Multipolar World*, Routledge, 2022（共著），ほか。

永島　剛（ながしま　たけし）

[現職] 専修大学経済学部教授

[専門] 社会経済史

[著書・論文]『公衆衛生と感染症を歴史的に考える』山川出版社, 2023年（共編著）。「感染症・検疫・国際社会」『岩波講座世界歴史11　構造化される世界　一四―一九世紀』岩波書店, 2022年。「近代イギリス保健医療と政府の役割」『歴史評論』866号, 2022年6月, ほか。

森　啓輔（もり　けいすけ）

[現職] 専修大学経済学部准教授

[専門] 社会学, 社会運動論

[著書・論文]「川崎市における社会ネットワーク」『川崎の研究』（社会科学研究叢書26）専修大学出版局, 2024年。『沖縄山原／統治と抵抗：戦後北部東海岸をめぐる軍政・開発・社会運動』ナカニシヤ出版, 2023年。「植民地統治性研究の地平と沖縄研究」『年報・日本現代史』27号, 2022年, ほか。

髙口僚太朗（こうぐち　りょうたろう）

[現職] 長岡技術科学大学講師

[専門] 社会学, 心理学

[著書・論文]「「女性特有の病気だから」という理由で沈黙せざるを得ない父親たち：ターナー症候群の娘を持つ父親たちの「生きづらさ」とは何か」桜井芳生・赤川学・尾上正人編著『遺伝子社会学の試み：社会学的生物学嫌い（バイオフォビア）を超えて』（第9章）日本評論社, 2021年。「小児期発症女性1型糖尿病者の語りにみられる疾病の受容過程―他者との関係性のなかで変容する「生きづらさ」―」『国際ジェンダー学会誌』19, 2022年。"The superiority of "individuals" in the German Family Perspective — From the Narratives of Mothers with Children with Diseases and Disabilities", *Interdisciplinary Journal of Phenomena and Order*, (22), 2025, ほか。

広瀬裕子（ひろせ　ひろこ）

[現職] 専修大学人間科学部教授

[専門] 教育行政学, 教育政策分析

[著書・論文]・『カリキュラム・学校・統治の理論―ポストグローバル化時代の教育の枠組み―』世織書房, 2021年（編著）。『イギリスの性教育政策史―自由化の影と国家「介入」―』 勁草書房　2009年。「性教育のポリティクス―公私二元論問題と性教育論争」『教育学研究』第89巻第4号, 日本教育学会, 2022年。「教育ガバナンス改革の有事形態：ロンドン・ハックニー区に見られた私企業によるテイク・オーバー（乗っ取り）型教育改革」『教育ガバナンスの形態』日本教育政策学会年報第21号, 2014年, ほか。

鈴木奈穂美（すずき　なおみ）

[**現職**] 専修大学経済学部教授

[**専門**] 生活経済論，生活経営論

[**著書・論文**]「川崎市の SDGs の取組みと倫理的消費の実態」小池隆生・兵頭淳史編『川崎の研究―産業・労働・くらしの諸相―』専修大学出版局，2024年。「アンペイドワークと生活時間」伊藤純・斎藤悦子編著『ジェンダーで学ぶ生活経済論―持続可能な生活のためのワーク・ライフキャリア』ミネルヴァ書房，2021年。「自立支援施策におけるアウトリーチ・サービス・モデルの理論的枠組み」『専修大学社会科学研究所年報』53号，2019年，ほか。

専修大学社会科学研究所 社会科学研究叢書 27

パンデミックが映し出す経済と社会

2025 年 3 月 31 日　第 1 版第 1 刷

編　者　　徐 一睿・宮嵜晃臣

発行者　　上原伸二

発行所　　専修大学出版局
　　　　　〒101-0051　東京都千代田区神田神保町 3-10-3
　　　　　　　　　　　　　　　　㈱専大センチュリー内
　　　　　電話　03-3263-4230 ㈹

印　刷
製　本　　電算印刷株式会社

◇専修大学社会科学研究所　社会科学研究叢書◇

社会科学研究叢書 26
川崎の研究——産業・労働・くらしの諸相——
小池隆生・兵頭淳史 編　　　　　　　　A5 判　248 頁　3200 円

社会科学研究叢書 25
復興アダプティブ・ガバナンスの実相——東日本大震災10年の中間総括——
大矢根 淳 編　　　　　　　　A5 判　496 頁　4800 円

社会科学研究叢書 24
異文化社会の理解と表象研究
土屋昌明 編　　　　　　　　A5 判　406 頁　4300 円

社会科学研究叢書 23
クールダウン・エコノミー——日本の歴史的経験と中国の現状——
徐 一睿・孫 文遠 編　　　　　　　　A5 判　348 頁　3600 円

社会科学研究叢書 22
専修大学社会科学研究所70年史
専修大学社会科学研究所 編　　　　　　　　A5 判　434 頁　4500 円

社会科学研究叢書 21
アクション・グループと地域・場所の形成——アイデンティティの模索——
松尾容孝 編　　　　　　　　A5 判　356 頁　3600 円

社会科学研究叢書 20
映像の可能性を探る——ドキュメンタリーからフィクションまで
土屋昌明 編　　　　　　　　A5 判　260 頁　3200 円

社会科学研究叢書 19
変容するベトナムの社会構造——ドイモイ後の発展と課題——
佐藤康一郎 編　　　　　　　　A5 判　260 頁　3200 円

社会科学研究叢書 18
社会の「見える化」をどう実現するか——福島第一原発事故を教訓に——
三木由希子・山田健太 編著　　　　　　　　A5 判　332 頁　3400 円

社会科学研究叢書 17
ワークフェアの日本的展開——雇用の不安定化と就労・自立支援の課題——
宮嵜晃臣・兵頭淳史 編　　　　　　　　A5 判　272 頁　3200 円

（価格は本体）